广西大学出版立项教材

教育法学原论

管　华◎著

首都师范大学出版社
CAPITAL NORMAL UNIVERSITY PRESS

图书在版编目(CIP)数据

教育法学原论 / 管华著．—北京：首都师范大学出版社，2023.12（2024.1重印）
ISBN 978-7-5656-7925-4

Ⅰ．①教…　Ⅱ．①管…　Ⅲ．①教育法—法的理论—中国　Ⅳ．①D922.161

中国国家版本馆 CIP 数据核字(2023)第 227945 号

JIAOYUFAXUE YUANLUN
教育法学原论
管　华　著

责任编辑　邢　淑
首都师范大学出版社出版发行
地　址　北京西三环北路 105 号
邮　编　100048
电　话　68418523(总编室)　68982468(发行部)
网　址　http://cnupn.cnu.edu.cn
印　刷　中煤（北京）印务有限公司
经　销　全国新华书店
版　次　2023 年 12 月第 1 版
印　次　2024 年 1 月第 2 次印刷
开　本　710 mm×1000 mm　1/16
印　张　21
字　数　256 千
定　价　119.00 元

前　言

2023年2月，中共中央办公厅、国务院办公厅印发《关于加强新时代法学教育和法学理论研究的意见》。该意见要求“加快完善法学教育体系”“适应法治建设新要求”，加强包括“教育法学”在内的新兴学科建设。基于“教育法学”学科建设的需要，笔者出版了这本教材，它既可以用作本科生“教育法学”选修课的教材，也可以用作相关方向硕士生、博士生的“教育法学专题研究”教材。

距离国内第一本教育法学专著——劳凯声教授的《教育法论》出版，时间过去了30年。30年来，教育法学的学科建设取得了长足发展。1987年北京师范大学率先开设“教育法学”课程，1994年开始招收相关方向硕士生、博士生。1995年，国家教委颁布《关于各级各类师范院校学习宣传和贯彻落实〈中华人民共和国教育法〉的通知》，要求师范院校开设教育法相关课程或讲座。2000年，国务院学位办同意中国人民大学教育科学研究所以“教育法学”名称招收硕士研究生。1993—2002年，教育法学教材建设出现了一个小高潮，有二十部之多。[①] 师范院校开设“教育法学”课程，教师资格考试将“教育法律法规”纳入考试大纲，有力地推动了教育法知识的传播。诸多师范大学和综合性大学将教育法学确立为二级学科或者二级学科的研究方向。可以预见，《关于加强新时代法学教育和法学理论研究的意见》发布后，将会有更多法学院校开设“教育法学”课程或设立“教育法学”二级学科。

以往“教育法学”教材阅读对象多是教师或者打算当教师的考生，所以重在对教育单行法的解读，甚至教材名称就是“教育政策

---

① 余雅风、姜国平、罗爽等：《教育法学研究》，福建教育出版社2021年版，第32页。

法规”。随着教育法学研究的深入，教育法学教材的深度也逐渐增加。为了满足教学研究的需要，一些专著也被当成教育法学教材使用。在一定意义上，本书也是一本专著型教材。

本教材包括“历史论”“范畴论”“方法论”和“立法论”四大部分。在“历史论”中，回顾了中国共产党领导教育立法的历史以及改革开放以来教育法治建设的历史。在“范畴论”中，讨论了受教育基本权利、科学研究自由和国家教育权三大基本范畴的理论和实践问题。在“方法论”中，以学校布局调整、教育惩戒、大学生晨读为例，展示了通用法学思维和法学方法以及宪法学上的基本权利教义学在教育领域中的运用。在“立法论”中，以《学前教育法》《教师法》为例，开展了教育立法研究。

本教材的内容大部分曾在期刊上发表，在书中也分别注明了出处，在此再次感谢各位编辑同人的帮助。其中三篇文章是和我的博士后合作导师——陕西师范大学教育学部陈鹏教授合作完成的，感谢陈老师的指导和帮助！也感谢两篇文章的合作者余若凡、张鑫和曾为写作收集资料的吴颖、朱成杰。

为了便于读者学习教育法律、法规和规章，进一步了解教育法学的基本理论和实践问题，本书编写了配套习题集，感谢陈苗、杨茹月、顾龙、刘钧、马文秀、李瑾等同学参与命题并制作参考答案。在使用本书过程中，有任何意见或建议，请发送邮件到：gh_normal@126.com。欢迎批评指正！

本教材的出版得到了广西大学2022年优质教材倍增计划重点项目资助，特致谢意！

最后，诚挚地感谢首都师范大学出版社领导和本书的编辑邢淑老师，在他们的鼎力支持下，本书才得以出版。

管　华

2023年7月20日于绿城

目　录

第一篇　历史论

第二篇　范畴论

第三篇　方法论

第四篇　立法论

第一篇　历史论

第一章　教育法治四十年：回顾与展望[①]

1905年，清政府废科举，设学部。1922年，民国政府颁布《学制系统改革令》。中国开始了向现代教育制度的艰难探索。新中国成立后，《中国人民政治协商会议共同纲领》规定了教育的新民主主义性质，接收外资津贴的教育机构全部改为公办或人民自办。1951年，政务院颁布新中国第一个学制《关于改革学制的决定》，以法令的形式保障工农干部受教育的机会。1952年、1955年两次院系调整，形成了高等教育布局的基本框架。1954年宪法规定"公民有受教育的权利"。1955年，教育部发布《小学生守则》《中学生守则》。

1977年，邓小平首倡推翻"两个估计"，恢复高考。[②] 1978年，全国高校教师恢复职称，中小学恢复执行《小学生守则》和《中学生守则》，小平同志发表《解放思想，实事求是，团结一致向前看》的讲话，新中国的教育事业在拨乱反正中重新走上轨道。小平同志的讲话既开启了改革开放的新时代，也提出来应该集中力量制定"各种必要的法律"，这昭示着我国教育法治事业的重新出发。

一、教育立法：从空白到初步成形

完备的教育法律体系是实现教育法治的前提，也是教育行政、

---

① 管华：《教育法治四十年：回顾与展望》，《法学评论》2018年第4期。

② "两个估计"是1971年"四人帮"在起草《全国教育工作会议纪要》时提出的，认为"文化大革命"前17年，教育战线是资产阶级专了无产阶级的政，知识分子的大多数是资产阶级知识分子。

司法的基础和依据。考虑到部门教育规章司法效力的不确定性，地方性教育法规、规章过于庞杂，这里只讨论全国人大及其常委会的教育立法以及国务院的教育立法，而将部门教育规章作为教育执法的一部分。

回顾四十年的教育立法历程，大致可以分为三个阶段。

(一)第一阶段：恢复重建时期(1978—1992年)

新中国成立后，长达三十年没有制定过教育相关法律。1978—1992年既是改革开放以来教育立法的启动时期，也是我国教育事业的恢复发展时期。

与民更始，首先要修改宪法。1978年3月5日，全国人大通过了“七八宪法”。这是一部正确与错误交织的宪法，它所规定的受教育权、科学研究自由来源于“五四宪法”，它所规定的“教育必须为无产阶级政治服务”来源于“七五宪法”；这也是一部短命的宪法，1979年、1980年两次被修改，很快又被“八二宪法”所取代。“八二宪法”对教育的规定达到了相当完备的程度：第十九条规定了发展教育事业的目的、各阶段的教育、扫盲、多种力量办学和推广普通话，第三十六条规定了教育与宗教分离，第四十二条规定了职业教育，第四十三条规定了受教育权、教育目的，第四十五条规定了特殊教育，第四十七条规定了科学研究自由，第四十九条规定了家长教育权，几乎涉及国际人权公约所包含的教育人权的各个方面。“八二宪法”为我国教育立法奠定了良好的基础。

新中国第一部教育法律是1980年全国人大常委会制定的《学位条例》。1977年恢复高考，同时恢复招收研究生，但当时我国尚未建立学位制度，制定相关法律迫在眉睫。20世纪五六十年代，我国曾两次起草《学位条例》草案，但均半路夭折。1979年，小平同志明确提出“要建立学位制度”[①]，这才有了1980年的《学位条例》。《学位条例》规定了学位的等级和授予办法。1981年国务院制定《学位条例暂行实施办法》，细化规定了授予学位的学科门类、各级学位的授予条件、学位评定委员会的职权与构成。《学位条例》及其《实施办法》在很长一段时间内，是我国高等教育领域最重要的法律，至今仍然有效，是新中国教育法规中最“长寿”的两部。

1986年全国人大制定了《义务教育法》。1980年，中共中央、国务院《关于普及小学教育若干问题的决定》恢复了新中国成立初提出的普及小学教育的政策，首次提出“搞好教育立法”，拟定《小学教育法》。1985年《中共中央关于教育体制改革的决定》提出“有步骤地实行九年制义务教育”“加强教育立法”。在此基础上，全国人大制定《义务教育法》，形成了九年制义务教育的基本框架，决定“免收学费”“征收教育事业费附加”。与该法同时实施的还有国务院制定的《征收教育费附加的暂行规定》，该规定历经1990年、2005年、2011年三次修改，仍然有效。为了实施《义务教育法》，1992年国务院批准了《义务教育法实施细则》(已废止)。

在此期间，国务院还制定了9部相关行政法规，分别是《全国中小学勤工俭学暂行工作条例》(1983)、《普通高等学校设置暂行条例》(1986)、《高等教育管理职责暂行规定》(1986)、《扫除文盲工作条例》(1988，1993年修改)、《高等教育自学考试暂行条例》(1988，2014年修改)、《幼儿园管理条例》(1989)、《学校体育工作条例》(1990，2017年修改)、《学校卫生工作条例》(1990)、《禁止使用童工规定》(1991，2013年修改)。上述法规或其修正案仍然具有法律效力。

值得一提的是，1985年，全国人大常委会通过了《关于教师节

---

① 刘延东：《在纪念〈中华人民共和国学位条例〉实施三十周年纪念大会上的讲话》，《学位与研究生教育》2011年第3期。

的决定》，有助于形成“全社会尊重教师”的氛围。1991 年的《未成年人保护法》也专章规定了“学校保护”。

(二)第二阶段：快速发展时期(1993—2003 年)

这一阶段，全国人大及其常委会在不到十年的时间里制定了 6 部教育法律，分别是《教师法》《教育法》《职业教育法》《高等教育法》《通用语言文字法》和《民办教育促进法》，初步形成了我国的教育法律体系，比 2011 年吴邦国委员长宣告中国特色社会主义法律体系初步形成早了近十年，在某种意义上是“教育优先发展”战略的体现。

1993 年全国人大常委会制定了《教师法》。它是在当年中共中央、国务院印发《中国教育改革和发展纲要》的背景下出台的，该纲要要求“加快教育法制建设”，“到本世纪末”初步建立教育法规体系框架。《教师法》意在继续解决“教师待遇偏低”的问题。① 该法规定了教师的权利和义务、教师资格制度、教师培训与考核、教师待遇和奖励制度，是我国教师制度的基本法律。在此基础上国务院制定了《教学成果奖励条例》(1994)、《教师资格条例》(1995)。

1995 年，全国人大制定了《教育法》，这是新中国第一部教育基本法，规定了教育方针、基本制度、学校、教师、受教育者、教育投入和对外交流等各个方面，奠定了我国教育法制的基石。在此时期，国务院制定了《残疾人教育条例》(1994 年、2011 年、2017 年三次修改)、《中外合作办学条例》(2003 年、2013 年修改)。

1996 年，全国人大常委会制定了《职业教育法》。《中共中央关于教育体制改革的决定》曾指出职业教育是我国教育事业最薄弱的环节，提出职业高中招生数与普通高中相当的目标。在这一目标基本实现之后，用立法规定了职业教育的体系、实施与保障。

1998 年，全国人大常委会制定了《高等教育法》，该法的通过标

---

① 1980 年，小学教师平均工资居于全国各行业之末，中学教师是倒数第二。《中共中央、国务院关于普及小学教育若干问题的决定》，中发〔1980〕84 号。

志着我国教育法规体系框架基本形成。《高等教育法》规定了高等教育的基本制度、学校设立与组织、教师与学生、投入和保障。

2000 年，全国人大常委会制定了《通用语言文字法》，规定了学校和教师应以普通话和规范汉字作为教学用语、用字。

2002 年，全国人大常委会制定了《民办教育促进法》。该法是在国务院《社会力量办学条例》(1997)的基础上制定的，并取代了该条例。《民办教育促进法》规定了民办学校的设立与组织、教师与学生、资产与管理、变更与终止。为了实施该法，国务院 2004 年制定了《民办教育促进法实施条例》。

此外，全国人大常委会还制定了《体育法》(1995)、《预防未成年人犯罪法》(1999)、《国防教育法》(2001)，分别规定了学校体育、学校预防和学校国防教育。

(三)第三阶段：修改完善、酝酿立法时期(2004 年至今)

教育法律体系初步形成之后，随着教育体制改革的深入、市场经济的发展，我国教育立法进入修改完善和酝酿新的立法时期。

2004 年，《学位条例》修改了一处，取消了学位评定委员会组成人员名单需“报主管部门批准”的规定，体现了“扩大高等学校办学自主权”的要求。

2006 年，《义务教育法》实现了全面修改，并于 2015 年再次修改。2006 年的修改，体现出以下特征：从条文数量上看，从 18 条扩展到了 63 条，增加了两倍还多。在立法目的上，规定保障受教育权。在教育目的上，要求实施素质教育。在免费范围上，从免收“学费”延伸到免收“杂费”，并将义务教育全面纳入财政保障范围，禁止乱收费。在管理体制上，从“地方负责，分级管理”到“省级统筹，以县为主”，从依户籍“就近入学”到允许随监护人工作或居住地入学。在办学行为上，要求促进教育均衡发展，不得设立重点学校和重点班。2015 年，《义务教育法》又修改了一处，规定教科书按微利原则定价。

2009 年，《教师法》《教育法》被集中修改，其中《教师法》仅做了一处技术性修改，《教育法》则修改了两处，取消了乡镇政府征收教育费附加、集资办学的职能。

2015 年，全国人大常委会对《教育法》《高等教育法》进行了较大幅度的修改。对《教育法》的修改共涉及 12 个条款，主要内容有：(1)教育应“为人民服务”，“坚持立德树人”；(2)促进教育公平，实现“均衡发展”；(3)少数民族学生为主的学校，实施双语教育；(4)加快普及学前教育；(5)公办学校不得营利；(6)教育信息化；(7)完善了违规招生及颁发证书、作弊及组织作弊的法律责任。对《高等教育法》的修改，涉及 7 个条款，主要内容有：(1)删除了“不得以营利为目的”；(2)下放专科学校设立的审批权；(3)细化了学术委员会的职责；(4)规定对高校办学水平的第三方评估。

2013 年，《民办教育促进法》修改了一处，取消了聘任校长需经核准的规定。2016 年全国人大常委会对该法进行了较大幅度的修改，涉及 19 个条款，主要内容有：(1)加强民办学校党的建设；(2)民办学校分营利性、非营利性两类管理，其中，义务教育学校不得营利；(3)对非营利性民办学校，提供与公办学校同等政策优惠；(4)细化了民办学校、政府部门的法律责任。

此外，《未成年人保护法》于 2006 年、2012 年两次修改。《预防未成年人犯罪法》于 2012 年修改。其中，《未成年人保护法》2006 年修正案与教育有关之处颇多，如要求尊重未成年人受教育权、实施素质教育、保障人身安全、完善专门学校制度等。

在此期间，国务院除了对已有的行政法规进行修订以外，新制定了 3 部相关行政法规，分别是《全民健身条例》(2009)、《校车安全管理条例》(2012)、《教育督导条例》(2012)。

尽管在此期间并没有制定新的教育法律，但中央已经提出了宏大的修法、立法计划。《国家中长期教育改革和发展规划纲要(2010—2020年)》提出了“六修五立”的立法计划，即修订《教育法》《职业教育法》《高等教育法》《学位条例》《教师法》《民办教育促进法》，制定有关考试、学校、终身学习、学前教育、家庭教育等法律。目前，《教育法》《高等教育法》《民办教育促进法》的修改已完成，《职业教育法》《学位条例》《教师法》的修改未完成。五项立法均未完成，其中，考试法推进困难，可能先行制定《国家教育考试条例》。《国家教育事业发展“十三五”规划》提出推动修订职业教育法、教师法、学位条例，推进起草学前教育法、终身学习法。预计有关学校、家庭教育的法律将会在2020年后提上立法日程。

二、教育行政：从主要依靠政策向依法治教转变

毋庸讳言，长期以来，法治并非我国教育治理的主要手段，而主要是靠开会、靠政策。改革开放以来，历次党的全体代表大会、四次全国教育工作会议以及每个教育五年计划(规划)所确定的政策改变了我国教育的落后面貌。

1993年，第二次全国教育工作会议通过的《中国教育改革和发展纲要》首次提出“逐步走上依法治教的轨道”。2016年教育部印发的《依法治教实施纲要(2016—2020年)》提出“推动教育管理的重心和方式向依靠行政执法等方式实施依法监管转变”。这说明，行政执法只是教育管理的手段之一，大量的教育管理行为仍然依靠指示、决议、决定、规划、计划、纲要、方案、意见、通知推动。不过在教育行政领域，教育规章和规范性文件大量产生，具体教育行政行为的类型化也基本完成。

(一)中央教育行政规章体系基本形成

由于规范性文件数量过于庞大，而且正在清理之中，本书只以

中央教育行政规章为讨论对象。[①] 1989 年《国家教育委员会行政法规、规章发布办法》规定，规章应以国家教委(教育部)令的形式发布，尽管该办法于 2007 年被废止，但教育部仍然遵循了它的要求。[②] 据此，1978 年以来，中央教育行政规章已被废止的有 8 部，经过部分或全面修改、被新规章所取代的有 16 部，未经修改、仍然有效的有 30 部，其中包括 2010 年、2015 年教育部两次以部令的形式废止和修改了部分规章。[③]

现行有效的 46 部实体性中央教育行政规章中，与高等教育有关的多达 19 部。这是因为，根据《教育法》第十四条的规定，管理高等教育是国务院和省级政府专属职权，所以国务院教育行政部门在此领域制定的规章最多。其中，涉及高校治理结构的有 3 部，分别与章程制定、学术委员会、理事会有关；涉及非公办学校的有 2 部，分别与民办高校办学、独立学院设置有关；涉及校内管理的有 5 部，分别与档案管理、学生管理、校园秩序、实验室、消防安全有关；涉及招生的有 2 部，分别与招生考试管理处罚和违规招生处理有关；涉及学术不端的有 2 部，分别与学位论文作假、学术不端有关；其他规章 5 部，分别涉及高校辅导员队伍建设、教育评估、自学考试命题、知识产权保护、信息公开等方面。

在非高等教育阶段，与学校整体制度有关的中央教育行政规章有 4 部，分别涉及招收国际学生、食堂与卫生管理、艺术教育、教职工代表大会。与中小学幼儿园有关的有 6 部，其中涉及校长培训、教材编写、教师教育和安全管理的有 4 部，另有专门针对幼儿园、

---

① 《法治政府建设实施纲要(2015—2020 年)》要求 2017 年年底前，完成“规范性文件的清理工作”并向社会公开，但仍有部分机关未完成清理或未公布清理结果。

② 1989 年以前的规章绝大多数经过修改，以部令的形式重新发布；未经修改、仍然有效的数量极少，且缺乏认定标准，在此不计。

③ 国家教委、教育部也经常以通知的形式废止部分规章和规范性文件，如教政法〔2004〕9 号《教育部关于废止部分规章和其他规范性文件的通知》。

小学管理的规章各1部。与汉语言的推广有关的有4部，分别涉及汉语作为外语教学能力认定、水平考试、“中国语言文化友谊奖”、普通话水平测试。其他规章11部，分别与内部审计、特殊教育学校、学生伤害事故处理、国家考试违规处理、教育督导、中专自学考试、社会办学印章管理、教育行政处罚、教师资格、教育行政许可、中外合作办学有关。

上述教育规章既有职权立法，如《教育督导暂行规定》，也有授权性立法，如《高等学校信息公开办法》；既有执行性立法，如《〈教师资格条例〉实施办法》，也有创制性立法，如《中小学校长培训规定》。针对各级各类教育，包括学前教育、义务教育、高等教育、特殊教育和继续教育等，针对教育基本制度，包括学校制度、教师制度、国家教育考试制度、学业证书与学位制度、教育督导与评估制度等，均制定了一部或多部专门教育规章，形成了较为完备的中央教育规章体系。这些教育规章对已有的教育法律和行政法规，起到了较好的执行和补充作用。

（二）具体教育行政行为的类型化基本完成

具体教育行政行为的类型化或模式化基本完成，既包括适用于各管理领域的行政许可、行政处罚、行政确认、行政检查、行政奖励、行政给付，也包括教育领域独有的教育督导。

在教育行政许可上，中央教育行政部门负责本科及以上高校的设立变更终止的审批、部属高校章程的核准、硕士博士学位授予单位及学科的审核、名誉博士学位的审批、本科以上中外（海外）合作办学的审批、本科控制专业的审批、民办本科以上高校章程的修改备案、中小学国家课程教材的审定和全国性中小学教学地图的审定。省级教育行政部门负责本科以下相关高等教育的审批、高校教师资格的认定、开办外籍人员子女学校的审批、省内中小学教材的审定、教育网站的审批等。

在教育行政处罚上，省级教育行政部门负责对违法颁发学位证书的处罚、对中外合作办学机构违法的相关处罚、对高校教师资格的撤销和对民办学校违法的相关处罚。县级及以上教育行政部门负责对未送子女接受义务教育的监护人的处罚、对违规参与教科书编写的处罚、对校车违规行为的处罚、对品行不良的教师的处罚、对民办教育机构违法的处罚、对违法颁发学历证书的处罚、对违规招收高中及以下阶段学生的处罚、对不按标准使用语言文字的处罚、对作弊考生的处罚、对考试组织机构违规的处罚。

在教育行政确认上，省级教育行政部门负责对省级示范幼儿园及高中和特教学校的认定、高校学生转学理由的认定、省级2011协同创新中心和高校哲学社会科学重点研究基地的认定。县级及以上教育行政部门负责高中及以下民办学校校长的核准、中小学教师职务的评审、中高考优录学生名单的确认、中职高中毕业证书的核发。

在教育行政检查上，主要包括学校食品卫生的检查、通用语言文字的检查、学校体育卫生艺术工作的检查、民办学校的年检、国防教育的检查等，其中省级教育行政部门还负责对资助资金发放管理的监督、中外合作办学的检查监督。

在教育行政奖励上，省级教育行政部门负责省级高等教育教学成果的奖励、省级优秀教师的表彰、高校学生资助工作的表彰、特级教师的评选、平安校园的评选等。县级及以上教育行政部门一般也会评选优秀教师和先进教育工作者。

在教育行政给付上，省级教育行政部门负责对高中的国家助学金资助、中职的国家助学金和免学费资助、高校学生的国家奖学金（含国家励志奖学金）和助学金的给付、国家助学贷款生源地助学贷款的贴息和风险补偿金的给付、退役士兵的教育资助、高校学生应征入伍的国家资助、农村义务教育阶段困难寄宿生生活费补助的给付。

此外，如配套建设幼儿园中小学的行政规划、《普通高等学校消防安全工作指南》的行政指导、购买民办幼儿园托幼服务的行政合同等，各种具体行政行为模式也被广泛运用。

不仅如此，教育法规还创设了一种特殊的教育行政行为——教育督导，它是由各级政府成立的教育督导机构对下级政府执行教育法律和政策的情况，以及对本行政领域内学校的教育教学工作进行检查并提出整改建议的行为。

上述具体教育行政行为都属于外部行政行为，而不包括内部的行政处分。在政事不分、社会力量办学尚未出现的年代，对教育事业的管理确乎是以政府内部事务的形式办理的。随着民办教育的兴起、学校法人化的推进，政府与学校分离，尤其是近年来，教育行政部门公布权力清单、清理规范性文件、促进管办评分离、推动信息公开、学校依章程治理等各项依法治教措施的不断推进，上述具体教育行政行为的各种形态已经能够基本满足“从具体的教育行政管理转向依法监管、提供服务”①的要求。

三、教育司法：从拒斥到逐步接纳

本文中教育司法是指法院通过审判的方式解决教育领域内的纠纷，既涉及刑事诉讼，也涉及民事诉讼，还涉及行政诉讼。

（一）教育刑事司法救济：渠道畅通

就刑事诉讼而言，教育刑事司法与其他刑事领域内的刑事审判并无不同，只是犯罪行为发生在教育领域而已。通常涉及的罪名包括贪污受贿、失职渎职、猥亵强奸、故意伤害等。如1998年教师黄安平在教室猥亵学生被判猥亵儿童罪；2001年广东电白县高考集体

① 《全面推进依法治校实施纲要》，教政法〔2012〕9号。

作弊，原县教育局局长陈建明被发现有玩忽职守、贪污、巨额财产来源不明等多项罪行；2002 年教师张建平体罚学生致重伤，被判故意伤害罪；[①] 2013 年海南小学校长陈万鹏带小学生开房，被判故意强奸罪；2014 年淄博原教育局局长张洪亮被判受贿罪、贪污罪、挪用公款罪。2015 年，《中华人民共和国刑法修正案(九)》规定了在国家考试中，组织作弊、提供作弊器材、出售试题及答案、代考等行为的刑事责任，在已有的"教育设施重大安全责任事故罪"和"招收公务员、学生徇私舞弊罪"的基础上，填补了考试作弊犯罪的空白。依据刑法惩治教育领域里的犯罪行为，并无司法上的障碍。

(二)教育民事司法救济：山重水复

发生在教育领域的人身伤害纠纷、劳资纠纷，提起民事诉讼并无障碍，只是与受教育权有关的纠纷往往呈现不同的面相。大致以 1999 年为界，此前发生的案件，法院一般不认为是民事纠纷，不予支持。如 1995 年陈海云因外交学院不予录取要求赔偿案。陈已被协调录取到山东大学，但仍提起民事诉讼，法院认为"原被告之间不构成民事赔偿关系"，驳回起诉。[②] 1999 年余亭亭诉北京机械工程学院附中强制"分流"侵犯其受教育权案。余为继续上高三付出金钱及精神代价，要求学校赔偿，法院认为"属于教育改革过程中出现的权利"，不由法院主管，驳回起诉。[③] 1999 年湖南外语外贸学院 6 名学生诉学校处分侵犯名誉权案。3 男生 3 女生同屋过夜，分别被处以勒令退学、开除学籍处分，起诉学校要求赔偿经济和精神损失，

---

① 徐兴旺、曾文革主编：《教育法案例评析》，对外经济贸易大学出版社 2010 年版，第 279、31、273 页。

② 孙霄兵：《受教育权法理学：一种历史哲学范式》，教育科学出版社 2003 年版，第 516 页。

③ 龚向和：《受教育权论》，中国人民公安大学出版社 2004 年版，第 163 页。

法院认为属于“内部管理行为，不属于民事受案范围”，驳回起诉。[①]

1999 年的“齐玉苓案”是受教育权进入民事诉讼的标志性案件。[②]齐玉苓因被冒名顶替上学起诉要求民事赔偿，一审法院不支持其因受教育权被侵害要求赔偿的请求，二审法院经请示，依据最高人民法院《关于以侵犯姓名权的手段侵犯宪法保护的公民受教育的基本权利是否应承担民事责任的批复》，支持了受教育权被侵害的赔偿请求。[③] 此后发生的因受教育权被侵害提起民事诉讼的案件，法院一般都予以支持。如 2000 年赵顺诉社旗镇中学赔偿案，赵顺不遵守纪律且拒不道歉，被初中拒之门外，法院判决学校赔礼道歉并赔偿损失。[④] 2004 年张仁龙欠缴学费被扣高考准考证案，张因准考证被扣缺考第一门，以受教育权被侵犯为由要求学校赔偿，法院认为受教育权“既是民事权利”，也是基本权利，适用民事诉讼，判决学校赔偿。2005 年孙瑞诉学校侵犯教育选择权案，因班主任工作失误，导致孙失去报考本科二批的机会而就读昂贵的民办高校，法院判决学校赔偿差价损失。[⑤]

2008 年，最高人民法院宣布该批复废止。此后发生的媒体广泛关注的冒名顶替侵犯他人受教育权案，如 2010 年的“罗彩霞案”是调解结案，2016 年的“王娜娜案”未进入司法程序。经检索“中国裁判文书网”“北大法宝”，未发现以受教育权被侵害提起民事诉讼获得

---

① 徐兴旺、曾文革主编：《教育法案例评析》，对外经济贸易大学出版社 2010 年版，第 46 页。

② 此前也有学生因教育选择权受到侵害起诉学校获得支持的个案，如 1995 年程肯诉武汉大学附中案。

③ 韩大元主编：《中国宪法事例研究(一)》，法律出版社 2005 年版，第 2 页。

④ 徐兴旺、曾文革主编：《教育法案例评析》，对外经济贸易大学出版社 2010 年版，第 60 页。

⑤ 陈韶峰：《受教育权纠纷及其法律救济》，教育科学出版社 2010 年版，第 175、183 页。

法院支持的案例。[1] 比较特殊的是王爽诉涿州市松林店中学案，两审法院均认定，未通知学生家长就同意学生放弃中考侵犯了学生的受教育权，但均不支持学生提出的精神损害赔偿请求。[2] 梁裕德诉大连海洋学校下放案中，辽宁省高级法院认为发生于1995年《教育法》施行以前的受教育权案件不属于民事案件受理范围。[3]

因此，因受教育权被侵害提起民事诉讼，能否获得救济尚在未定之天。之所以如此，是因为1986年的《民法通则》第二条规定的民事关系为“人身关系和财产关系”，2010年的《侵权责任法》第二条规定的“民事权益”也不包括受教育权，2017年的《民法总则》亦然，不过在第三条增加了民事主体“其他合法权益”受保护。1995年《教育法》及其历次修正案，最后一条均规定侵犯受教育者的“合法权益，造成损失的”，应承担民事责任。《未成年人保护法》经过2006年修改，增加了“未成年人的合法权益受到侵害”依法起诉的，人民法院应当受理的规定。只是2008年以后，尚无有影响力的法院支持受教育权受侵害而提起民事诉讼的案例，因此，能否通过民事诉讼实现受教育权利的保障，仍待观察。

（三）教育行政司法救济：逐步接纳

1989年《行政诉讼法》颁布以后，行政诉讼才有法可依。依据该法，以教育行政部门为被告的、属于人身权财产权被侵害的行政案件，一般都能获得法院的受理。以家长为被告要求其送适龄子女入学的行政强制执行案件，也能得到法院的支持。

---

① 如谭兰莉诉曹彩红冒名顶替案，《谭兰莉与曹彩红、武汉市黄陂区祁家湾街道祁家湾中学教育行政管理再审复查与审判监督民事裁定书(2016)鄂民申1217号》；张奉坤诉张廷茂冒名顶替案，《张奉坤与新沂市教育局、新沂市棋盘中学等教育机构责任纠纷二审民事判决书(2016)苏03民终4200号》。

② 《王爽与涿州市松林店中学教育机构责任纠纷二审民事判决书(2015)保民二终字第716号》。

③ 《再审申请人梁裕德民事裁定书(2015)辽审四民申字第41号》。

但以受教育权被侵害提起的行政诉讼，法院内部往往出现意见分歧。[①] 1998年2月，济南历下区小学入学年龄案，二审法院就认为“受教育权不属于行政诉讼法的受案范围”。[②] 当年8月，最高人民法院明确表态，“当事人不服教育行政部门对适龄儿童入学争议作出的处理决定”，属于行政诉讼受案范围，应当受理。[③] 但法院常常以被诉行为属于抽象行政行为而拒绝受理，如2005年北京石佛营小学生起诉义务教育收费案，[④] 各地的义务教育就近入学案，赵某诉厦门市思明区教育局侵犯男女平等受教育权案等。[⑤] 1999年颁布的《行政复议法》规定，针对行政机关履行保护“受教育权”职责的行为可以申请复议，对复议不服的可以起诉，也提供了对受教育权保障的先复议后诉讼的救济办法。2014年《行政诉讼法》修改后，在人身权、财产权基础上增加了“等合法权益”，暗示对行政机关侵犯受教育权也能提起行政诉讼；新法同时删去了具体行政行为的“具体”字样，辅以“立案登记制”的实施，打开了对行政机关侵犯受教育权的行为予以司法救济的方便之门。

改革开放以来，有关学位证书、学校招录、开除学籍、勒令退学等几类纠纷逐渐获得法院的受理。(1)学历学位纠纷。从1996年自考生诉南京大学案、1998年田永诉北京科技大学案、1999年刘燕文诉北京大学案被法院受理以来，2000年以后的基于学历学位引

---

① 如1998年江苏东台查卷案，参见龚向和：《受教育权论》，中国人民公安大学出版社2004年版，第169页。

② 孙霄兵：《受教育权法理学：一种历史哲学范式》，教育科学出版社2003年版，第519页。

③ 《关于当事人不服教育行政部门对适龄儿童入学争议作出的处理决定可否提起行政诉讼的批复》，最高人民法院〔1998〕法行字第7号。

④ 《小学生状告北京市教委乱收费　昨一审裁定被驳回》，《北京青年报》2005年9月24日。

⑤ 陈韶峰：《受教育权纠纷及其法律救济》，教育科学出版社2010年版，第143、152页。

发的纠纷，一般都获得了法院的受理。[①] 2014 年，最高人民法院发布第九批指导性案例，肯定了田永诉北京科技大学案和2007 年何小强诉华中科技大学案，明确了学历学位诉讼中，高校是适格被告，应尊重高校基于自主制定的学术标准作出的是否授予学位的决定。(2)学校招录纠纷。1997 年王伟诉平顶山财贸学校小儿麻痹不予录取案、2001 年黄渊虎诉武汉大学博士不予录取案、2002 年杭某诉南京理工大学取消硕士录取案，法院均予以受理。[②] 但 2003 年闵笛诉苏州大学高考不予录取案，两级法院均认为不属于行政诉讼受案范围。2005 年，林群英诉厦门大学博士招生案，法院则明确肯定“招生行为，属于可诉行政行为”。[③] 同年白晓勇诉河南财经学院乙肝携带不予录取案，法院也受理了。[④] 尽管不尽如人意，但法院毕竟逐渐打开了招录诉讼的大门。(3)开除学籍纠纷。教育部(原国家教委)历次颁布的《普通高等学校学生管理规定》均规定学校有权处分学生，最严重的是“开除学籍”。1996 年四学生诉平顶山煤矿技工学校案[⑤]、2005 年张某诉天津师范大学案[⑥]、2007 年边某诉中央美

① 如自考生诉南京大学案。比较特殊的是谢文杰诉山西师范大学案，一审法院判决学校颁发毕业证书后，引发检察院抗诉，认为不属于行政诉讼受案范围，山西省高级人民法院最终支持了谢。参见徐兴旺、曾文革主编：《教育法案例评析》，对外经济贸易大学出版社 2010 年版，第 199、155 页。

② 王伟平案、黄渊虎案、杭某案可参见徐兴旺、曾文革主编：《教育法案例评析》，对外经济贸易大学出版社 2010 年版，第 11、163、14 页。

③ 湛中乐：《大学法治与权益保护》，中国法制出版社 2011 年版，第 244—245 页。湛中乐教授回忆说：在当时，林群英这样的案件在北京、上海这样的大城市是绝对不会立案的。同湛著，第 360 页。

④ 陈韶峰：《受教育权纠纷及其法律救济》，教育科学出版社 2010 年版，第 186 页。

⑤ 同上书，第 524 页。

⑥ 同上书，第 229 页。

术学院案[1]，均获得了法院的受理。但法院的处理并不统一，如苗某诉复旦大学案，法院就以不属于行政诉讼受案范围而不受理。[2]所幸，2007年甘露诉暨南大学案，各级法院均未拒绝审理，2011年最高人民法院在再审判决中更明确“违纪学生针对高等学校作出的开除学籍等严重影响其受教育权利的处分决定提起诉讼的，人民法院应当予以受理”。[3]（4）勒令退学纠纷。1990年原国家教委7号令发布的《普通高等学校学生管理规定》规定了高校可以对违纪学生作出“勒令退学”的处分。[4] 2000年余丹丹诉襄樊学院案、2003年董某诉郑州大学案、2005年王某诉郑州大学案，法院均予以受理。[5]只有2003年重庆邮电学院女生怀孕被勒令退学案，一、二审法院均认为不属于法院受理范围。

再比如，2004年四川大学学生丘建东认为教材侵犯信仰自由，提起行政诉讼，法院不答复。2015年、2016年，秋白两次起诉教材歧视同性恋，均获立案。

总的来说，教育行政诉讼受案范围呈扩大趋势，这种逐步接纳是法院创造性地适用法律的结果。将高校基于《学位条例》授权的行为认定为行政行为并不困难，将与教育行政部门共同完成的招生录取行为视为行政行为也可以理解，将高校基于规章《普通高等学校学生管理规定》授权的处分行为认定为行政行为则无疑属于法院的

---

① 徐兴旺、曾文革主编：《教育法案例评析》，对外经济贸易大学出版社2010年版，第173页。

② 湛中乐：《大学法治与权益保护》，中国法制出版社2011年版，第359页。

③ 《甘露不服暨南大学开除学籍决定案》，《最高人民法院公报》2012年第7期，第35—38页。

④ 该规定已被2005年教育部第21号令发布的《普通高等学校学生管理规定》取代，并于2017年再次修改。2005年以后，“勒令退学”作为一类处分被取消。

⑤ 徐兴旺、曾文革主编：《教育法案例评析》，对外经济贸易大学出版社2010年版，第19、146页。

扩大解释。这种扩大在2014年的《行政诉讼法》修正案中得到了认可。

以上是从国家法层面进行的回顾，在党内法规层面，我国也形成了不少与教育有关的党内法规和规范性文件：在领导体制方面，有《中国共产党普通高等学校基层组织工作条例》《关于坚持和完善普通高等学校党委领导下的校长负责制的实施意见》；在思想政治工作方面，有《关于加强和改进新形势下高校思想政治工作的意见》《关于进一步加强和改进高等学校思想政治理论课的意见》《关于进一步加强和改进大学生思想政治教育的意见》；在廉政建设方面，有《关于加强高等学校反腐倡廉建设的意见》；在人才建设方面，有《国家中长期人才发展规划纲要(2010—2020年)》《关于进一步加强党管人才工作的意见》和《关于深化职称制度改革的意见》等。①

四、教育法治建设亟待解决的问题

(一)立法资源稀缺、体制不畅、质量不高

尽管我国教育法律体系初步形成，但还很不完善，一些重要的、社会急需的法律或法律修正案迟迟列不上立法议程。如学校法、考试法、教育投入法、终身学习法、学前教育法、高中教育法、特殊教育法、家庭教育法等法律的制定，《学位条例》《教师法》《职业教育法》的修改等。②

《国家中长期教育改革和发展规划纲要(2010—2020年)》提出的

---

① 中共中央办公厅法规局编：《中央党内法规和规范性文件汇编(1949年10月—2016年12月)》，法律出版社2017年版。

② 早在2003年孙霄兵就提出“五修四立”的想法，即修改《义务教育法》《教育法》《教师法》《高等教育法》《学位条例》，制定学校法、教育投入法、考试法、终身学习法。孙霄兵：《受教育权法理学：一种历史哲学的范式》，教育科学出版社2003年版，第490页。上述立法建议并非个人的玄想，而是学界共识，类似观点可参见陈鹏、祁占勇：《教育法学的理论与实践》，中国社会科学出版社2005年版，第80页。

“六修五立”的宏大立法计划，在现行人大及其常委会的会期制度下基本上是不可能完成的任务。全国人大每年召开一次会议，主要议程是审议“一府两院”的工作报告、审批国民经济和社会发展计划、批准预算等，教育立法较难挤进全国人大的日程。全国人大常委会一般每年召开六次会议，据此，2010—2020 年，全国人大及其常委会的会议次数加起来大约 70 次。根据《立法法》，法律案一般要经过三次审议，意见较一致的可以只审议两次甚至一次，但一次审议通过的极少。假设制定法律需要三次审议，修改法律需要两次审议的话，仅完成“六修五立”的任务需要全国人大或其常委会召开至少 27 次会议，占总会议数的近三分之一，这是不现实的。《中共中央关于全面推进依法治国若干重大问题的决定》要求加强重点领域立法，包括公民权利、市场经济、民主政治、先进文化、民生治理、国家安全和生态保护等 7 个方面，在公民权利中提到了经济社会文化权利，但没有提到受教育权，在有关民生的 11 个项目里面教育被列为首项。显而易见，教育立法在全国人大及其常委会的议程中不可能占据接近三分之一的分量。事实上，2010—2018 年 3 月，全国人大及其常委会共召开会议 61 次，讨论教育立法的只有 3 次，分别是第十二届全国人大常委会第十六次、第十八次和第二十四次会议。①

由于立法资源稀缺，教育立法一般只有在中央高度重视、社会广泛关注的条件下才可能列入国家立法议程。如 2018 年中共中央、国务院印发了《关于全面深化新时代教师队伍建设改革的意见》，全国政协委员倪闽景提出应修订升级《教师法》，规划中的该法修订可能会加速。再比如，学前教育资源严重不足，“入园难、入园贵”成

---

① 全国人大及其常委会的历次会议议程见“中国人大网”。为了节约立法资源，教育部创造了“一揽子修改”的做法，2015 年《教育法律一揽子修正案（草案）》包括了《教育法》《高等教育法》和《民办教育促进法》三部法律的修正案，前两部法律经过两次审议修改通过，《民办教育促进法》修正案因为争议较大，修改后单独审议通过。

为重要民生问题，学前教育法的立法就提上了日程。[①] 校园欺凌、校园安全事件频发，就有制定校园安全法的提议。但实际上，真正获得立法的提案往往需要强大的合力和合适的契机，毕竟，《义务教育法》的修改在 2003 年、2004 年、2005 年分别获得了 600 位、727 位和 740 位全国人大代表的签名，才在 2006 年顺利通过全面修改的法案。[②]

教育立法草案常常由教育部提出，经过国务院部门间协调和国务院立法机构审议(以前是法制办，2018 年机构改革后是司法部)后，才上报国务院常务会议讨论，由国务院提交全国人大常委会审议。由于立法层级较多，涉及的部门太过复杂，导致法案起草在部门间协调上花费的时间很长。一旦出现影响其他部门利益、突破已有制度的情况，相关方就会提出反对意见，如果得不到更高层的政治或行政权威支持，常出现久拖不决或制定一部不触及痛点、不解决问题的法律的情形。

教育立法质量不高至少体现为以下四个方面：一是立法目的偏颇。只有《义务教育法》在 2006 年修改后规定的立法目的包括保障受教育权，其余各部教育法律关于立法目的均无相关规定。二是结构不完整。教育立法常常缺乏法律责任部分，如《学位条例》《高等教育法》；或者规定了应承担责任，却语焉不详，如《通用语言文字法》规定违反本法拒不改正的，“由有关单位作出处理”，但未明言是何种处理。《职业教育法》中甚至连师生权利义务的条款都没有。[③]

---

① 早在 2003 年，全国人大教科文卫委员会就把学前教育立法列入了立法调研计划。庞丽娟、韩小雨：《中国学前教育立法：思考与进程》，《北京师范大学学报(社会科学版)》2010 年第 5 期。

② 中国教育科学研究院课题组：《中国教育法治发展报告(2016)》，中国民主法制出版社 2017 年版，第 107 页。

③ 陈鹏、薛寒：《〈职业教育法〉20 年：成就、问题与展望》，《陕西师范大学学报(哲学社会科学版)》2016 年第 6 期。

三是可操作性不强，程序规范缺失。如《教育法》规定，“不按照预算核拨经费的，由同级政府限期核拨”，对直接责任人员予以处分。《教师法》规定，教师申诉，教育行政部门应在30日内作出处理。无论是核拨经费还是行政处分、处理，均无程序性规定，甚至会出现“自我处分”的情形。四是用语不规范，如《高等教育法》第五十三条规定大学生应“刻苦学习”，属于将日常用语直接运用于立法。

(二)执法强制性弱、专业力量不足、部门协调难

在已类型化的具体教育行政行为中，缺乏重要的一类——教育行政强制，包括教育行政强制执行和教育行政强制措施。[①] 在笔者的阅读范围内，并无法律、行政法规赋予教育行政机关以强制权的规定。在地方性法规里，只有《上海市终身教育促进条例》的配套办法《上海市教育培训机构学杂费收缴和使用管理规定》第十二条规定：包括教育、人力资源和社会保障、工商、人民银行在内的各职能部门，接到开户银行的“风险警戒通报”后，应“开展专项调查和风险评估，妥善处置办学风险”。这里的妥善处置包括了特定情况下对学杂费专用账户的强制措施，教育部门有一定的调查建议权，但行政决定仍是由人民银行作出的。在教育行政部门可作出的具体行政行为中，教育行政强制尚未成型。近年来，民办高校、教育机构“集资诈骗”频发，与教育部门缺乏强制手段不无关系。

教育行政处罚种类少、力度小、执行难。如《教育法》规定，对于违法举办学校和教育机构、颁发学业学位证书的，只设定了撤销、宣告无效和没收违法所得三类处罚，并无罚款的规定。《民办教育促进法》第六十二条对于民办学校的违法办学行为、《校车安全管理条例》第二十八条对校车服务提供者和配备校车的学校的违法行为都规定了“责令改正”，违法成本几乎为零。即使规定了罚款，

① 处于灰色地带的是“滞纳金”，关于教育费附加是否应当征收滞纳金，各地做法不同。

金额也很小。如《教育行政处罚暂行实施办法》规定对于体罚或变相体罚儿童的，可以处一千元以下罚款；社会力量办学虚假出资、抽逃出资拒不改正的，最多可以处十万元罚款。《教育法》规定的较为严厉的行政处罚是罚款、责令停止招生，但罚款需要申请法院强制执行，责令停止招生需要公安机关配合，这就造成了教育行政执法偏“软”的现象。

由于长期以来国家办学模式的惯性，教育行政机关主动执法意识不强，既缺乏专门的执法与监督队伍，执法也实践不多，执法职能往往由内部各业务部门分别行使，力量分散，法律素质、执法能力与专业执法人员有很大差距。① 与财税、工商、文化、交通等已建立了较为健全的执法机构和执法队伍的职能部门相比，教育执法机构普遍空缺，力量不足。② 甚至出现教育行政机关负责人以官方身份公开发表违反《教育法》的讲话，并要求各下属单位和校长学习的情况。③

发生在教育领域的执法，最关键的执法机关往往不是教育行政部门，而是同级政府和规划、国土、财政、人社等职能部门，需要政府及其各职能部门主动履职、联合执法。如《国务院关于鼓励社会力量兴办教育促进民办教育健康发展的若干意见》(国发〔2016〕81号)，国务院就建立了“由教育部牵头，中央编办、国家发展改革委、公安部、民政部、财政部、人力资源社会保障部、国土资源部、住房城乡建设部、人民银行、税务总局、工商总局、银监会、证监会等部门参加的部际联席会议制度”。教育部《依法治教实施纲

---

① 孙霄兵主编：《教育法制建设新实践》，高等教育出版社 2012 年版，第 197、204 页。

② 高杭：《治理现代化视角下教育行政柔性执法问题探析》，《高等教育研究》2017 年第 4 期。

③ 2017 年江苏省连云港市赣榆区教育局局长陆建国在校长培训课上大谈《充分认识应试教育的政治正确性》，这种行为直接违反了《教育法》《义务教育法》乃至《中共中央 国务院关于深化教育改革，全面推进素质教育的决定》等一系列法律、政策。

要(2016—2020年)》也提出，积极会同财政、公安、工商、民政等部门，探索建立联合执法机制。但联席会议、联合执法带来了巨大的行政成本，也很难形成长效机制。

(三)司法依据不足、立案判决难

总体来说，并不存在法院拒绝裁判受教育权纠纷的问题，而主要是由于立法不可避免地滞后于社会现实，大量新型教育案件层出不穷，法院由于缺乏成文法依据，只能不予受理、驳回起诉，即便作出判决，也很难避免争议。

例如，1986年《义务教育法》颁布实施以来，家长不履行送子女上学的义务被起诉的案件屡见不鲜：既有提起民事诉讼的，也有提起行政诉讼的，还有申请法院强制执行的；既有学校当原告起诉的，也有乡镇政府、县教育局、县政府当原告的。之所以如此，是因为该法只规定了家长的义务，未规定执法主体。1992年《义务教育法实施细则》、1998年《教育行政处罚暂行实施办法》均只规定了罚款，而未规定强制措施，有了1989年的《行政诉讼法》，非诉强制执行才有了法律依据。

有些诉讼涉及整个国家教育政策的调整，不适合由法院解决。如"青岛三考生诉教育部"各省市高考录取分数线不一致侵犯平等权案、"非京籍"考生因无法考北京高中起诉北京教育考试院案、异地高考考生诉内蒙古教育厅案等。[①] 上述案件与我国高考分省划线、分省录取的总体政策有关，涉及大量人口基本权利之间的权衡，从我国法院在政权机关体系中的地位和权威来看，不适宜通过法院判决实现政策改革。

大量新兴教育案件的涌现，在缺乏相关立法的前提下，法院很

① 后两案例参见：《北京普通高中仍对"非京籍"说"不"》，《大河报》2014年9月20日；《户籍学籍都在本地却不让高考 高三学生起诉内蒙古教育厅》，《京华时报》2015年5月30日。

难作出有说服力的判决。如大一学生起诉学校要求转专业案、法律硕士集体起诉中国政法大学奖学金案、江苏东台小学生要求复查会考试卷案等。[①] 无论是转专业、奖学金发放还是各类考试查卷，现实生活中公民高度关注、与受教育权密切相关，但由于缺乏国家立法建立明确的规则，法院只能不予立案或驳回起诉。

五、趋势与展望

我国教育法治的发展并非孤军突进，而是整个中国特色社会主义法治国家建设至关重要、不可分割的一部分。[②] 1997 年党的十五大提出依法治国的治国方略，并于 1999 年载入宪法。2014 年党的十八届四中全会提出全面推进依法治国，2017 年党的十九大将其作为“四个全面”战略布局之一，成为新时代中国特色社会主义思想的重要组成部分。2018 年修改宪法，将包含“全面依法治国”思想的“习近平新时代中国特色社会主义思想”载入宪法，进一步将其从治国方略提高到全党全国人民的行动指南的高度。在党和国家机构改革上，“中央全面依法治国委员会”的组建使得我国法治国家建设在最高层的领导机构上实现了常设化。通过设立国家监察委员会，实现对“所有行使公权力的公职人员”监督的全覆盖，体现了依法治国所要求的“权力制约”原则。2013 年至今，中央政府始终不渝推进“放管服”改革，年年都动政府奶酪，实施权力清单、责任清单、负面清单制度，大幅减少审批项目。党的十八届四中全会提出，把“法治建设成效”作为考核领导干部工作实绩的一部分，我国有望从

---

① 案例参见：《大一女生转专业受阻告大学剥夺平等教育权》，《楚天都市报》2014 年 7 月 2 日；《78 名法硕告中国政法大学续：校方将补发奖学金》，《京华时报》2012 年 12 月 18 日；王保礼、刘德生：《这起因“查卷”引发的行政诉讼案应如何处理?》，《行政法学研究》1999 年第 3 期。

② 如 2018 年《政府工作报告》提交全国人大审议后，在四个方面进行了修改，“教育事业发展”“教育综合改革”“重视幼儿教师”三句话的补充就涉及了其中三个方面。

“GDP锦标赛”时代跨入“法治建设锦标赛”时代。总的来说，我国的法治国家建设已经进入不可逆转的轨道，作为其组成部分的教育法治建设亦然。

厘清主体间的权利义务关系是教育法治的精义，当下正在进行的两项改革有利于集中解决教育领域长期存在的权责不清、产权不明的问题。

(1)民办教育的分类管理。2016年《民办教育促进法》修改之前，在法律上，一方面规定教育不得以营利为目的，另一方面规定出资人可以获得合理回报。在现实中，大量存在的以营利为目的的教育机构在获得巨额利润的同时享受着政府在土地、税收方面的优惠。《民办教育促进法》修改以后，民办学校被分为营利性和非营利性两类，前者通过财务清算，明确财产权属，缴纳相关税费，重新登记办学；后者继续享受财政扶持、税收和土地优惠，即便终止办学，也只给予出资人一定的补偿或奖励，其余资产继续用于非营利性办学。通过分类管理，明确了民办教育学校或教育机构的产权归属，适用不同收费、税收、扶持办法，尽管可能会给它们带来眼前的困难，但却为教育事业向民间资本开放奠定了法治根基。

(2)教师人事制度改革。义务教育作为政府提供的基本公共服务，公办中小学教师待遇较低甚至出现工资拖欠以及“有偿补课”的现象；在公立高校，教师普遍适用干部人事制度管理，导致人员流动不畅、科研经费管理积弊丛生。2018年《中共中央 国务院关于全面深化新时代教师队伍建设改革的意见》针对公办中小学教师提出，确立其作为“国家公职人员特殊的法律地位”，并“切实履行作为国家公职人员的义务”，有利于从根本上解决公办中小学教师的身份问题，对于“有偿补课”无异于釜底抽薪。针对公立高校教师，提出“推行职务聘任制改革”“做到能上能下、能进能出”“依法取得的科技成果转化奖励收入，不纳入本单位工资总额基数”，有利于公立高校教师自由流动，减少因科研经费使用带来的违法甚至犯罪之虞。明确界定教育机构和教师的法律地位、厘清各自的权利义务关系，将会成为新时代我国教育法治建设的突破口。

从教育立法看，由于立法资源稀缺、体制不畅等问题，2020 年前完成拟议的教育立法确有困难。但如果拉长历史的视界，回顾我国曾在不到 10 年的时间完成制定 6 部教育法律的历史，立足于 2010 年来持续开展的立法调研、社会讨论等前期准备以及社会的现实需求，到 2035 年完成学前教育、终身学习、家庭教育、考试和学校等教育法律的制定，形成完善的教育法律体系的前景可期，这也是党的十九大报告提出的届时“法治国家基本建成”在教育领域的实现。

从教育执法看，教育行政的法治化是我国法治政府建设的重要组成部分。中共中央、国务院《法治政府建设实施纲要（2015—2020 年）》提出，2020 年基本建成法治政府，实现教育行政的法治化自是其题中应有之义。根据《国家中长期教育改革和发展规划纲要（2010—2020 年）》和《教育部办公厅关于开展教育行政执法体制改革试点工作的通知》（教政法厅〔2014〕3 号），教育部开展了“设立专门执法机构”，相对集中行使执法权的改革试点，有利于解决教育执法强制性弱、专业力量不足的问题，为今后的改革指明了方向。

“建国君民，教学为先。”发展教育属于政府的基本职能，事关公民的基本人权和社会阶层流动，事关科技发展与国际竞争。教育法治的发展是整个国家治理现代化的一部分，面对量大面广的民办教育机构，面对人民对“公平而有质量”教育的期盼，面对事业单位改革的相对滞后，促进教育法治的“优先发展”是时代赋予我们的使命。

第二章　党领导教育立法的百年回眸[①]

十九届六中全会“分领域总结了新时代党和国家事业取得的历史性成就”，这些伟大成就“为实现中华民族伟大复兴提供了更为完善的制度保证”。十九大报告指出“建设教育强国是中华民族伟大复兴的基础工程”。作为“全面依法治国”和“教育优先发展”两大战略的交会点，党领导教育立法取得的历史性成就也亟待回顾与总结。从新中国成立前的教育制度建设到新中国成立后有中国特色的社会主义教育法律体系初步形成并逐渐完善，党领导教育立法大致经历了萌芽时期、探索时期、发展时期和完善时期四个阶段。在每个阶段既取得了大量的立法成就，也积累了丰富的立法经验。这些成就和经验是我们迈向第二个百年奋斗目标历程上的宝贵财富，对于健全中国特色社会主义教育法律体系、办好人民满意的教育、培养担当民族复兴大任的时代新人具有重要意义。在“中国知网”选择“文献”，用“党领导教育立法”主题检索，所得结果是0。但相关成果非常丰富，主要是三方面：一是党领导教育事业发展的研究；[②] 二是

---

① 管华：《党领导教育立法的成就与经验》，载劳凯声、余雅风、陈鹏主编《中国教育法制评论》(第23辑)，教育科学出版社2022年版，第1—14页。

② 刘复兴：《坚持党对教育事业领导的全面性、系统性、整体性》，《教育研究》2021年第4期；孙霄兵：《中国共产党领导教育的基本政策、战略维度和历史逻辑》，《人民教育》2021年第1期；王炳林：《党对教育事业全面领导的科学内涵和基本路径》，《马克思主义理论学科研究》2020年第5期；杨银付：《在党的领导下办人民满意的教育》，《中国高等教育》2020年第23期；田鹏颖、张琳：《论系统观念视域下党对基础教育的全面领导》，《中国教育学刊》2021年第5期。

新中国成立以来尤其是改革开放以来教育法制(治)建设的研究;[①]三是有关党领导教育立法的原始资料,包括建党以来的大量教育政策法律文件和党的高级领导人关于教育的讲话、批示等。本章拟在上述成果的基础上,对党领导教育立法取得的伟大成就和基本经验进行初步总结。

一、党领导教育立法的萌芽时期

从中国共产党成立到新中国成立前,是党领导教育立法的萌芽时期。这一时期尽管党尚未取得全国政权,战争频仍、根据地经常易手,不可能用完备的法制为教育事业的发展提供保障,但是党发布了一系列关于教育的主张、宣言,颁布了大量实际上发挥法律作用的决议、命令和规定。这是中国共产党领导教育立法的初步尝试。

早在1921年,中国共产党第一次全国代表大会通过的《中国共产党第一个决议》就提出成立工人学校,"灌输阶级斗争的精神"以"提高工人的觉悟"。1922年《中国共产党对于时局的主张》提出:在无产阶级未能获得政权以前,目前奋斗的目标准则包括"实行强迫义务教育"。同年《中国共产党第二次全国代表大会宣言》提出"改良教育制度,实行教育普及"。这些文告中提出的教育为革命服务、普及义务教育等主张长期指导着后来的立法。1927年,上海临时市政府委员会制定了《上海特别市临时市政府政纲草案》,在之前提出

① 劳凯声、覃壮才、郭志成:《我国教育法制建设五十年回顾与展望》,载劳凯声主编《中国教育法制评论》(第1辑),教育科学出版社2022年版;湛中乐、靳澜涛:《新中国教育立法70年的回顾与展望》,《首都师范大学学报(社会科学版)》2019年第5期;任海涛、张玉涛:《新中国70年教育法治的回顾与前瞻》,《教育发展研究》2019年第17期;马怀德:《教育法治四十年:成就、问题与展望》,《国家教育行政学院学报》2018年第10期;申素平、周航、郝盼盼:《改革开放40年我国教育法治建设的回顾与展望》,《教育研究》2018年第39卷第8期;管华:《教育法治四十年:回顾与展望》,《法学评论》2018年第4期。

的教育方针之外，增加了提高教师待遇、禁止教会学校强迫学生读经等内容。[①] 1931 年 11 月 7 日，中华苏维埃第一次全国代表大会通过《中华苏维埃共和国宪法大纲》，这是党领导人民制定的第一部根本法。它规定，苏维埃政权保证工农的受教育权，实行免费的普及教育。同时通过的《关于境内少数民族问题的决议案》，特别注意落后民族地区文化的提高。1931—1934 年，中华苏维埃共和国制定的教育相关法规有 20 余部，涉及红军教育、干部教育、扫盲教育、社会教育和小学教育等各方面。[②] 1941 年陕甘宁边区第二届参议会通过《陕甘宁边区施政纲领》，这是边区具有根本法性质的政纲。它规定消灭文盲，普及教育，改善教师生活，推广新文字教育，加强干部教育，给予游民教育机会。1946 年通过的《陕甘宁边区宪法原则》规定：人民有免于愚昧的权利，实行免费的国民教育和高等教育，普施社会教育。

本阶段党未取得全国政权，党的领导人在戎马倥偬之余高度重视教育，将教育作为取得革命胜利的重要手段，形成了党领导教育事业发展的指导方针，建立了适应战时需要的教育制度，表现出以下特点：(1)教育为战争服务。毛泽东指出："一切文化教育事业均应使之适合战争的需要。"[③]1940 年中共中央《关于在职干部教育的指示》不仅要求军事干部研究军事，地方干部也必须学习军事知识。1946 年发布的《陕甘宁边区战时教育方案》要求中小学进行军事教育，理化或自然课增加防空防毒、制造火药地雷等实用知识，体育课增加军事训练。(2)干部教育第一。1939 年《陕甘宁边区抗战时期

① 张希坡：《中国法制通史(第十卷)新民主主义政权》，法律出版社 1999 年版，第 10 页。

② 陈元晖、璩鑫圭、邹光威编：《老解放区教育资料(一)土地革命战争时期》，教育科学出版社 1981 年版，第 168—342 页。

③ 中华人民共和国教育部、中共中央文献研究室编：《毛泽东　邓小平　江泽民论教育》，中央文献出版社 2002 年版，第 18、90 页。

施政纲领》中明确规定“实行干部教育、培养抗战人才”。[①] 1942年中共中央《关于在职干部教育的决定》指出：“干部教育工作在全部教育工作中的比重应该是第一位。”围绕干部教育制定了一系列教育法规，如《延安在职干部教育暂行条例》《中共中央关于延安干部学校的决定》等。(3)坚持“学干结合”。《中共中央关于延安干部学校的决定》批评了主观主义、教条主义的学风。《关于在职干部教育的决定》要求一切在职干部“做什么，学什么”。理论联系实际的学风也落实到了小学，如1942年《晋冀鲁豫边区小学暂行规程》规定：“进行理论与实践的统一教学”。[②]

中国共产党建党伊始，就摒弃了千百年来将时间浪费在诗词歌赋或八股文上的教育传统，普遍开展政治教育。1934年《列宁小学校学生组织大纲》就规定：“离开了斗争、劳动与实践，专拿书本来读，是说不上共产主义教育的。”[③]在经费极度困难的时期，还注重保障教师待遇，如1934年中华苏维埃共和国颁布的《小学教员优待条例》规定，小学教员的生活费、土地税和医疗待遇都和苏维埃工作人员同样对待。加上扫除文盲、普及教育、男女平等、简化汉字等，这些党关于教育的早期主张和制度实践，既构成了新中国教育事业发展的指导方针，也为新中国成立后党领导教育立法提供了经验基础。

二、党领导教育立法的探索时期

1949—1976年是党领导教育立法的探索时期。如果说新中国成

---

① 中央教育科学研究所编：《老解放区教育资料(二)抗日战争时期(上册)》，教育科学出版社1986年版，第7页。

② 中央教育科学研究所编：《老解放区教育资料(二)抗日战争时期(下册)》，教育科学出版社1986年版，第437页。

③ 陈元晖、璩鑫圭、邹光威编：《老解放区教育资料(一)土地革命战争时期》，教育科学出版社1981年版，第168—342页。

立前党领导教育立法为新中国教育法制培植了基因，那么新中国成立后到改革开放前党领导教育立法就是为新中国教育法制奠定了基础。这一时期，尽管与教育有关的国家法只有《中国人民政治协商会议共同纲领》和“五四宪法”，但党中央和政务院（1954 年以后为国务院）发布的一系列有关教育的指示、决定，内容涉及中小学教育、高等教育、扫除文盲、语言文字等各方面，形成了我国教育法制的雏形。

《共同纲领》起到了临时宪法的作用，第四十一条规定教育的性质是新民主主义的，政府教育工作的主要任务是提高人民文化水平、培养建设人才、肃清反动思想、发展为人民服务的思想。第四十六条规定教育方法是理论与实践一致。第四十七条规定实行普及教育，发展中等教育、高等教育、技术教育、业余教育、干部教育和政治教育。第五十三条规定了少数民族的语言文字和对其教育事业发展的帮助。在《共同纲领》的起草过程中，中国共产党发挥了决定性作用：周恩来亲自草拟了《共同纲领》的初稿，毛泽东对初稿的改动达 200 多处。[①] “五四宪法”是新中国第一部社会主义类型的宪法，第九十四条规定了公民的受教育权，第九十五条规定国家对从事教育事业的公民给予鼓励和帮助。“五四宪法”草案是毛泽东亲自起草的。这一时期，党领导制定了多方面的教育制度。

（一）中小学教育制度

1953 年政务院《关于整顿和改进小学教育的指示》明确“教学是学校中压倒一切的中心任务”，教师质量是办好教育的决定因素。1963 年中共中央发布《全日制小学暂行工作条例（草案）》（小学 40 条）和《全日制中学暂行工作条例（草案）》（中学 50 条），包括“教育为无产阶级的政治服务”“与生产劳动相结合”，以教学为主，进行共

---

① 孟红：《〈共同纲领〉诞生记》，《秘书工作》2012 年第 3 期。

产主义思想教育以及体育卫生、教师、学校行政和党的工作等几方面内容。上述两个条例在“文革”前实际起到了法律的作用，1978 年经全国教育会议讨论修改后，下发执行。

(二)高等教育制度

1950 年政务院批准了《高等学校暂行规程》，规定了高校的任务，入学，课程、考试、毕业，教学组织，行政组织，社团等事项。1950 年、1953 年政务院先后通过《关于高等学校领导关系的决定》《关于修订高等学校领导关系的决定》，在此基础上，1963 年《中共中央 国务院关于加强高等学校统一领导、分级管理的决定(试行草案)》形成了高等教育由中央和省两级管理的制度，明确了教育部、中央各部门和省级政府的职责。1950 年，教育部发布了《关于高等学校今年暑期招考新生的规定》，包括报考资格、考试科目、考试时间、从宽录取对象等内容。迄今为止，教育部仍然采取每年发布普通高等学校招生工作规定的办法。1961 年，中共中央原则批准《教育部直属高等学校暂行工作条例(草案)》(高教 60 条)，包括以教学为主、正确执行知识分子政策、与生产劳动相结合、党委领导下的以校长为首的校务委员会负责制等内容。

(三)扫盲教育制度

共产党建军之初就重视基层教育，红军行军路上都要看识字板。[①] 1950 年，政务院先后发布《关于开展职工业余教育的指示》《关于开展农民业余教育的指示》，针对工厂职工、农村干部和农民开展识字教育。[②] 为了扫除文盲，1954 年国务院发布《关于加强农民业余文化教育的指示》，1956 年中共中央、国务院发布《关于扫除文盲的决定》，1960 年中共中央发布《关于推广注音识字的指示》。截至 1964 年，有近一亿中国人摘掉了文盲的帽子。虽然与毛泽东在《论

---

① 徐焰：《解放军为什么能赢》，广东经济出版社 2012 年版，第 8—9 页。

② 郝和国：《新中国扫除文盲运动》，《党的文献》2001 年第 2 期。

联合政府》中提出的“从百分之八十的人口中扫除文盲”的目标还有很大距离，但也取得了巨大成就。

(四)语言文字制度

1936年，埃德加·斯诺惊奇地发现，共产党在苏区开始使用汉语拉丁化拼音。[①] 1956年，中共中央《关于文字改革工作问题的指示》同意简化汉字、推广普通话、拟定拼音方案。随后国务院通过《关于公布汉字简化方案的决议》《关于推广普通话的指示》。为消灭青壮年文盲，《关于推广注音识字的指示》要求推广普通话，再简化一批汉字。传统中国文字构造复杂，书面语与口语不同，各地发音也不同，被称为“中国现代大学之父”的郭秉文因此浩叹：“中国数百万民众的教育普及是一件困难重重的事。”[②]五四文化先驱陈独秀、鲁迅、瞿秋白、钱玄同甚至提出废除汉字，这样棘手的问题在新中国成立后得到了妥善处理，并为2000年颁布《国家通用语言文字法》奠定了基础。

此外，1958年中共中央、国务院《关于教育工作的指示》提出党的教育方针是“为无产阶级的政治服务，教育与生产劳动相结合”，培养师生的阶级观点和劳动观点长期成为我国教育的方针。中央还形成了“健康第一”的教育方针。1950年、1951年，毛泽东两次致信教育部长，强调“健康第一，学习第二”。1951年政务院发布《关于改善各级学校学生健康状况的决定》，调整学生的学习、睡眠和体育活动或生产劳动的时间，要求减轻学生课业负担。类似的指示之后发过多次，2021年7月“两办”印发的《关于进一步减轻义务教育阶段学生作业负担和校外培训负担的意见》是最近，也是力度最大的一次。

十年动乱，党的领导和教育法制都不存在了，在此不再赘述。

---

① 埃德加·斯诺：《红星照耀中国》，董乐山译，人民文学出版社2016年版，第242页。

② 郭秉文：《中国教育制度沿革史》，商务印书馆2017年版，第156页。

总之，在这一时期，党领导教育立法在教育的性质、原则、方法、受教育权以及包括扫盲教育、中小学教育、高等教育和语言文字在内的相关制度方面，都展开了有益的探索，为改革开放后大规模教育法制建设奠定了基础。与第一阶段相比，本阶段解决了第一阶段提出的教育主权问题，[①] 受教育权主体扩展到全体公民，扫盲教育、政治教育从根据地、解放区扩展到全国，中华民族从愚昧麻木中解放出来，精神面貌焕然一新。

三、党领导教育立法的发展时期

从改革开放到十八大以前，是党领导教育立法的发展时期。在党领导教育立法的萌芽时期和探索时期，党政关系上，属于党的一元化领导时期，因此大量党的文件、指示直接发挥法律作用。在党领导教育立法的发展时期，中央强调“党政分开”，党领导教育立法主要体现为领导人民，通过全国人大制定教育法律，除《宪法》外，依时间顺序，包括《学位条例》《义务教育法》《教师法》《教育法》《职业教育法》《高等教育法》《国家通用语言文字法》和《民办教育促进法》。

一般认为，“八二宪法”是新中国最好的一部宪法，是对“五四宪法”的全面修改。1980 年邓小平在《党和国家领导制度的改革》中提出修改建议，修改工作由彭真主持。彭真说：“教育问题是要写得更突出一点。”[②]所以“八二宪法”关于教育的规定相当完备，囊括了教育目的、家庭教育、学前教育、义务教育、职业教育、高等教育、扫盲教育、特殊教育、民办教育、推广普通话、教育与宗教分

---

① 《中华苏维埃共和国第一次全国工农兵代表大会宣言》宣告：“教育事业之权归苏维埃掌管。”

② 《彭真传》编写组编：《彭真年谱（1979—1997）第五卷》，中央文献出版社 2012 年版，第 151 页。

离、受教育权和科学研究自由等各方面内容。

(一)《学位条例》

这是新中国第一部教育单行法。改革开放前，中央曾三次提出建立学位制度。1954 年，中共中央对中国科学院党组的批示指出："为开展科学研究工作，学位制和对科学研究的奖励制度是必要的。"[①]林枫主持起草了第一稿。1961 年，邓小平在中共中央书记处会议上提出："看来学位不搞不行，可以先搞一个方案。"[②]中央批准了聂荣臻提出的《关于建立学位、学衔、工程技术称号等制度的建议》，聂荣臻主持起草了第二稿。1965 年，周恩来指示高等教育部给外国留学生颁发学位证书，高等教育部起草了《关于授予外国留学生学位试行办法》。受政治环境制约，这三次尝试都没有成功。1979 年 3 月，中央作出建立学位制度的指示，[③] 1980 年 2 月全国人大常委会通过了《学位条例》。2004 年《学位条例》修改了一处，学位评定委员会组成人员名单不再需要报批，朝 1985 年《中共中央关于教育体制改革的决定》提出的"扩大高等学校办学自主权"的方向迈出了一小步。

(二)《义务教育法》

1980 年，中共中央、国务院《关于普及小学教育若干问题的决定》提出普及小学教育，拟定《小学教育法》。但各方面对实施义务教育是否具备条件认识不一致，陷入分歧。1982 年 9 月，彭真在主持起草"八二宪法"时指出："普及初等义务教育，要写上。搞了三

---

① 中共中央文献研究室编：《建国以来重要文献选编(第五册)》，中央文献出版社 1993 年版，第 167 页。

② 中共中央文献研究室编：《建国以来重要文献选编(第十四册)》，中央文献出版社 1997 年版，第 805 页。

③ 《胡乔木传》编写组编：《胡乔木与中国社会科学院》，人民出版社 2007 年版，第 50 页。

十多年，不能普及小学，不像话。”[①]后来“八二宪法”明确规定“普及初等义务教育”。1985 年 5 月 27 日，《中共中央关于教育体制改革的决定》提出“制定义务教育法”。1986 年 4 月 12 日全国人大就通过了《义务教育法》，明确规定“免收学费”。从中央决定到法律通过，前后不到 11 个月。在讨论过程中，教育经费始终是政协委员、人大代表热议的问题。为了促进法律出台、保证其实施，彭真亲自与国务院领导协调，推动在法律 1986 年 7 月 1 日生效之前，增拨 13 亿元教育经费。

1992 年，党的十四大要求“提高全民族的思想道德和科学文化水平”。1993 年《中国教育改革和发展纲要》提出中小学应从“应试教育”转向素质教育。1998 年《面向 21 世纪教育振兴行动计划》强调“美育是素质教育的重要组成部分”。1999 年 6 月 13 日，中共中央、国务院《关于深化教育改革全面推进素质教育的决定》提出要“制定有关素质教育的制度和法规”。1999 年 6 月 15 日，江泽民在第三次全国教育大会上强调：“确保农村教育的投入，并不断加大投入的力度。”1986 年《义务教育法》只规定了免学费，“地方负责，分级管理”。由于投入不足，杂费越收越多，城乡和区域差别呈扩大趋势。2000 年我国基本普及九年制义务教育，但 2002 年因贫辍学的中小学生仍有 1000 多万名。2003 年，376 名全国人大代表联名建议修改《义务教育法》，引起社会强烈反响，当年即进入全国人大和国务院的立法工作计划。[②] 2006 年初，温家宝总理在政府工作报告中提出“全部免除农村义务教育阶段学生的学杂费”。2006 年 6 月 29 日，全国人大常委会通过了全面修改后的《义务教育法》，一举取消了杂费，要求促进均衡发展，取消重点校、重点班，实施素质教育，管

---

① 《彭真传》编写组编：《彭真年谱（1979—1997）第五卷》，中央文献出版社 2012 年版，第 151 页。

② 洪丰：《376 名代表签名与〈义务教育法〉修订五大焦点》，《公民导刊》2004 年第 1 期。

理"以县为主"，专条规定了德育，第一次规定了美育。2006年10月，党的十六届六中全会进一步要求"促进教育公平"，从此，追求教育公平成为我国教育事业发展的主旋律。

(三)《教师法》

1978年，邓小平在全国教育工作会议上指出：要提高教师的政治地位与社会地位，"全社会都应该尊重教师"，"要研究教师首先是中小学教师的工资制度"。《关于普及小学教育若干问题的决定》揭示出，小学、中学教师工资分别居全行业倒数第一和倒数第二。《义务教育法》通过以后，国家教委立即着手起草《教师法(草案)》，1991年由国务院提请全国人大常委会审议。审议过程中，委员们感到关于教师待遇的规定过于空泛，与教师的期望反差很大，建议推迟通过。1992年2月，邓小平南方谈话提出，经济发展"必须依靠科技和教育"，"希望大家通力合作，为加快发展我国科技和教育事业多做实事"，给法案带来了希望。但由于委员们对提高教师待遇在法律上如何规定无法达成一致意见，委员长会议建议国务院将草案撤回。1992年10月，江泽民在十四大报告中强调，要下决心"改善知识分子的工作、学习和生活条件"。1993年2月，中共中央、国务院印发的《中国教育改革和发展纲要》明确：提高教师工资待遇，建立正常的工资增长机制。1993年4月，在第八届全国人大常委会第一次会议上，乔石提出"以改革精神加快立法"，并亲自和李岚清副总理商量《教师法》早日出台的问题。① 当年10月通过的《教师法》规定，"教师的工资水平不低于国家公务员的平均水平"，这是我国立法史上的突破。2009年，《教师法》有一次技术上的修改。

(四)《教育法》

在1983年召开的全国高等教育工作会议上，很多代表提出制定

---

① 吴福生：《一部重要法律的诞生——制定〈教师法〉的前前后后》，《人大工作通讯》1994年第1期。

“教育基本法”。1984年，有全国人大代表、政协委员联名写信呼吁制定《教育法》。他们的信受到了彭真的重视。1985年，《中共中央关于教育体制改革的决定》提出“加强教育立法”。李鹏任副总理兼国家教委主任时多次提出，加快《教育法》的起草。1986年第六届全国人大第四次会议上，77名全国人大代表提出尽快制定《教育法》的议案，此后每年“两会”都有类似议案提案。1992年党的十四大提出教育优先发展战略。1993年《中国教育改革和发展纲要》提出“要抓紧草拟基本的教育法律”“通过立法，保证教育经费的稳定来源和增长”。1994年，江泽民明确指出：“要加快《教育法》的起草。”党的十四届中央政治局常委都非常关心《教育法》的制定，提出许多修改意见。[①] 1995年3月18日，《教育法》在全国人大获得通过，将教育优先发展确定为立法原则，并专章规定了“教育投入与条件保障”。2009年，为了适应义务教育“以县为主”管理的现实，《教育法》进行了修改，基本取消了乡的办学职责。

(五)《职业教育法》

早在1958年，邓小平就指出：“任何时候都不要忽略职业中学的教学质量问题。”[②]1985年《中共中央关于教育体制改革的决定》提出，职业教育是最薄弱环节，要树立行行出状元的观念，从中学阶段开始分流，力争5年左右达到职普比相当。1992年，十四大提出“积极发展职业教育”。1993年，李岚清批示“希望加速职业教育立法进度”。职业教育是否包括职业培训是起草过程中最大的难点，经几位副总理和有关部门协商，确定职业培训属于职业教育范畴。职业教育机构的主管部门当时比较复杂，中央确定以教育部门管理

---

① 冯瑛冰、尹鸿祝：《百倍其功　水到渠成——〈教育法〉制定纪实》，《甘肃教育》1995年第6期。

② 中华人民共和国教育部、中共中央文献研究室编：《毛泽东　邓小平　江泽民论教育》，中央文献出版社2002年版，第18、90页。

为主。[①] 1996 年，全国人大常委会通过《职业教育法》。

(六)《高等教育法》

中共中央《关于经济体制改革的决定》《关于科技体制改革的决定》作出后，为了实施这两个决定，小平同志强调："不改革教育体制，人才培养就无法满足社会主义建设的需要。"1985 年《中共中央关于教育体制改革的决定》提出"改变政府对高等学校统得过多的管理体制"。1993 年《中国教育改革和发展纲要》提出：通过立法规定高校的权利和义务，政府管理高校首先要运用立法手段。1997 年《高等教育法(草案)》提请全国人大常委会审议，先后经过四次审议，关于高校的领导体制仍争执不下。[②] 1998 年 6 月 4 日，中央讨论了这个问题，结论是"高教法要写上有关党的领导的内容"。[③] 1998 年 8 月 29 日《高等教育法》获得通过，明确规定了党委领导下的校长负责制。

(七)《国家通用语言文字法》

它不仅规定了学校和教育机构应使用普通话和规范汉字，也对国家机关、汉语文出版物、电台电视台和公共服务行业提出了要求。1990 年以后，全国人大代表多次提出关于语言文字问题的议案。1994 年中共中央印发《爱国主义教育实施纲要》，要求"要进行中华民族优秀传统文化教育""要正确使用祖国的语言文字，大力推广普通话"。1996 年，227 位全国人大代表提出对语言文字进行立

---

① 张光喜：《〈职业教育法〉的立法追忆及修订建议》，《中国职业技术研究》2010 年第 30 期。

② 朱开轩：《一部推动高等教育改革和发展的重要法律》，《中国高等教育》1999 年第 1 期。

③ 李鹏：《立法与监督——李鹏人大日记(上)》，新华出版社、中国民主法制出版社 2006 年版，第 90 页。

法的要求。[1] 全国人大常委会将其列入1997年的立法计划。1998年《面向21世纪教育振兴行动计划》强调"建立和完善有关语言文字工作的法规体系"。2000年2月，委员长会议决定少数民族语言文字留待修改《民族区域自治法》时另做规定。2000年10月，《国家通用语言文字法》在全国人大常委会上通过。

(八)《民办教育促进法》

1982年，彭真在《关于中华人民共和国宪法修改草案的报告》中提出"发动各种社会力量"，包括"国家批准的私人办学者"举办教育事业。但由于长期面临着"姓社姓资"的诘难，民办教育发展举步维艰。[2] 小平同志南方谈话打破了沉闷的局面。1993年《中国教育改革和发展纲要》明确："改变政府包揽办学的格局"，高等教育社会参与办学，职业教育、成人教育社会联合办学。1999年，《中共中央国务院关于深化教育改革，全面推进素质教育的决定》提出，鼓励和支持社会力量办学，"加快民办教育的立法"。草案提出后，经过三次审议，围绕是否允许民办教育营利仍然存在争议。2002年12月23日李鹏在审议会议上说："市场经济应允许合理回报，如果没有这一条，不但积极性调动不起来，而且现在已经办的、正在办的或者是办得比较好的民办教育可能维持不下去。"[3]2002年12月28日《民办教育促进法》在全国人大常委会上通过，规定允许取得合理回报。

从改革开放到十八大以前，是党领导教育立法的发展时期，有中国特色的社会主义教育法律体系基本形成。不仅继承了探索时期

---

① 汪家鏐：《关于〈中华人民共和国国家通用语言文字法(草案)〉的说明》，《中华人民共和国全国人民代表大会常务委员会公报》2000年第6期。

② 陈桂生：《人民共和国"民办教育"的现实道路》，《集美大学学报》2001年第3期。

③ 李鹏：《立法与监督——李鹏人大日记(上)》，新华出版社、中国民主法制出版社2006年版，第781页。

未竟的制度建设事业，在义务教育、高等教育和语言文字等方面制定了法律，在扫盲教育上由国务院制定了《扫除文盲工作条例》，而且通过国家立法大大提高了教师的地位，建立了职业教育的基本制度，开始探索社会主义市场经济条件下，如何促进民办教育发展，掀起了教育事业蓬勃发展的高潮。同时，坚持党对教育的领导、加强思想政治教育、教育与劳动相结合这些优良传统也在立法中得到了体现。2011 年，我国全面完成普及九年义务教育、扫除青壮年文盲的任务，创造了人类教育史上的奇迹，中华民族即将迎来伟大复兴的曙光。

四、党领导教育立法的完善时期

十八大以来，党领导教育立法进入完善时期。如果说经过前两个时期的实践，有中国特色的社会主义教育法律体系初步形成，那么这一时期就是我国教育法律体系更加完善的时期。2010 年，《国家中长期教育改革和发展规划纲要(2010—2020 年)》提出了“六修五立”的立法计划，目前《教育法》《高等教育法》《民办教育促进法》三部法律的修改已完成，《家庭教育促进法》已于 2021 年 10 月 23 日通过。十八届四中全会通过《中共中央关于全面推进依法治国若干重大问题的决定》，提出“党的领导是中国特色社会主义最本质的特征”。十九大报告要求“坚持和加强党的全面领导”。党对教育和立法的领导都进入全面领导、系统领导和整体领导时期，在教育立法上呈现出了新的特点。

(一)《教育法》

《教育法》在 2015 年、2021 年经过两次修改。2013 年《中共中央关于全面深化改革若干重大问题的决定》提出：“坚持立德树人，加强社会主义核心价值体系教育”“增强学生社会责任感、创新精神、实践能力”；“大力促进教育公平”“统筹城乡义务教育资源均衡配置”。上述内容分别体现于 2015 年修改的《教育法》第六条第一款的教育方针和第十一条第二款国家发展教育的措施中。《国家中长期教育改革和发展规划纲要(2010—2020 年)》补充“为人民服务”“和社会实践相结合”作为指导方针，专章规定了“学前教育”“扩大教育开放”“加快教育信息化进程”，《教育法》2015 年修正案分别在第五、第十八、第六十六、第六十七条落实了上述要求。《国家中长期教育改革和发展规划纲要(2010—2020 年)》提出“探索营利性和非营利性民办学校分类管理”，《教育法》2015 年修改第二十六条，删掉了“不得以营利为目的举办学校及其他教育机构”，为制度变革留下了空间。2014 年，习近平总书记在第二次中央新疆工作座谈会上强调：“在各民族中牢固树立国家意识、公民意识、中华民族共同体意识”“推进‘双语’教育”，在中央民族工作会议上要求“搞好双语教育”。《教育法》第十二条删去了少数民族学生为主的学校和教育机构“可以使用本民族或者当地民族通用的语言文字进行教学”的规定，要求“实施双语教育”。2018 年，《宪法》修改，将邓小平理论、“三个代表”重要思想、科学发展观和习近平新时代中国特色社会主义思想写入国家的指导思想，将“党的领导”写入《宪法》正文。2021 年，《教育法》第三条“发展教育的原则和指导思想”修改，增加了上述内容。习近平总书记在全国教育大会上指出：教育“对提高人民综合素质、促进人的全面发展、增强中华民族创新创造活力、实现中华民族伟大复兴具有决定性意义”。上述内容被写入 2021 年《教育法》修正案第四条“教育的重要性”。2013 年以来，习近平总书记多次强调“树立劳动观念”。①

① 2013 年 5 月 29 日，习近平在北京市少年宫讲话时强调：“从小要树立劳动光荣的观念。”习近平：《让孩子们成长得更好》，《人民日报》2013 年 5 月 31 日第 1 版。2014 年 4 月 4 日，习近平在参加首都义务植树活动时强调：“在努力学习的同时，树立劳动观念、劳动意识、劳动习惯。”习近平：《一代人接着一代人干下去 坚定不移爱绿植绿护绿》，《人民日报》2014 年 4 月 5 日。

2015年、2021年教育法修改分别将“美”和“劳”增补为培养目标。十九大报告提出“革命文化和社会主义先进文化”，2021年《教育法》修正案将其写入第七条“优秀文化的继承与弘扬”的内容。

(二)《高等教育法》

经过2015年、2018年两次修改。2015年的修改和《教育法》同时进行，一揽子通过，在贯彻《中共中央关于全面深化改革若干重大问题的决定》《国家中长期教育改革和发展规划纲要(2010—2020年)》精神上，基本一致，在此不赘述。2018年只修改了一处，取消了对修业年限调整的审批。

(三)《民办教育促进法》

《民办教育促进法》于2013年、2016年和2018年进行了三次修改，其中2013年、2018年的两次修改均是微调，体现了简政放权的精神。民办教育按照营利、非营利分类管理是《国家中长期教育改革和发展规划纲要(2010—2020年)》提出来的，原计划2015年和《教育法》《高等教育法》一揽子通过，由于不少举办者和社会舆论反对分类管理，主张取得合理回报，全国人大常委会暂缓表决。2016年4月18日，中央全面深化改革领导小组审议通过《民办学校分类登记实施细则》《营利性民办学校监督管理实施细则》，解决了争议。① 全国人大常委会审议过程中，对于义务教育阶段一律禁止设立营利性学校，也存在不同意见。因为“是党中央明确提出的要求”，义务教育应“体现国家意志，应当充分体现教育的公平性和公益性”，才最终写入《民办教育促进法》第十九条。② 此外，《民办教

---

① 贺春兰：《民办教育不能做“桉树”——专访中国教育发展战略学会执行会长、教育部政策法规司原司长孙霄兵》，《人民政协报》2017年9月6日。

② 《全国人民代表大会法律委员会关于〈全国人民代表大会常务委员会关于修改《中华人民共和国民办教育促进法》的决定(草案)〉修改意见的报告》，《中华人民共和国全国人民代表大会常务委员会公报》2016年第6期。

育促进法》2016 年修正案，在《教育法》2021 年修改增加“坚持中国共产党的领导”之前，就在第九条规定了党的基层组织，这是一个突破，也是党的全面领导的体现。

(四)《义务教育法》

2015 年、2018 年两次修改：第一次修改下放了教科书定价权，第二次修改属于纯技术修改。

(五)《家庭教育促进法》

此法是“六修五立”计划中排名最后的立法项目，2018 年才列入十三届全国人大常委会立法规划第三类立法项目，即“立法条件尚不完全具备、需要继续研究论证的立法项目”。该法 2021 年就获得通过，相比第一类项目的《学前教育法》、第二类项目的《职业教育法》《教师法》《学位条例》，立法速度是最快的。这种高效率离不开中央的高度重视。十八大以来，习近平总书记高度重视家庭家教家风，相关论述多达一百余次。① 该法除了体现《教育法》最新修改的精神，如“德智体美劳全面发展”“弘扬中华民族优秀传统文化、革命文化、社会主义先进文化”外，最突出的特点是全面落实了习近平总书记关于家庭教育的论述。② 习近平总书记强调“家长应该担负起教育后代的责任”，《家庭教育促进法》专章规定了“家庭责任”。习近平总书记强调：“办好教育事业，家庭、学校、政府、社会都有责任”“教育、妇联等部门要统筹协调社会资源支持服务家庭教育”。《家庭教育促进法》专章规定了“社会协同”。习近平总书记强调家庭教育“最重要的是品德教育”，《家庭教育促进法》第十六条的教育内容不仅规定了品德教育，还规定了“铸牢中华民族共同体意

① 中共中央党史和文献研究院编：《习近平关于注重家庭家教家风建设论述摘编》，中央文献出版社 2021 年版。

② 管华、孙美：《用习近平新时代中国特色社会主义思想指导家庭教育立法》，《人民政协报》2021 年 10 月 20 日。

识，培养家国情怀”。习近平总书记重视党员干部的表率作用。最终通过的法案在二次审议稿的基础上增加了第四条第二款，强调国家工作人员的带头作用。

至于“六修五立”中的其他立法项目：2021年4月12日，《学前教育法草案（送审稿）》报送国务院审议。2021年4月15日，《学位法》结束向社会征求意见。2021年6月7日，《职业教育法（修订草案）》经过全国人大常委会第一次审议。2021年12月20日，《教师法（修订草案）》结束向社会公开征求意见。新时期，党领导教育立法蹄疾步稳，即将迎来丰收季节。

十八大以来，是党领导教育立法的完善时期。这一时期党领导教育立法的根本特点是“善于使党的主张通过法定程序成为国家意志”，具体体现为三方面。（1）完善教育法律体系。十八届四中全会提出“完善以宪法为核心的中国特色社会主义法律体系”，体现在教育领域就是完善中国特色社会主义教育法律体系。在具体内容上，补充完善了教育方针、发展措施、指导思想、教育原则，无论是“坚持立德树人，加强社会主义核心价值体系教育”，还是“为人民服务”“和社会实践相结合”，都是向共产党人初心的回归。（2）推动重大改革。加强对民办教育的监管和治理，是新时代教育事业发展最鲜明的特色。2021年4月7日通过的《民办教育促进法实施条例》在《民办教育促进法》的基础上，细化了民办教育的范围，明确实施义务教育的公办学校不得举办或参与举办民办学校，公办学校不得举办或参与举办营利性民办学校。为落实该条例，《教育部等八部门关于规范公办学校举办或者参与举办民办义务教育学校的通知》对“公参民”学校进行了专项规范。2021年7月“两办”印发的《关于进一步减轻义务教育阶段学生作业负担和校外培训负担的意见》要求“现有学科类培训机构统一登记为非营利性机构”“学科类培训机构一律不得上市融资”，在教育培训行业掀起巨浪，其终极目的是维护教育的公平性和公益性，促进学生全面发展、健康成长。分类管理的决策是中央全面深化改革领导小组作出的，“健康第一”的教育方针虽然可以追溯到毛泽东，但在新时代也离不开习近平总书记的多次强调。[①] (3)补齐制度短板。通过修改《教育法》，规定学前教育制度，完善了我国的学校教育制度，为制定《学前教育法》奠定了基础。《家庭教育促进法》尽管对家长和监护人规定的强制性法律责任不多，但也贯彻了习近平总书记“领导干部的家风，不仅关系自己的家庭，而且关系党风政风”[②]的指示。全国人大及其常委会主动落实中央精神，是这一时期教育立法的突出特点。

五、党领导教育立法的历史经验

党领导教育立法取得了中国历史上前所未有的辉煌成就，形成了中国特色社会主义教育法律体系，积累了宝贵的历史经验。

(一)坚持党的领导

在党领导教育立法的萌芽时期和探索时期，党的决议、决定直接发挥着法律的作用，对各级各类教育制度的建设进行了全面探索，为改革开放后党领导全国人大制定教育法律积累了经验，奠定了基础。在党领导教育立法的发展时期和完善时期，党对教育立法的领导主要体现为两个方面。

(1)提出立法动议。《学位条例》《义务教育法》《教育法》《高等教育法》《国家通用语言文字法》《民办教育促进法》，这六部法律之所以能够进入立法议程，是因为它们都是直接以中央指示或决定为依

---

① 如 2013 年，习近平总书记在参加首都义务植树活动时指出：“少年儿童要注意加强体育锻炼。”在 2018 年全国教育大会上，习近平总书记指出：“要树立健康第一的教育理念，开齐开足体育课。”

② 张锡：《科学统筹突出重点对准焦距 让人民对改革有更多获得感》，《人民日报》2015 年 2 月 28 日。

据的。《家庭教育促进法》的启动虽然没有中央文件的明确依据，却是全国人大常委会基于习近平总书记关于家庭家教家风的一系列重要论述、十九大、十九届四中全会、十九届五中全会的精神主动提出的。①

(2)解决重大争议。义务教育能否免收学杂费，教师待遇如何保证，高等学校如何坚持党的领导，职业教育是否包括职业培训，民办教育能否取得合理回报、是否必须分类管理以及是否允许营利性义务教育学校存在，都是讨论中存在分歧的问题。这些焦点、难点问题的最后解决都是基于中央领导的指示或由中央讨论决定。《教师法》起草过程中，曾两次被建议推迟通过或者撤回议案，是领导人的讲话或报告使其重获生机。《民办教育促进法》原计划与《教育法》《高等教育法》一揽子修改，因存在分歧暂不表决，也是中央全面深化改革领导小组一锤定音。一旦分歧解决或中央主要领导要求加快立法进度，法案往往会在几个月内得到通过。

(二)坚持问题导向

正如穗积陈重所言，一国的法律能否真正实现国家利益、促进人民幸福是法律的实质问题。② 立法的目的并不在于形成一个规范体系，装点门面，任何伟大的法律(法典)都是正确回答它所处的时代提出的调整利益、规范行为、建立秩序等问题的产物。为中国人民谋幸福、为中华民族谋复兴是党的初心和使命，也是教育立法要服务的总问题，在不同的历史条件下，教育立法要完成的具体任务也各有不同。在党领导教育立法的萌芽时期，为了发动革命，群众教育的目的就是灌输阶级意识，提高斗争精神；为了建立人民的军

---

① 何毅亭：《关于〈中华人民共和国家庭教育法(草案)〉的说明——2021年1月20日在第十三届全国人民代表大会常务委员会第二十五次会议上》，http：//www.npc.gov.cn/npc/c30834/202110/d7eb28e1220449be9ef47a970987de6a.shtml，2023年11月27日访问。

② 穗积陈重：《法典论》，李求秩译，商务印书馆2014年版，第5页。

队，干部教育的目的就是要坚定信仰，保证“党指挥枪”。在党领导教育立法的探索时期，为了保证国家的社会主义前途，立法规定了教育的新民主主义性质，要求“教育为无产阶级的政治服务”；为了建设“四个现代化”，规定学校“以教学为主”、简化汉字、扫除文盲。在党领导教育立法的发展时期，为了保证经济、科技改革的顺利进行，立法建立了学位制度，扩大高校办学自主权；为了推进社会主义现代化，“教育从娃娃抓起”，立法先后免除学费、杂费；为了提高教师待遇，制定了《教师法》；为了保证教育经费持续稳定增长，制定了《教育法》；为了鼓励支持社会力量办学，制定了《民办教育促进法》。在党领导教育立法的完善时期，为了完善教育的宗旨、方针、指导思想和重要意义，修改了《教育法》《高等教育法》；为了保证教育的公益性，修改了《民办教育促进法》；为了发扬中华民族重视家教的传统，制定了《家庭教育促进法》。

（三）坚持人民至上

教育是为少数人所得而私，还是全体人民共同享有的普遍人权，是资本主义教育法与社会主义教育法的根本区别。十九届六中全会决定提出“坚持发展为了人民、发展依靠人民、发展成果由人民共享”，体现在教育立法领域就是坚持教育立法为了人民、教育立法依靠人民、教育立法成果由人民共享。在教育立法为了人民方面：在党领导教育立法的萌芽时期，《中华苏维埃共和国宪法大纲》明确规定“苏维埃政权以保证工农劳苦民众有受教育的权利为目的”。在党领导教育立法的探索时期，《中国人民政治协商会议共同纲领》规定政府教育工作的任务是“发展为人民服务的思想”。《关于高等学校今年暑期招考新生的规定》（1950）对“有三年以上工龄的产业工人”从宽录取。在党领导教育立法的发展时期，《宪法》要求“提高全国人民的科学文化水平”。《义务教育法》规定“不得将学校分为重点学校和非重点学校。学校不得分设重点班和非重点班”。在党领导教育立法的完善时期，修改《教育法》，强调教育“为人民服务”“逐步缩小区域、城乡、校际差距”。在教育立法依靠人民方面，我国教育立法呈现出了很强的回应型立法的特点，体现了全过程民主。六届人大以后，每年全国人大、政协开会，都有很多代表和委员提出加快制定《教师法》的议案和建议。在此基础上，全国人大常委会副委员长孙启孟给李岚清副总理写信，提出制定《教师法》刻不容缓。[①] 在十届全国人大一次会议上，376 名代表联名提出加快修改《义务教育法》的议案，受到了中央的高度重视；在十届全国人大三次会议上，又有 740 名代表提出修订《义务教育法》的议案，[②]《义务教育法(修正案)》当年就获得通过。在教育立法成果由人民共享方面，制定和修改《义务教育法》，实现教育全免费。2006 年全国小学学龄儿童净入学率达 99.27%，女童净入学率比男童高出 0.04 个百分点。[③] 在我国两千多年的教育史上，首次实现了教育平等和普及。制定《民办教育促进法》《职业教育法》，增加了教育机会；修改《民办教育促进法》，禁止教育过度牟利，减轻了家长的经济负担。

(四)坚持教育优先

坚持教育优先发展，坚持教育优先立法。早在 1987 年，党的十三大就提出“把发展科学技术和教育事业放在首要位置”。1992 年党的十四大提出“必须把教育摆在优先发展的战略地位”，第一次明确了教育在各行各业发展中处于优先发展的战略地位，此后历次党的

---

① 吴福生：《一部重要法律的诞生——制定〈教师法〉的前前后后》，《人大工作通讯》1994 年第 1 期。

② 张飞天：《740 名全国人大代表的呼吁：为了上学不再难!》，《中国人大》2005 年第 16 期。

③ 《2006 年教育事业统计公报——义务教育阶段普及水平持续提高》，http://www.mjyn.gov.cn/czyzsjk/gqsjk/200703/t20070327_627469.html，2023 年 11 月 27 日访问。

全国代表大会都强调了这一点。[①] 1995 年，江泽民在全国科技大会上提出科教兴国战略。2003 年，胡锦涛在全国人才会议上提出人才强国战略。2006 年，胡锦涛在全国科技大会上提出建设创新型国家战略。无论是科教兴国、人才强国还是创新型国家战略，教育都是其重要组成部分。2018 年，习近平总书记在全国教育大会上进一步指出“教育是国之大计、党之大计”，并将“坚持优先发展教育事业”作为对教育事业规律性认识的“九个坚持”之一。坚持教育优先发展也体现在制度设计和立法进度上。《教育法》明确规定“国家保障教育事业优先发展”，规定教育经费支出占国民生产总值的比例逐渐提高，教育财政拨款增长应高于财政经常性收入增长，这在我国各项事业发展中是绝无仅有的。《教师法》则明确规定教师工资不低于公务员工资，这在各行各业中也是独一无二的。2002 年《民办教育促进法》通过以后，有中国特色的社会主义教育法律体系就基本形成了，在时间上比 2011 年中国特色社会主义法律体系初步形成，早了近十年。[②] 2020 年 11 月，习近平总书记强调，要总结编纂《民法典》的经验，适时推动条件成熟的立法领域法典编纂工作。2021 年 4 月 21 日，全国人大常委会公布立法工作计划，研究启动教育法典的编纂，与环境法典、行政基本法典并列第一。

党领导教育立法，从一片空白到建立中国特色社会主义教育法律体系，形成覆盖各级各类教育的基本教育制度，实现了广大劳动人民的受教育权，创造了在超大规模国家实现教育普及、维护教育公平的人间奇迹。展望未来，为了实现第二个百年奋斗目标应：(1)继续坚持党的领导，如《学前教育法(草案)》明确规定“实施学前教育应当坚持中国共产党的全面领导”，贯彻了中央《关于学前教育

---

① 谈松华：《党的教育优先发展战略地位的决策过程及其深远影响》，《中国教育学刊》2021 年第 7 期。

② 管华：《教育法治四十年：回顾与展望》，《法学评论》2018 年第 4 期。

深化改革规范发展的若干意见》的精神；(2)继续坚持问题导向，如《学位法(草案)》明确规定了“学术不端的处理”“学位争议解决”等方面的内容；(3)继续坚持人民至上，如《职业教育法》规定“职业教育与普通教育的学习成果融通、互认”，职业学校学生升学、就业与普通学校学生享有同等机会；(4)继续坚持优先发展，如《教师法(修订草案)》提高了各级各类教师的学历要求；(5)继续从历史中汲取营养，“六修五立”曾提出制定考试、学校等法律，前者可以参考《关于高等学校××年暑期招考新生的规定》的内容和结构，后者可以从“小学40条”“中学50条”“高教60条”获得启发；(6)继续重视干部教育，形成更加完善的党的思想建设方面的党内法规；(7)继续重视少数民族地区的文化发展，铸牢中华民族共同体意识，适时修改《国家通用语言文字法》。这些成就和经验，繁星璀璨、异彩纷呈，本章难免挂一漏万，希望能为党领导教育法典的编纂和后续研究提供一点助益。

第二篇　范畴论

第一章　再论受教育权的性质与内容[①]

一、受教育权的性质

(一)关于受教育权性质的各种学说

关于受教育权的性质，学术界观点颇多。代表性的主要有公民权说或政治权利说、生存权说或社会权说、发展权说和学习权说。[②]学者们多数倾向于认定受教育权属于学习权。[③]

公民权说是出现得最早的学说，盛行于18、19世纪，认为受教育是享有主权的国民有效行使政治权利之必须，有助于民主政治的巩固和发展。生存权说认为，受教育的实质是为了争取更好的生存能力，是生存权侧面的基本权利，这种学说盛行于20世纪福利国家出现之后。受教育权的发展权说是在三代人权说产生之后才提出来的，认为受教育实质是“受教育者身心全面和谐发展的权利”。[④] 20世纪50年代以来，受教育权发展成为学习权，受教育被认为是个人发展所需的主动权利，是一种要求发展和完善人格的权利。[⑤] 有学

---

① 管华：《再论受教育权的性质与内容》，载劳凯声主编《中国教育法制评论》(第9辑)，教育科学出版社2011年版。

② 劳凯声：《教育法论》，江苏教育出版社1993年版，第93—94页；龚向和：《受教育权论》，中国人民公安大学出版社2004年版，第18—25页；杨成铭主编：《人权法学》，中国方正出版社2004年版，第312—320页。

③ 胡锦光、任端平：《受教育权的宪法学思考》，载劳凯声主编《中国教育法制评论》(第1辑)，教育科学出版社2002年版，第47页；马岭：《受教育的权利和义务之分析》，http://law.china.cn/features/2009-09/10/content_3125335.htm，2010年2月3日访问。

④ 龚向和：《受教育权论》，中国人民公安大学出版社2004年版，第23页。

⑤ 兼子仁：《教育权的理论》，劲草书房1987年版，第216—218页。

者认为:“从教育理论上说,学习权强调了受教育者在教育过程中的主体地位;从法学理论上说,学习权强调了受教育权主体在享受受教育权时的主动性和自由性。正因为学习权远远超出了‘接受教育’的含义,所以它被认为是当今世界教育法学理论的主要成果,是对受教育权的重大发展和突破。”①

除“学习权说”之外,受教育权性质的三种学说——公民权说、社会权说、发展权说可以被看作三代人权观念在受教育权领域内的具体反映。1977年11月,联合国教科文组织主持编辑的《信使》上发表了《三十年的斗争》一文,指出,人权的第一代主要指“某些政治和公民权利”,即个人的自由权利;第二代人权主要指“那些需要国家积极参与来实现的社会、经济和文化权利”;第三代人权则包括和平权、环境权、发展权等新型权利。第一代人权是自由权,即排除国家干预的权利;第二代人权是社会权,即要求国家给予帮助的权利;第三代人权则主要强调了集体的权利。体现在受教育权领域,公民权说强调教育自由,反对国家干预;生存权说要求国家提供免费教育;发展权说尚处在论证阶段,② 或者主要指各国的教育自主权。③

在国内法和国际法领域,无论是突出受教育权的公民权利即教育自由方面,还是社会权利即国家义务方面,均各有其例,④ 因此,受教育权的公民权说和社会权说可以说各有其历史与国情基础。受

---

① 劳凯声主编:《变革社会中的教育权与受教育权:教育法学基本问题研究》,教育科学出版社2003年版,第233—234页。

② 比如,认为接受教育既是个人的发展权利又是个人发展的前提,因为“不受教育,人们将不能实现自身的潜力而成为全面发展的社会成员”。Douglas Hodgson, *The Human Right to Education*(London: Dartmouth Publishing Company Limited, 1998), p. 19。

③ 韩德培主编:《人权的理论与实践》,武汉大学出版社1995年版,第413—414页。

④ 温辉:《受教育权入宪研究》,北京大学出版社2003年版,第27页。

教育权的发展权说，由于发展权自身概念的争议性，[①] 未来前景如何还有待观察。

不过，无论是公民权、社会权还是发展权都是从受教育本身之外的领域对受教育权性质的界定，只有学习权是针对受教育过程本身进行的界定。显然，这是两种不同的界定或者分类方法，所得的结果也并没有直接排斥的关系。因此，用一种观点去否定另一种观点是不合适的。

由于日本学者的研究及其在我国的传播，受教育权的学习权说拥趸颇多；胡锦光、任端平在此基础上进而提出了受教育权属于“被协助学习权”的观点。[②] 不过，学习仅仅表征了受教育的外在表现形式，既没有体现出教育之于受教育者的内在心理过程，也没有反映出教育作为一种人类活动的目的。因此，关于受教育权的本质属性仍然需要进一步挖掘。

(二)受教育的本质：精神成长和文化生活

传统上，人们认为教育的目的就是培养人。只不过，在培养的目的上，有的是要求培养出理想类型的人，如各种各样关于“全人”的设想；有的是要求培养出为未来生活作出良好准备的人。但是无论外在的目的如何，其培养结果都要体现在人本身通过受教育所获得的各种各样的素质结构上。总的来说，这些素质不外乎德、智、体几个方面，有的还包括美和技等方面。[③] 在人的素质结构中，德

---

① 1993 年联合国人权委员会成立了一个由亚、非、拉、东欧和西方五个地区 15 个国家组成的专家组来研究发展权的实现，但最终由于各方分歧过大，无法完成使命而解散。这说明关于发展权在理论与实践上的对立和分歧依然十分严重。参见汪习根：《发展权法理探析》，《法学研究》1999 年第 4 期。

② 胡锦光、任端平：《受教育权的宪法学思考》，载劳凯声主编《中国教育法制评论》(第 1 辑)，教育科学出版社 2002 年版，第 48 页。

③ 南京师范大学教育系编：《教育学》，人民教育出版社 2005 年版，第 173 页。

与智处于核心地位。[1] 简言之，受教育的过程主要就是知识的获得与品德的养成。就知识的获得而言，按照布鲁纳的观点，学习一门学科包括三个差不多同时发生的过程：(1)获得，即新知识的获得；(2)转换，处理知识使之适应新任务的过程；(3)评价，即核对我们处理知识的方法是否适合于这个任务。[2] 就道德的培养而言，根据爱伦·凯的说法，就是要以教育唤起儿童的独立不羁之心，激发起个人的良心，“使之无条件地注意于自己所课于本身之不成文法，哪怕因此使自己处于与全世界为敌的境地，也不破坏此种规律”。[3] 不过，无论是知识的获得还是品德的养成，归根结底，都是人的个体的一种精神活动。教育的本质也就是了解和研究人类精神的能力和作用，受教育的过程主要就是个人精神活动的过程，所取得的进展也主要是个人心智的成长。

这种心智成长的过程也可以称为理性发展的过程。[4] 法国教育家阿兰(Alain，1858—1951)认为教育应集中发展人的理性，教育的最高目标是开发人的头脑，使人们具有理智的判断力和自由的思考力。法国哲学家、神学家马里旦(Jacques Maritain，1882—1973)也

---

① 至于德与智何者更为重要则是极为复杂的问题，双方都能列出一长串教育家的名单来证明自己的正确性，比如，强调德更重要的有：柏拉图、莫尔、伊拉斯谟、蒙田、洛克、康德、赫尔巴特；强调智更重要的有：拉伯雷、夸美纽斯、赫钦斯、苏霍姆林斯基等。可参见单中惠、杨汉麟主编：《西方教育学名著提要》，江西人民出版社 2000 年版。

② 单中惠、杨汉麟主编：《西方教育学名著提要》，江西人民出版社 2000 年版，第566 页。

③ 同上书，第 288—289 页。

④ 关于理性，至少包括狭义的理性与广义的理性两个方面。狭义的理性指的是人类的逻辑思考能力；广义的理性则是指人类认识世界的能力。前者的过分发展就衍生出了唯理论，认为理性是认识的唯一来源，凡是未经理性证明的都是不可信的，其来源可以追溯到笛卡尔。广义的理性主义则包括了唯理论和经验论，与非理性主义相对，除了强调理性的作用之外，认为经验也是认识世界的重要途径。李步楼：《理性主义和非理性主义》，《江汉论坛》1995 年第 6 期。

认为学校和国家教育的主要任务并不在于形成意志或直接培养青年人的道德，而是在于启蒙和强化他们的理性精神；教育应当致力于理智能力的自由与解放。[①] 在这个意义上，受教育权就是个人心智成长的权利或理性发展的权利。

不过，无论心智还是理性都是非常难以捉摸的概念，所谓心智成长或理性发展都难以进行清晰、简明的描述。不仅如此，从受教育的过程上看，心智、理性只是提供了教育的可能性和基础，究竟其成长、发展的取向、成果为何？是什么避免了心智和理性成长、发展的形式化、空洞化，使之具备了可观察的内容呢？那就是文化。饿即食、渴即饮，是生物的本能，只有人在如何食、如何饮方面发展出了不仅区别于其他动物而且也区别于不同文化圈的其他个体的纷繁的方式。这是文化起作用的最明了的范例。马斯洛指出："在人身上，只残存着非常微弱的本能，根本没有什么可以称为动物意义上的纯粹本能。这些残存的本能和似本能倾向极为微弱，文化和教育可以轻易地将其挫败。"[②]这说明，人虽然是生理意义上的存在物，但更是文化意义上的存在物。

如前所述，人的本质不是物，是教育造就了人。人生来就是一种"有缺陷的生物"，其生物装备相对其他动物来说是有很大的弱点的，因而只能在人工创造的环境中，在某种文化中，才有生活能力。因此，人天生也是一种"文化动物"。[③] 按照马克思主义的观点，随着人类的进步，人也就越来越生活在"人化自然"之中。物质文明是"人化自然"在物质方面的成就，精神文明则是"人化自然"在精神方面的成就；人通过受教育变得"有文化"的过程也就是个体接受、

① 单中惠、杨汉麟主编：《西方教育学名著提要》，江西人民出版社 2000 年版，第 415、478—480 页。

② 同上书，第 527 页。

③ 同上书，第 540 页。

吸收所属文化圈的精神文明成果，进而转化、创造出新的文明成果的过程。正是在这个意义上，受教育权属于“文化”权利，是个体将所继承的文化成果内化为自身的生活方式的权利。

受教育是人类个体的生存前提，不受教育即无以生存，活不下去；这和受教育权的生存权说的立论部分契合，但是生存权作为一种福利国家中的社会权，主要强调国家的义务，这里只是指出无教育无以生存的事实。如果从普及教育必须要求国家提供免费教育才能实现这个角度上说，受教育权在三代人权这一分类标准下确实具有社会权或生存权的侧面。

不过，受教育权并不仅仅属于社会权，也不仅仅是求生存的权利。受教育过程作为一种个体的精神活动过程，乃是一种精神生活的权利和“过精神生活”的权利。在受教育这种精神生活中，心智得以成长，理性得以发展，文化得以内化，灵魂得到净化。在这个意义上，受教育权的内在的规定性在于它是一种精神成长权、文化生活权。

这和何华辉先生曾提出的受教育权的性质相合。我国关于基本权利的分类歧见较多，有十分法①、八分法②、五分法③、四分法④等。在世界范围内，关于权利如何划分类别也是仁智互见，充满分歧。之所以出现许多分歧，关键在于大家对于分类的标准各持异议。何华辉先生曾针对性地提出，要找出为人们共同接受的分类原则，唯一的出路只有把公民这个法律概念还原成人这个原始概念。在现代国家中，人有三种属性：即政治生活中的人、社会生活中的人和私人生活中的人。和这三种属性相联系适应的公民基本权利也

---

① 吴家麟主编：《宪法学》，群众出版社 1983 年版，第 364—386 页。

② 董和平、韩大元、李树忠：《宪法学》，法律出版社 2000 年版，第 341—422 页。

③ 肖蔚云等：《宪法学概论》，北京大学出版社 2002 年版，第 191—214 页。

④ 魏定仁主编：《宪法学》，北京大学出版社 1994 年版，第 172—196 页。

应该有政治生活、社会生活、个人生活三类基本权利。[①] 据此，何先生认为，受教育权属于社会文化生活权利。[②]

如前所述，与成人不同，儿童本来就是生活的，受教育是义务教育阶段儿童的主要生活方式，那么受教育权也就属于儿童生活权利的一部分。因为儿童没有职业，所以不存在职业生活，只有家庭生活和社会生活；由于儿童一般远离政治、经济领域，所以只有文化生活。

总之，从受教育权自身的规定性来看，它属于文化生活权。

二、受教育权的内容

(一)四种地位与三种功能

受教育权作为一种基本权利究竟包括哪些内容，可以从不同的视角来观察。

根据德国19世纪公法学集大成者耶林涅克的名著《公法论》，公民对国家分别存在四种不同的地位：第一种是被动地位(passive status)，指人民居于应服从国家统治权力的地位，由此派生出公民的义务。第二种是消极地位(negative status)，指公民拥有一个获得国家承认(公权力不干涉)的自由范围，由此派生出公民的自由权。第三种是积极地位(positive status)，指公民为了其个人利益透过国家的制度来达成愿望的地位，派生出公民的受益权、请求权。第四种是主动地位(active status)，指公民有资格参与国家意见的形成，派生出参政权。[③]

---

① 何华辉：《比较宪法学》，武汉大学出版社1988年版，第206页。

② 同上书，第219页。

③ 陈新民：《德国公法学基础理论(下册)》，山东人民出版社2001年版，第693—694页；林来梵：《从宪法规范到规范宪法——规范宪法学的一种前沿》，法律出版社2001年版，第89页。

根据耶林涅克的四种地位理论，受教育权应包括四个方面的内容：(1)被动地位的受教育权，即在受教育领域对国家权力的服从。本来这种服从的主体应该是受教育者，也就是儿童；但是，由于义务教育阶段的儿童不具备责任能力，只能由儿童的父母或监护人(以下简称家长)来代替其义务地位，即由家长履行送儿童就学的义务。(2)消极地位的受教育权，即受教育领域不受国家任意干预的自由，形成教育自由的空间。这体现为儿童对受教育的自由权、家长教育权(在一定程度上家长参与甚至代替儿童行使受教育自由权)和教师的教学自由。(3)积极地位的受教育权，即要求国家保障公民受教育权的实现，体现为现有教育设施的入学请求权、必要教育设施的创设请求权。(4)主动地位的受教育权，即儿童对于受教育的参与权、决定权。

耶林涅克关于基本权利的分类虽然结构严整，但是一则第二种地位与第三种地位之间极易出问题，二则对于社会权能否归于第三种地位的权利也颇多疑难，所以后人主要采用了自由权利和社会权利的两分法。[①] 自由权利即免于国家干预的自由，社会权利即要求国家积极作为的权利。

“自由权—社会权”的二分法简洁明了，也被多数学者所接受。不过，这样的划分也存在问题：(1)自由权也需要国家的积极义务，比如，肯定需要司法救济。(2)社会权也要求国家的消极义务，比如，劳动权作为社会权也排斥强迫劳动，本身包含了国家的消极义务。针对“自由权—社会权”两分法的不足，张翔博士提出了基本权利的三种权能的观点：(1)防御权功能，要求国家不予侵犯，履行消极义务；(2)受益权功能，即公民请求国家作出一定行为以享受其个体利益，履行给付义务；(3)客观价值秩序功能，即基本权利

① 陈新民：《德国公法学基础理论(下册)》，山东人民出版社 2001 年版，第 694—695 页。

具有"客观法"性质，要求国家履行保护义务。[①] 其中，第三种权能对应的国家保护义务与前两者不同，一般不与公民请求权相对应。[②] 从这个角度出发，受教育权可以分为防御权意义上的受教育权、受益权意义上的受教育权、客观价值秩序意义上的受教育权等。

(二)我国学者的分析

纵观我国学者们对于受教育权内容的论述，大概可以分为以下几种。

1. 从我国《宪法》文本的规定出发，认为公民受教育的权利和义务的基本内容包括：学龄前儿童有接受学前教育的机会；适龄儿童有接受初等教育的权利和义务；公民有接受中等教育、职业教育和高等教育的权利和机会；成人有接受成人教育的权利；公民有从集体经济组织、国家企业事业组织和其他社会力量举办的教育机构接受教育的机会；就业前的公民有接受必要的劳动就业训练的权利和义务。[③]

2. 从国际法的有关规定展开，认为受教育权的内容包括接受教育的权利、平等开放和平等利用教育设施、选择教育的自由、建立和指导教育机构的自由、保护学生免受不人道的惩戒措施和学术自

---

① 张翔：《基本权利的规范建构》，高等教育出版社 2008 年版，第 39—45 页。

② 毫无疑问，基本权利的防御权功能可以直接请求国家司法支持；基本权利的受益权功能能否请求国家给付存在争议，德国宪法法院认为，如果国家的某项积极措施对于基本权利的实现是不可或缺的，那么个人就可以直接依据宪法而要求国家提供。基本权利的客观价值秩序功能导出了国家保护义务，但此功能上并不存在公民请求权，正如公民的获得物质帮助权一样，公民有权请求国家给付物质帮助，却无权请求国家立法建立社会保障制度。参见张翔：《基本权利的规范建构》，高等教育出版社 2008 年版，第 111—112、127 页。

③ 周叶中主编：《宪法》，高等教育出版社、北京大学出版社 2000 年版，第 274—275 页。

由，接受教育的权利是其核心。[①]

3. 从理论上进行论证。劳凯声认为受教育权利包括两个方面、六个层次：义务教育方面包括就学权利平等、教育条件平等、教育效果平等三个层次；义务教育以上的各级各类教育方面包括扩大就学范围、竞争机会平等、成功机会均等三个层次。[②] 温辉认为受教育权包括教育权、受教育自由、教育自由和教育目的。[③] 龚向和认为受教育权的体系包括学习机会权（含入学升学机会权、受教育选择权、学籍权）、学习条件权（含教育条件建设请求权、教育条件利用权、获得教育资助权）、学习成功权（获得公正评价权、获得学业证书学位证书权）。[④] 在此基础上综合，尹力认为受教育权的内容包括受教育的自由权、受教育的要求权、受教育的福利权。[⑤] 徐继敏认为受教育权包括：受义务教育权、平等受教育权、终身受教育权、恰当教育权。[⑥]

---

① 葛明珍：《〈经济、社会和文化权利公约〉及其实施》，中国社会科学出版社2003年版，第99—111页。需要指出的是，建立私立学校的自由并未在国际法中保护公民和政治权利的条约框架中得到承认，而只是以与受教育权有关的限制条款的形式存在着。见葛明珍：《〈经济、社会和文化权利公约〉及其实施》，第105页。类似的观点可参见徐显明主编：《国际人权法》，法律出版社2004年版，第313页。

② 劳凯声主编：《教育法论》，江苏教育出版社1993年版，第105—113页。还可参见熊文钊：《试论受教育权及其内涵》，载郑贤君主编《公民受教育权的法律保护》，人民法院出版社2004年版，第52—54页。

③ 温辉：《受教育权入宪研究》，北京大学出版社2003年版，第28页。

④ 龚向和：《受教育权论》，中国人民公安大学出版社2004年版，第37页。类似的观点可参见杨成铭主编：《人权法学》，中国方正出版社2004年版，第290—294页。

⑤ 劳凯声主编：《变革社会中的教育权与受教育权：教育法学基本问题研究》，教育科学出版社2003年版，第188—189页。也可见尹力：《受教育权利的基本理论问题探讨》，载劳凯声主编《中国教育法制评论》（第1辑），教育科学出版社2002年版，第352—355页。

⑥ 徐继敏：《受教育权辨析》，载郑贤君主编《公民受教育权的法律保护》，人民法院出版社2004年版，第64—67页。

(三)基于受教育本质的思考

究竟受教育权包括哪些内容，哪些内容属于核心内容？受教育权利的体系如何展开较为合适？笔者认为还是应该从受教育权本身的性质出发来讨论。如前所述，受教育权本质上是一种精神成长权和文化生活权，这决定了它的具体内容。

1. 受教育自由权

首先，受教育的过程是一种精神活动的过程，这种精神活动是不可能被强制的。一般而言，权利都是相对的，或者说都是有界限的，但是对于那些不表现为权利人外在行为的权利，如思想自由和良心自由，由于其行使不可能侵犯到他人的权利，所以它是绝对的，是没有法规范意义上的界限的。[①] 受教育权作为一种精神成长权，其首要特征就在于其精神性、思想性，作为一种智力活动，它是不可能被强制的，因此它必然是自由的。

其次，受教育的过程体现为知识的获得和道德的养成，即使我们认为知识可以“灌输”，但是如果学习到的知识没有被受教育者主动接纳并转化和使用，它也不过是一连串无意义的名词而已，就像“不燃烧的火”“不发亮的光”。而道德的养成只能是人格独立的个体的主动选择。个体面对道德冲突时，经过内心的天人交战和自由心证，每朝着道德的方向前进一步，都为其道德的养成铺垫下一块坚实的基石，构成个体最终历练成为一个道德完善的人的心路历程中的一个环节。在这个过程中，任何利诱乃至强制，都只会造成道德的缺失并召唤伪君子和小丑粉墨登场。因此，受教育也必须是自由的。

最后，对受教育者实施强制一般来说是无效果的，甚至还会激起负效果。洛克指出，不能强迫儿童学习，不可把学习当作儿童的

---

① 林来梵：《从宪法规范到规范宪法——规范宪法学的一种前沿》，法律出版社 2001 年版，第 98 页。

一种烦恼，反对教师用斥责和惩罚的方法去使学生注意。他说："教师不可把自己当作惊吓鸟儿的稻草人一样，使学生见了自己的面就害怕"；教师"不能在一个战栗的心理上面写下平整的文字，正如不能在一张抖动的纸上写下平整的文字是一样的"。[①] 托尔斯泰指出，平民百姓"像寻求和热爱以供呼吸的空气一样寻求和热爱教育"，上流社会和政府也竭力将知识传授给平民大众，愿意承担教育的职责，但强制教育无一例外地遭到了民众的强烈抵制。强制的学校教育使人窒息和愚笨，而唯有民众的意愿才能作为教育者的行动指南。因此，"教育学只有唯一的准则——自由"。[②]

综上所述，笔者认为受教育自由权(即受教育基本权利的防御权功能)是受教育权的首要内容和核心，它要求国家履行消极义务，包括受教育者的选择自由、儿童家长的教育权、教师的教学自由等内容。对于儿童来说，其实现教育内容的决定权和选择权只能由家长代行，由教师的教学自由予以保证。不过，需要说明的是，受教育自由权虽然包含了家庭教育权，但却不能涵盖国家教育权，因为后者是一种国家教育行政管理权，属于国家权力，而前者属于公民自由的范畴。

2. 受教育社会权

虽然受教育权的自由权侧面或者称之为受教育基本权利的防御权功能极其重要，没有它受教育权就不能存在，但是由于经济方面的原因，普通群众的受教育权的实现却只能依靠国家权力的保障，即国家提供免费教育。从历史上看，无论是德国、法国还是美国、日本，受教育权的普遍化都是在国家强制推行义务教育的背景下才实现的。义务性、免费性和世俗性作为法国国民教育的三大原则，

---

① 单中惠、杨汉麟主编：《西方教育学名著提要》，江西人民出版社 2000 年版，第 127 页。

② 同上书，第 237、241 页。

也扩展到了其他国家。当今，在世界范围内，随着市场经济的扩展，国家的职能由“夜警国家”向“福利国家”转变，国家不仅要承担维持治安的职能，还要承担福利国家所要求的以照顾公民生活为重心的给付职能，为公民提供在高风险的商业社会中生活下去的基本的医疗、教育、住房等社会保障。

国家对受教育权的给付义务对应着受教育权的社会权侧面(即受教育基本权利的受益权功能)，它包括现有教育设施的入学请求权、必要教育设施的创设请求权、获得教育资助权等内容。受教育权的社会权侧面或者说受教育基本权利的受益权功能也可称为受教育社会权。不少学者认为受教育社会权是受教育权的核心内容，这只看到了国家资助对于大规模普及教育、实现普通群众的受教育权的积极的一面，而忽视了如果没有受教育自由权，受教育基本权利就不可能存在或者被异化。比如，德国纳粹时期的教育或日本“二战”前的教育；确实，在那个教育以国家为中心的时代，受教育权本来就不是公民的权利而是其义务。

3. 受教育秩序权

国家对受教育权的保护义务对应着受教育基本权利的客观价值秩序功能，也可称为受教育秩序权，它包括对客观价值秩序的保护(课程标准、教育计划、教科书编制)、制度性保障(国家监督教育制度、私立学校制度)、组织与程序保障(学校自治、儿童代表和父母参与学校自治的程序)等内容。

至于教育目的，无论是为了受教育者的自由和解放还是为了其他的目的，作为一种理论形态、指导思想，即使规定于《宪法》中，也只能作为国家发展教育的宏观指导思想和政策指针，不具备权利所要求的利益、主张、资格、权能、自由等五要素，不能直接产生权利。另外，从法律关系的三要素考虑，如果存在所谓的“教育目的权”，那么它的主体和客体又是什么呢？难以捉摸。因此，教育目的不应纳入受教育权的范围。

第二章 论教育行政机关的法律地位[①]

教育行政机关是教育行政法律关系中最重要的主体，但随着我国行政法学从“行政机关范式”向“行政主体范式”转变[②]，对行政机关的研究被视为行政组织法的领域而逐渐被冷落。作为教育学和行政法学交叉学科的教育行政法学，应对国家立法的迫切需求和层出不穷的教育案件力尚有所不逮，几乎无暇顾及教育行政机关这一教育行政法学的基本范畴。在笔者的阅读范围，以“教育行政法”命名的论著，不过是李惠宗《教育行政法要义》(2004)、高家伟《教育行政法》(2007)、金国华《教育行政法新论》(2008)、刘显娅《英国教育行政法》(2010)等四本。在“中国知网”以“教育行政法”进行主题检索，时间跨度从1915年到2020年，共检出中英文文献42份；相关博士论文只有两篇：一是陈应鑫《教育行政执法研究》(2007)，二是王瑜的《近代高等教育法研究》(2015)。在教育法学领域，谢瑞智的《教育法学》(1992)、劳凯声的《教育法论》(1993)、张维平的《平衡与制约——20世纪的教育法》(1995)、秦惠民的《走入教育法制的深处——论教育权的演变》(1998)较早地研究了教育行政、教育行政体制和国家教育权。之后出版的以“教育法学”命名的论著，如陈恩伦(2000)，黄葳(2007)，张维平、石连海(2008)，杨挺(2011)，杨

① 管华：《论教育行政机关的法律地位》，《华东师范大学学报(教育科学版)》2021年第01期。

② 王军：《私主体何时承担公法义务——美国法上的“关系标准”及启示》，《中外法学》2019年第5期，第1377—1399页。

颖秀(2014)，薄建国(2016)，均专章论述了“教育行政机关”。

行政法学和教育法学已有的研究，呈现出如下特点：(1)对教育行政执法和其他教育法律关系主体如学校、教师和学生的法律地位已有较丰富的研究，[①] 对教育行政机关的研究较少。(2)对英国、美国、法国、日本甚至苏联教育行政体制都有一些介绍，但对我国教育行政机关的研究较少，多停留于对教育部、教育厅或教育局内设机构的描述。(3)立足于个案和工作职责的研究已经出现，但对我国教育法律体系的梳理明显不足，个别存在运用法律术语不严谨的情况。在这种意义上，教育行政机关可谓是教育行政法学“最熟悉的陌生人”。对教育行政机关法律地位的研究不足，验证了作为行政法学分论的教育行政法学尚处于蹒跚学步时期的判断[②]。

教育行政主体是教育行政法律关系中不变的一方。作为职权行政主体的教育行政机关，无论是在数量上还是在权限上其重要性都远非授权行政主体可比。“坚持依法治教”是《中国教育现代化 2035》明确的推进教育现代化的基本原则之一，教育行政法学学科的发展也必须实现从热点到学科基本问题的转向[③]。对教育行政机关法律地位的研究，不仅具有重要的现实意义，也是教育行政法学主体论的核心。梳理现实的法律制度，对法律文本进行解释，并将所得的概念与规则整合成逻辑一致、内在和谐的整体，是法学的基本方

---

① 如周叶中、周佑勇主编：《高等教育行政执法问题研究》，武汉大学出版社 2007 年版；申素平：《高等学校的公法人地位研究》，北京师范大学出版社 2010 年版；湛中乐主编：《教师权利及其法律保障》，中国法制出版社 2015 年版；仲建维：《学生权利论》，华东师范大学出版社 2009 年版；等等。

② 宋华琳：《中国行政法学分论研究：体系、课题与立场》，《安徽大学学报(哲学社会科学版)》2020 年第 3 期，第 93—102 页。

③ 彭宇文：《教育法地位再探——兼论教育法学学科建设》，《教育研究》2020 年第 4 期，第 125—138 页。

法[①]。因此,《宪法》和《教育法》《义务教育法》《高等教育法》《职业教育法》《民办教育促进法》《教师法》《学位条例》《国防教育法》《未成年人保护法》《预防未成年人犯罪法》《体育法》等12部相关法律,《学位条例暂行实施办法》等19部教育行政法规,《高等学校章程制定暂行办法》等48部部门规章是本章的研究对象。[②] 本章的基本安排是:(1)从法律和现实出发,阐明教育行政机关的内涵和外延;(2)通过梳理现行教育法律、行政法规和部门规章体系,厘清教育行政机关的职权;(3)分析教育行政机关与行政相对人,包括学校、教师和学生的法律关系。

一、教育行政机关的内涵和外延

(一)教育行政机关的内涵

可以用"属+种差"的方法来理解"教育行政机关"的内涵,即从"机关""行政机关""教育行政机关"三个层次来理解。在我国,所谓"机关"一般指的是"国家机关",也可称为"国家政权机关",其总和为"国家机构"。根据2018年修改后的《中华人民共和国宪法》,"国家机构"包括全国人民代表大会、中华人民共和国主席、国务院、中央军事委员会、地方各级人民代表大会和地方各级人民政府、民族自治地方的自治机关、监察委员会、人民法院和人民检察院。其中行使行政权的分支,包括各级政府及其组成部门依据宪法和组织法的规定设立,行使行政权,对各项国家行政事务进行组织和管理的行政机关。企事业单位的内部行政组织,日常也被称为"机关"甚

① 张翔:《宪法教义学初阶》,《中外法学》2013第5期,第916—936页。

② 相关行政法规、规章的名称和主题可参考管华《教育法治四十年:回顾与展望》(《法学评论》2018年第4期)、中国教育科学院课题组《中国教育法治发展报告2016》(中国民主法制出版社2017年版,第260—263页)。这里增加了《少年儿童体育学校管理办法》和2018年以后新制定的《教育统计管理规定》《学校食品安全与营养健康管理规定》《新时代高等学校思想政治理论课教师队伍建设规定》。

至“行政机关”的，不属于法律意义上的“行政机关”。经法律法规授权的组织，虽具有行政主体地位，但也不属于行政机关的范畴。[①]

何谓教育，并无标准定义。欧洲人权法院在“坎贝尔和克萨斯诉英国”（Campbell and Cosans v. the UK）案中指出，广义的教育是指成年人将其信仰、文化和其他价值观传播给年轻人的整个过程。[②] 联合国教科文组织将教育界定为：“社会生活的整个过程，通过该过程，个人和社会团体有意识地在国家和国际社会中为了国家和国际社会的利益，学会发展他们个人整体的能力、态度、技艺和知识。”1974 年《关于促进国际了解、合作与和平的教育以及人权与基本自由的教育的建议》第 1(a)条指出：“狭义的教育指学校及教育机构的教育”。本书取狭义。

公法学通常将“教育行政”当作国家“行政”领域的一部分，指国家机关为了实施教育法律和政策进行的规划、组织、决策、指导、监督和服务的活动[③④]。我国《宪法》总纲第十九条规定“国家发展社会主义的教育事业”，行政机关作出的所有与发展教育事业有关的活动，都属于教育行政。从宪法学角度看，受教育权作为基本人权，要求国家履行尊重、保护、给付和促进义务。[⑤] 因此，凡是行政机关履行尊重、保护、给付和促进受教育权的义务的活动，都可以视为教育行政。

总之，教育行政机关是指根据宪法和法律设立，享有教育行政

---

① 在我国台湾地区，“行政机关”是指“行政主体”的意思，与本书所指不同，范围更大。参见翁岳生：《行政法（上册）》，中国法制出版社 2009 年版，第 357 页。

② See the judgment of 25 February 1982, Campbell and Cosans v. United Kingdom, A. no. 48.

③ 张维平主编：《平衡与制约——20 世纪的教育法》，山东教育出版社 1995 年版，第 17 页。

④ 王瑜：《近代高等教育法研究》，博士学位论文，西南政法大学，2015 年。

⑤ 管华：《教育人权：国际标准与国家义务》，《人权研究》2016 年第 1 期，第 78—98 页。

权，承担发展教育事业责任的国家行政机关。

(二)教育行政机关的外延

教育行政机关、教育行政部门、教育行政主体和教育行政执法主体常被混为一谈。“教育行政部门”(以下简称“教育部门”)是一个法律概念，指的是各级人民政府主管教育的职能部门：在中央是教育部，在省、自治区为教育厅，直辖市为教育委员会，省级以下多称教育局，也有称教育委员会的，还有和文化、体育部门合并，称文教局、文体局或社会发展局的①。行政主体包括行政机关和法律法规授权的组织，一般都是行政执法主体，只是最高国家行政机关国务院很少直接执法。行政机关可以分为一般行政机关和特别行政机关，前者承担综合性的行政任务，如各级政府；后者承担专门性的任务，如教育部门②。

教育行政机关可以作两种解释：一是所有管理教育事务的行政机关，二是专门管理教育事务的行政机关，即教育部门。第二种理解很流行，但既不符合法律规定，也不符合司法实践。《宪法》第八十九条第七项规定，国务院领导和管理教育工作。《教育法》第十四条规定：“国务院和地方各级人民政府根据分级管理、分工负责的原则，领导和管理教育工作。”《义务教育法》第七条规定了各级政府的教育职责，《高等教育法》第十三条规定了国务院和省级人民政府的教育职责。在学理上，将各级政府排除出教育行政机关，有违法之嫌。③ 在司法上，根据《最高人民法院关于规范行政案件案由的通知》，“教育行政管理”是根据行政管理范围，即“代表国家管理行政事务的领域”，而非根据行政机关的类别来分类的。也就是说，无

---

① 黄葳：《教育法学》，高等教育出版社2007年版，第111页。

② 周佑勇：《行政法原论》，中国人民大学出版社2010年版，第184页。

③ 有学者根据《宪法》第八十五条、第一百零五条认为，狭义的行政机关，仅指各级人民政府。参见胡建淼：《行政法学》，法律出版社2015年版，第67页。

论是各级政府作出的行政行为还是教育部门作出的行政行为，只要属于教育领域，就纳入“教育行政管理”诉讼的范围。将政府这种承担综合性任务的国家机关纳入教育行政机关范畴，在日本比较常见：如日本的中央教育行政组织包括内阁、地方教育行政组织，包括地方公共团体的首长。因此，本书采取第一种解释，即教育行政机关是指所有管理教育事务的国家行政机关。

在我国的法律和现实中，教育行政机关以多种形态存在。

(1)政府。如《教育法》第六十六条规定了县级以上人民政府应当发展教育技术。此处的“政府”包括国务院，不包括乡镇政府。《义务教育法》第十五条规定了县级以上地方人民政府制定学校设置规划。此处的“政府”既不包括国务院，也不包括乡镇政府。《国防教育法》第六条规定了国务院和地方各级人民政府对国防教育工作的领导。此处的“政府”包括乡镇政府。《残疾人教育条例》第三十五条规定了设区的市级以上地方人民政府可以举办高级中等以上特殊教育学校。此处的“政府”不包括国务院，也不包括县乡政府。总的来说，各级人民政府都有可能成为教育行政机关。

(2)教育部门。教育部门是专门管理教育事务的行政机关，是特别行政机关，也是教育法律的最主要的执行部门。

(3)劳动行政部门，也称人力资源和社会保障部门。《职业教育法》第十一条规定，国务院教育部门、劳动行政部门分别负责有关职业教育工作。这是确立了劳动行政部门与教育部门在职业教育领域分工负责的教育行政机关地位。

(4)管理少年儿童体育学校的县级以上体育行政部门。根据《少年儿童体育学校管理办法》，县级以上体育和教育部门分工负责少体校工作。这是确定了在少体校管理上，体育行政部门与教育部门分工负责的教育行政机关地位。

(5)直接管理高校的国务院组成部门或其他中央单位。2000 年，

97所原中央各部委(单位)直属的高校被下放到地方[①]。中央直属高校除教育部直接管理的75所以外，还有40所由国务院其他组成部门或中央单位管理。根据《高等教育管理职责暂行规定》，直接管理高校的国务院有关部门对所属高校的管理权和国务院教育部门对所属高校的管理权大同小异。

(6)开发区管委会。近年来，出现了新的行政组织，即各种经济技术开发区管理委员会。管委会的组织和职权并无宪法和组织法上的依据，其中由省、自治区人民政府设立并经国务院批准的可认定为派出机关[②]。管委会内设的教育部门，一般称为教育分局，属于内设行政机构，只能以管委会名义对外作出行政行为。因此，只有开发区管委会属于教育行政机关。但是，市(含直辖市)、县级人民政府设立的开发区，即使存在地方性法规的授权，由于没有宪法和组织法上的依据，只能认定为法律法规授权的组织，不属于行政机关。没有得到地方性法规授权的开发区管委会，在法律上属于受委托的组织，不是行政机关。[③]

(7)新疆生产建设兵团内部按照"师市合一、团镇合一"原则建立起来的市政府及其有关职能部门和镇政府。据《新疆生产建设兵团的历史与发展》白皮书，兵团是"在国家实行计划单列的特殊社会组织"，"实行党政军企高度统一的特殊管理体制"。兵团在所管辖的地域，承担了包括教育在内的绝大部分行政管理职能。其中，按照"师市合一、团镇合一"原则建立起来的县级市和建制镇同其他地方的市、镇具有同样的法律地位。

有论者将国务院教育部门称为教育行政机构，这是不严谨的。

---

① 管华、陈鹏：《异地高考权及其实现》，《高等教育研究》2015年第1期，第12—18页。

② 叶必丰主编：《行政法与行政诉讼法》，高等教育出版社2007年版，第112页。

③ 也有学者称之为"新区托管模式"，具体可参见安子明《政府体制改革中的"托管模式"研究》(《中国行政管理》2011年第4期)一文。

在行政法学上，行政机构是由各级人民政府及其职能部门设立的，不具备独立编制和财政预算的机构；只有经过法律法规的授权，才具备行政主体资格[①]。在我国教育法律体系中，这样的机构有学位委员会、教育督导机构、高等教育自学考试指导委员会、中小学教材审定及审查委员会、汉语水平考试委员会、普通高等学校教育评估领导小组等。这些机构都没有独立编制和经费，分别依据《学位条例》《教育督导条例》《高等教育自学考试暂行条例》《中小学教材编写审定管理暂行办法》《中国汉语水平考试(HSK)办法》《普通高等学校教育评估暂行规定》设立，组成人员包括若干不具备公务员身份的专家，都不属于教育行政机关。现实生活中，存在将部分教育管理和执法事务委托给其他组织的现象，受托组织不是行政机关。[②]

二、教育行政机关的职权

据《牛津法律大辞典》，“法律地位特指一个人在法律上所居的地位，该种地位决定其在特定情况下的权利和义务”[③]。在我国，教育行政机关在行政法律关系中的法律地位就是“行政主体”，其权利和义务分别为教育行政职权和教育行政职责。教育行政职责的核心是“合法行政”和“合理行政”，多数情况下，和教育行政职权具有同一性，不易区分，因此本文主要论述教育行政机关的职权。

---

① 应松年主编：《行政法与行政诉讼法》，中国政法大学出版社 2008 年版，第 60 页。

② 如上海市教委将部分执法事务委托给“上海市教育督导事务中心”，上海浦东将民办非学历教育部分事务委托给成人教育协会。具体可参见高杭《教育行政执法协同性：模式、问题与推进路径》(《华东师范大学学报(教育科学版)》2016 年第 3 期)一文和孙霄兵主编的《教育法制建设新实践》(高等教育出版社 2012 年版，第 199 页)一书。

③ 戴维·M. 沃克：《牛津法律大辞典》，北京社会与科技发展研究所组织译，光明日报出版社 1988 年版，第 855 页。

(一)教育行政立法权或规定权[①]

国务院有权制定教育行政法规，国务院教育部门有权制定部门规章，省、自治区、直辖市和设区的市、自治州的人民政府有权制定地方教育规章。行政机关都能制定规则，所不同的是其制定的规则的形式和法律效力有所差异，效力低于行政法规和规章的，统称"行政规定"，也称"行政规范"或"规范性文件"[②]。据《地方各级人民代表大会和地方各级人民政府组织法》第六十一条，最基层的行政机关乡镇政府，也有权"发布决定和命令"。这里的"决定""命令"也可能构成行政规定。由于有行政法规、规章制定权的主体也有权制定行政规定，相关法律规范往往只明确了制定主体，未明确制定形式，因此，以下不再区分教育行政立法权和教育行政规定权。

通过梳理12部法律、19部行政法规、48部部门规章可以发现，各教育行政机关享有以下事项的教育行政立法权或规定权。

政府的教育行政立法或规定权较为广泛。国务院有权规定：(1)义务教育不收杂费的步骤；(2)设立高等学校的具体标准；(3)高校教师职务任职条件；(4)教师职务制度。此外，作为国务院内设机构的国务院学位委员会有权规定硕士、博士学位证书的格式。省级政府有权规定：(1)本地区职业学校生均经费标准、中等职业学校和培训机构收费办法、企业应承担的职业教育费用、非营利性民办学校收费办法以及扶持与奖励民办教育发展的措施；(2)特殊教育学校建设标准、收费项目、经费开支标准、教职工编制标准和教学仪器设备配备标准；(3)设立其他高等教育机构的具体标准、高等教育自学考试具体实施办法；(4)《幼儿园管理条例》《校车安全

① 有论著将行政机关的编制规划、预算和起草法律草案的权力称为"教育行政创制权"。法学意义上的"创制权"一般指的是"公民直接立法权"。参见王世杰、钱端升：《比较宪法》，中国政法大学出版社1997年版，第185页。

② 叶必丰、周佑勇：《行政规范研究》，法律出版社2002年版，第28页。

条例》实施办法；(5)少体校学生、教练员的伙食标准、运动服装标准。县级以上政府有权制定：(1)义务教育经费审计监督和统计公告制度；(2)校车管理办法；(3)特殊教育收费标准。此外，各级人民政府有权制定改善民办教师待遇的具体办法。

教育部门的教育行政立法或规定权最为广泛。国务院教育行政部门有权规定：(1)义务教育的教学制度、教学内容、课程设置、考试制度和高中招生办法；(2)特殊教育课程的设置方案和标准；(3)学校体育场地、设施和器材的配置标准；(4)高等教育工作的政策、规章，含高等学校、研究生院的设置标准，高校人事管理制度，高等教育自学考试实施细则和特定学科专业本科毕业生直接取得博士生入学资格的办法；(5)实行教师聘任制的步骤和办法；(6)中小学校长培训，中小学教师继续教育的规章、政策；(7)未达到《教师法》规定学历，在该法实施以前已任教师的教师资格过渡办法；(8)学士学位证书的格式、中外合作办学许可证式样；(9)招收、培养国际学生的政策，国际学生培养质量监督制度；(10)教科书审定办法。此外，作为教育部内设机构的全国考委有权制定自学考试政策。国务院教育部门会同有关部门规定高校年经费开支标准和筹措原则，制定中小学教师和职业学校教师津贴办法，确定中外合作办学许可证编号办法，制定国际学生勤工俭学规定。

省级教育部门有权制定：(1)小学学籍管理办法、特殊教育学校学籍管理办法、残疾学生毕业考试办法；(2)《高等学校信息公开办法》的实施办法，含高校信息公开评议制度；(3)高等教育阶段以外的国际学生政策；(4)中小学校长培训和教师继续教育人均基本费用标准及配套政策；(5)《幼儿园工作规程》实施办法、《教育统计管理规定》实施细则。国家和省级教育部门都有权发布小学课程计划、教学大纲。各级教育部门有权规定：(1)中小学教师继续教育考核和成绩登记制度；(2)中小学幼儿园安全工作责任制和事故责任追究制；(3)小学其他人员的任职资格。此外，教育行政部门有权规定幼儿园的招生、编班；主管教育部门有权确定小学的服务区、特殊教育学校的招生范围。

其他部门也有一定的教育行政立法或规定权。国务院有关部门有权规定：(1)设立其他高等教育机构的具体标准；(2)中国政府奖学金的管理办法。国务院财政部门会同教育部门制定生均公用经费基本标准。国务院有关部门会同财政部门制定本部门职业学校生均经费标准，规定企业应承担的职业教育费用。国务院教育部门、有关部门和省级教育部门都有权制定高校学风建设政策。省级教育部门会同有关部门制定区域内高校年经费开支标准和筹措办法，与有关组织联合制定学校教代会规定。省级交管部门和教育部门制定校车标识。县级以上教育、人力资源部门为特殊教育教师在职务评聘、培训进修、表彰奖励等方面制定优惠政策；各级教育部门会同建设部门制定幼儿园园舍、设施的标准；卫生、教育部门制定学校卫生技术人员职称考核评定办法。

比较特殊的是《教育法》第十八条规定“国家制定学前教育标准”，这里的国家应包括行政机关。

(二)教育行政许可权

依据《行政许可法》第二条，“行政许可是指行政机关根据公民、法人或其他组织的申请，经依法审查，准予其从事特定活动的行为”。法律、行政法规、地方性法规可以设定行政许可，国务院决定、省级政府规章可以设定临时行政许可，教育部或国务院其他部门规章无权设定行政许可。但部门规章可以对已设定的行政许可予以细化规定。在2003年《行政许可法》颁布以前，大量部门规章实际上设定的行政许可应当继续有效。需要说明的是：(1)行政机关对其他机关或直接管理的事业单位的人事、财务、外事等事项的审批，属于行政审批，不是行政许可。① (2)对已有法律地位、法律关系和法律事实予以确定、认可、证明的属于行政确认，不是行政许可。② (3)因许可机关或被许可人违法而取得的行政许可被撤销，其法律性质是行政许可的撤销，不是行政处罚，如对不具备申请资格或不符合法定条件的申请人行政许可的撤销③④⑤。

通过梳理前述法律、行政法规和部门规章，各教育行政机关享有以下事项的教育行政许可权。

政府的教育行政许可权相对较少。国务院有权授权高校授予学士、硕士、博士学位，授权科研机构授予硕士、博士学位，批准高校和科研机构可以授予学位的学科名单。国务院学位委员会可以暂停或撤销学位授予单位相应学科、专业的学位授予资格，批准学位授予单位授予名誉博士学位。省级政府有权批准专科高校设立，分立，合并，终止，变更名称、类别和其他重要事项；批准设立实施专科教育和非学历高等教育的中外合作办学机构。省级政府学位委员会可以暂停或撤销学位授予单位相应学科、专业的学位授予资格。县级政府有权批准小学停课 1—3 天，特殊教育学校停课 1 天以上。乡镇政府有权批准义务教育阶段适龄儿童延缓入学或休学，农村幼儿园的举办或停办。此外，县级或者设区的市级人民政府有权批准学校或者校车服务提供者使用校车。

教育部门的教育行政许可权最为广泛。国务院教育部门有权：(1)批准本科及以上高校的设立，分立，合并，终止，变更名称、类别和其他重要事项；批准各学位授予单位学位评定委员会成员名

---

① 《行政许可法》第三条。

② 罗豪才、湛中乐主编：《行政法学》，北京大学出版社 2016 年版，第 216 页。

③ 胡建森：《行政法学》，法律出版社 2015 年版，第 298—299 页。

④ 朱志辉：《试论撤销学位的行政行为性质》，《高教探索》2006 年第 6 期，第 23—25 页。

⑤ 周佑勇：《法治视野下学位授予权的性质界定及其制度完善》，《学位与研究生教育》2018 年第 11 期，第 1—9 页。

单，核准中央直属高校章程，开展新建普通高校合格评估；[①]（2）批准本科以上高等学历教育中外合作办学机构和办学项目；（3）批准普通高校开展体育后备人才训练，批准普通高校运动水平较高、具有培养前途的学生延长学习年限，批准全国大学生运动会提前或延期举行；（4）批准实施高等学历教育的民办学校以捐赠者的姓名或名称作为校名；（5）核准国家课程教材编写的立项，审定国家课程教材，批准扩大教材试验范围，批准列入全国中小学教学用书目录。

省级教育部门有权：（1）批准其他高等教育机构的设立，分立，合并，终止，变更名称、类别和其他重要事项，核准地方政府举办的高校章程；（2）批准设立实施中等学历教育、自学考试助学、文化补习、学前教育的中外合作办学机构，批准专科教育、非学历高等教育、高中、自学考试助学、文化补习、学前教育的中外合作办学项目；（3）批准高等教育以外的学校开展体育后备人才训练；（4）批准实施非高等学历教育的民办学校以捐赠者的姓名或名称作为校名；（5）核准本区域课程教材编写的立项，审定本区域课程教材，批准列入本地中小学教学用书目录，审定扫除文盲教材；（6）批准设立实施远程学历教育的网校和自费出国留学中介服务机构；（7）认定中小学校长培训机构的资格；（8）批准学校刻制外文印章。转出地教育部门商转入地教育部门确认普通高等学校学生跨省转学。

国务院和省级教育部门都有权认定普通高校教师资格，颁布中小学艺术课程标准，审定中小学艺术课程教材，审定特殊教育教材，批准普通师范院校、教师进修院校和综合大学承担中小学校长培训任务。地市级教育部门有权认定高中教师、中等职业学校教师

---

① 依据《普通高等学校教育评估暂行规定》第七、九条，合格评估是一种质量认可制度，鉴定不合格的有可能被责令停办或停止招生。因此，这里将其归入行政许可。第十二条规定的单项评估，也具备类似特点。

和实习指导教师的教师资格。县级以上教育部门有权：(1)批准实施学历教育、学前教育、自学考试助学及其他文化教育的民办学校的设立，核准其举办者变更；(2)批准学校刻制印章；(3)审批少体校的设立、变更、终止。县级教育行政部门有权：(1)批准义务教育阶段适龄儿童延缓入学或休学；(2)批准招收适龄儿童进行文艺、体育等专业训练的社会组织自行实施义务教育；(3)认定幼儿园、小学和初中教师的教师资格。所在区、不设区的市教育部门审批城市幼儿园的举办和停办。省级教育部门和试验地教育部门审批教材试验。

此外，法律、行政法规、部门规章概括性规定了教育部门的许可权：(1)批准未成年人就读工读学校，核准小学生因户籍变更的转学；(2)批准特殊教育学校招生范围以外的残疾儿童借读，批准因病无法继续学习的特殊教育学校学生休学，批准不适应在普通学校就读的残疾儿童转学，核准社会力量举办的特殊教育学校校长；(3)批准综合性高校、非师范类高校和其他教育机构参与中小学教师继续教育，批准社会力量举办中小学教师继续教育机构；(4)批准学校举办勤工俭学工厂或经营项目；(5)批准小学使用的试验教材、乡土教材；(6)审批公办学校参与举办民办学校。

其他有关部门也有一定的教育行政许可权。国务院有关部门批准所属各学位授予单位学位评定委员会成员名单，审批直接管理的专科高校专业的增设和撤销。国务院教育部门会同测绘部门和外交部组织审定中小学教学地图。国务院有关部门和省级教育部门实施思想政治教育、专业(学科)、课程或其他教育工作的单项评估。省级人力资源部门审批设立实施职业技能培训的中外合作办学机构，批准主管的非高等学历教育的民办学校以捐赠者的姓名或名称作为校名。省级价格部门会同出版部门确定教科书价格。县级以上人力资源部门批准设立实施职业资格和技能培训的民办学校，核准其举办者变更；人力资源部门审批主管的公办学校参与举办民办学校。县级以上教育部门组织主管部门认定中专、技工学校教师资格。县级以上公安机关批准学校刻制印章。有关部门审核非户籍小学生入学，批准承担教学改革任务的小学调整《小学管理规程》的某些要求。

需要指出的是，教育法规范体系中包含大量需要“审批”事项，有些行政规定中也设定了“行政审批”。[①] 2003 年《行政许可法》颁布以后，“行政审批”主要限于“内部事项”的审批。2015 年国务院印发《关于取消非行政许可审批事项的决定》，“非行政许可审批”这一审批类别不再保留。从此，行政审批只限于政府内部审批，如中专自学考试在县设考场需经省考委批准，教育部门增加或减少教育统计内容由本级政府统计机构审批。随着“放管服”改革的不断推进，一些原来需要审批的项目被取消，如国务院教育主管部门对研究生院设立、撤销和调整的审批。[②]

（三）教育行政处罚权

行政处罚是行政主体依法对违法行为予以行政制裁的活动，与行政处分的区别在于，前者是外部行政行为，后者是内部行政行为。行政处罚遵循处罚法定原则，法律、行政法规、规章可以设定行政处罚，行政规定无权设定行政处罚。教育行政处罚常涉及的种类有：警告、罚款、没收违法所得、责令停止招生、吊销办学许可证等。理论上，行政处罚应具有惩罚性质，仅要求恢复违法行为之前的状态，不具备惩罚性的“责令改正”不属于行政处罚，但也有争

---

① 如《关于开办外籍人员子女学校的暂行管理办法》(1995)。依据《国家教育委员会行政法规、规章发布办法》(1989)的规定，规章应以国家教委(教育部)令的形式发布，但该办法是以“教外综〔1995〕130 号”颁布的，应当定性为行政规定而非部门规章。

② 具体参见《高等教育管理职责暂行规定》和《国务院关于第六批取消和调整行政审批项目的决定》。

议[①]。按这种观点，责令退回招生不属于行政处罚，责令停止招生则属于行政处罚。通过梳理前述法律、行政法规和部门规章，各教育行政机关享有以下事项的教育行政处罚权。

直接由政府行使教育行政处罚权的情况较少。国务院对不能保证所授学位学术水平的授权单位，停止或撤销授予学位资格。[②] 乡镇政府或市、市辖区人民政府或其指定机构对拒绝送子女就学的监护人予以罚款。县级以上政府或其教育部门对违规参与教科书编写的，没收违法所得。

概括规定教育部门行使教育行政处罚权的最多：(1)学校或教育机构违反国家规定举办的予以撤销，没收其违法所得；违反国家规定招生的，处警告、罚款、撤销招生资格、吊销办学许可证。其中非教育部门主管的，由主管部门处罚。违反规定颁发学位证书、学历证书或其他学业证书的，宣布证书无效，没收违法所得，情节严重的停止招生1—3年直至撤销招生及颁发证书资格。高校违法违规招收国际学生的，限制招收国际学生。(2)考生在国家教育考试中作弊的，由教育考试机构取消考试资格或成绩，情节严重的，停止参加考试1—3年；弄虚作假，严重违反高校招生规定，毕业后发现的，宣布学历、学位证书无效，收回或没收其证书。参加教师资格考试作弊的，成绩作废，3年内不得参加该考试。考场纪律混乱、舞弊严重的，取消考点承办国家教育考试资格。非法举办国家考试的，宣布考试无效，没收非法所得。由各级教育考试机构处罚的有：考生在国家教育考试中违纪的，取消该科目成绩；扰乱考场秩序或作弊的，各科成绩无效；严重作弊的，暂停参加该项考试1—3年，特别严重的，暂停参加各种国家考试1—3年。自学考试考生严

---

① 杜文勇：《行政法理论、规范与实务》，知识产权出版社2019年版，第191页。

② 由于这里不涉及许可机关或被许可人违法取得许可，所以不属于前文行政许可的撤销，类似于“吊销”。

重作弊的，也可以延迟毕业1—3年。高等教育自学考试管理机构对考区内一个或一个以上专业考试纪律混乱、作弊严重的，处警告、停考相应专业1—3年。(3)中外合作办学，擅自设立的取缔并处罚款；筹设期间招收学生的停止招生并处罚款；办学者虚假出资、抽逃出资的处罚款；管理混乱、质量低下的停止招生、吊销办学许可证；发布虚假招生简章，骗取钱财的，没收违法所得、罚款直至吊销办学许可证。属于人力资源部门主管的，由人力资源部门处罚。(4)民办学校或教育机构不确定人员福利占经常办学费用的比例、不按比例执行、将积累用于分配或校外投资的，管理混乱、质量低下的，处警告、停止招生、吊销办学许可证。(5)幼儿园违反《幼儿园管理条例》的，限期整顿、停止招生和办园，对直接责任人予以警告、罚款。(6)擅自进行教材试验或扩大试验范围的，由同级教育部门通报批评、停止试验或禁止使用。

明确由省级教育部门行使处罚权的有：(1)独立学院举办者虚假出资或抽逃出资的，按照《民办教育促进法》处罚；资产不按期过户、擅自发布招生广告、年检不合格、擅自招收学生的，警告、罚款、减少招生计划、暂停招生。(2)民办高校资产不按期过户、擅自发布招生广告、年检不合格、办学条件不达标的，处罚款、减少招生计划或暂停招生。

由县级以上教育部门处罚的有：(1)对违反《民办教育促进法》的学校，处以警告、没收违法所得，责令停止招生，吊销办学许可证。(2)违反《校车安全管理条例》的民办学校，暂停招生，吊销办学许可证，负有责任的领导人员和直接责任人员5年内不得从事学校管理。(3)对骗取教师资格、品行不良、侮辱学生的教师，撤销教师资格。擅自举办民办学校的，县级以上教育部门会同公安、民政或市场监管部门，责令停止办学，罚款。属于人力资源部门主管的，由人力资源部门牵头处罚。

市场监管部门对未经批准增加收费项目或提高收费标准的中外合作办学机构，予以处罚。公安部门对擅自刻制学校印章的，处罚款并收缴。民办学校取得回报的比例及办学水平、财务状况未按规定备案或备案不真实的，由审批机关予以警告，没收违法所得，责令停止招生，吊销办学许可证。

(四)教育行政处分权

行政处分是针对有行政隶属关系的人实施的制裁，处分对象是直接负责的主管人员和其他直接责任人，通常违法行为达到情节严重的程度才予以处分。由于我国教育行政正处于从依政策管理向依法治理转变的进程中①，大量未来可能定性为外部关系的事项，仍采用了内部管理的办法，因此教育行政处分权依然非常重要。《公务员法》《公职人员政务处分法》集中规定了公职人员应受处分的情形②，一般行政机关均有处分权，教育法律、法规和部门规章中关于教育行政处分的内容可视为特别规定。

直接规定由政府处分的情形有：未履行义务教育经费保障职责的，不按照预算核拨教育经费的，违规向学校或者其他教育机构收取费用的，违反《义务教育法》第五十二、五十三条的，不履行校车安全管理职责、发生重大安全事故的。规定由上级政府或上级有关部门处分的情形有：未履行残疾人教育职责的，违反《义务教育法》第五十四条的。规定由上级机关处分的有：拖欠教师工资的，民办学校的审批机关和有关部门有《民办教育促进法》第六十三条规定行为的。违反规定参与教科书编写的，由县级以上政府或其教育部门予以处分。

规定由教育部门处分的有：省级教育部门工作人员违反《普通高等学校招生违规行为处理暂行办法》第九条规定的，由国务院教育部门予以处分。违反《学校艺术教育工作规程》拒不履行艺术教育责任

① 管华：《教育法治四十年：回顾与展望》，《法学评论》2018年第4期，第30—39页。

② 《公务员法》第五十九条、《公职人员政务处分法》第三章。

的，由上级教育部门或者所属教育部门予以处分。高校违反国家招生管理规定的，违反《高等学校知识产权保护管理规定》第三十一条的，招生考试机构违反国家招生管理规定的，高中违反《普通高等学校招生违规行为处理暂行办法》第七条的，未履行食品安全管理责任或违反《学校食品安全与营养健康管理规定》第五十八、五十九条的，由主管教育部门予以处分。高等教育自学考试工作人员或参与组织人员有《高等教育自学考试暂行条例》第三十八条行为的，由省考委或所在单位给予处分。国家教育考试工作人员有《国家教育考试违规处理办法》第十三至十七条行为的，由考试机构或有关部门予以处分。擅自进行教材试验或擅自扩大试验范围的，由同级教育行政部门予以处分。学校违反规定收费的，向学生推销或者变相推销谋取利益的，有《义务教育法》第五十七条规定的行为的，由县级教育部门予以处分。有《学校体育工作条例》第二十七条规定的行为的，由当地教育部门予以处分。幼儿园违反《教育行政处罚暂行实施办法》的，学校违反《校车安全管理条例》《中小学幼儿园安全管理办法》《全民健身条例》的，学校对学生伤害事故负有责任的，教师有《教师法》第三十七条规定的情形的，教师资格认定中玩忽职守、徇私舞弊的，由教育部门处分。

由教育部门或有关部门予以处分的有：违规举办学校或教育机构的，违规招生，违规收费，违规颁发学业证书，体罚或变相体罚学生、侵害未成年人合法权益的，招收学生工作中徇私舞弊的，教育部门对学生伤害事故负有责任的。由主管部门予以处分的有：中小学校长无正当理由拒不参加培训的，学校和教育机构违反《残疾人教育条例》第五十七条的，高等学校违反《高等学校信息公开办法》第二十七条的。拒绝或者妨碍学校卫生监督员监督的，由卫生部门予以处分。各有关部门工作人员不依法履行学校安全监管职责的，由上级部门或所在单位予以处分。

未明确规定处分机关的情形有：违反《教育法》第八十条，扰乱考试秩序的；疏于管理，造成考场秩序混乱、作弊情况严重的；未按照《食品安全法》履行职责，造成食品安全事故的；有《教育统计管理规定》第三十七条规定的行为的。

教育法律规范中还有一种特殊的行政责任形式，那就是“通报批评”，类似于“警告”：针对外部行政相对人时，属于行政处罚，如县级教育部门对学校向学生推销商品的，给予通报批评；针对内部行政相对人时，属于行政处分，如教育部门及公务员参与编写教材的，由上级或同级教育部门给予通报批评。我国公立学校在法律上属于事业单位，由于事业单位改革尚在推进之中，内外的区分也不无疑难。

(五)教育行政给付权

不同于给付行政或福利行政，教育行政给付是一种行政决定，即具体行政行为。教育行政给付权主要包括教育行政奖励权和教育行政补助权[①]。

1. 教育行政奖励权

由政府进行奖励的：国务院和省级政府奖励优秀教材编写者。各级政府奖励对民办教育发展有突出贡献的组织(集体)和个人。各级政府及有关部门奖励有突出贡献的教师以及义务教育工作中有突出贡献的社会组织和个人。教育部奖励“全国优秀教师”和“全国优秀教育工作者”，会同国务院人事部门奖励“全国模范教师”和“全国教育系统先进工作者”。教育部门或有关部门奖励在学校体育、卫生、艺术教育，保育教育、民办高等教育、中小学教师继续教育、中外合作办学、中国语言文化传播和教育统计工作等领域有突出贡献的组织和个人，奖励高校优秀辅导员和思政课教师。

2. 教育行政补助权

教育行政补助权涉及财政资金的支出，主要由政府行使：义务教

---

① 胡建森：《行政法学》，法律出版社 2015 年版，第 396 页。

育全面纳入财政保障，各级政府保障适龄儿童就近入学，为流动儿童提供平等接受义务教育条件，为困难儿童免费提供教科书、补助生活费；设立助学金帮助特殊教育困难学生入学，采取免费教育、助学贷款代偿等方式鼓励毕业生到特殊教育学校任教，为特殊教育教师和专业人员提供补助；为少数民族和边远贫困地区教师提供补贴，为农村中小学教师住房提供方便；对接受职业教育的困难学生减免学费；补助扫盲教育经费；以助学贷款、助学金等形式扶持民办学校，以政府补贴、土地划拨等形式扶持非营利性民办学校。

与教育行政给付权相对应的，还存在大量教育给付行政，如设置寄宿制学校、特殊教育学校、特殊职业教育机构、专门学校、高校辅导员培训基地和少数民族班，发展托幼机构和幼儿园，举办职业教育学校和培训机构，为残疾儿童送教上门，为残疾人接受高等教育、自学考试提供便利，改善残疾人教育教师的工作环境，帮助解决适龄儿童接受义务教育的困难，为少数民族地区和边远地区培养教师等。这类给付行政并不需要法律规范上的明确授权，有关部门根据财力可以自主提供，不履行职责的，一般相对人也不能提起诉讼。

(六)教育行政指导监督权[①]

教育行政职权行使过程中会产生大量事实行为，最常见的就是检查、指导、监督和督导。这是政府从直接领导、行政化管理向依法治教、社会化治理转变过程中，越来越倚重的新行为方式[②]。区别于行政许可、行政处罚或行政处分决定作出之前的检查、调查，如食品安全事故调查、学术不端案件调查，这里的指导、检查、监督具有独立

① 行政指导监督既可以用于外部行政关系，也可以用于内部行政关系，教育督导中的督政就属于内部关系。

② 张树义：《变革与重构：改革背景下的中国行政法理念》，中国政法大学出版社 2002 年版，第 85 页。

性，不直接带来相对人实体权利和义务的变化[①]。只要行政机关具有行政职权，一般不需要法律规范明确授权。

法律规范明确授权的教育行政指导监督权有：国务院教育部门跟踪评价教材试验、监督高校信息公开。国务院教育部门或主管部门会同省级政府监督高校招生、对高校办学质量进行检查评估。省级教育部门对高校学生工作、消防工作的指导、检查和监督，对民办高校、独立学院实行年度检查，监督省域内高校学生转学。县级政府定期对义务教育中小学校舍安全进行检查。上级教育部门对下级教育部门及学校的统计工作进行检查。教育部门对小学、幼儿园、特殊教育学校、专门学校进行检查监督评估指导，考核学校预防未成年人犯罪的效果，指导教师、监护人矫治未成年人不良行为。主管部门监督民办学校收费。教育部门和劳动部门负责监督评估民办学校教育质量。交管部门对校车运行情况进行监督检查。食品安全和教育部门对学校开展食品安全专项检查。教育、体育和卫生部门监测学生体质。卫生部门指导学校开展校园营养监测。各有关部门对禁止使用童工、学校安全情况进行监督检查。

教育行政领域存在一种特殊的检查监督权——教育督导。教育督导的主体是政府内设的教育督导机构，其办公机构设在教育部门，法律性质属于行政机构。《教育督导条例》规定，督导机构在本级政府领导下独立行使职能，含督政和督学两方面。2020 年中共中央办公厅、国务院办公厅印发《关于深化新时代教育督导体制机制改革的意见》，提出到 2022 年基本建成教育督导体制机制。教育督导机构负责督导义务教育的教育教学质量、素质教育实施情况、校长和教师队伍建设、学校安全卫生与教育条件、教育投入的管理和使用、义务教育普及与均衡状况、残疾人教育和幼儿园。发生重大

① 莫于川主编：《行政法学原理与案例教程》，中国人民大学出版社 2017 年版，第 170 页。

食品安全事故，督导机构约谈政府相关负责人。县级以上政府督导职业教育。教育部门督导食品卫生、安全教育、艺术教育、体育工作、中小学校长培训情况和民办学校，其中省级教育部门督导独立学院、民办高校，并向民办高校委派督导专员。

（七）其他教育行政权

在上述各类教育行政职权之外，还存在大量其他教育行政权，如预算权、规划权、人事权、救济权和强制权等。

教育行政预算权。在我国，预算权力主要由各级政府和人大行使。行政机关享有预算的编制权和执行权[①]。在行政机关中，教育行政预算权主要由各级政府行使，教育部门有一定的参与权。其中，政府行使的有：教育事业费（含高等教育、职业教育）的预算；义务教育经费单列并均衡安排，保障未成年犯和被采取强制措施的未成年人接受义务教育的经费；设立民办教育发展专项资金，将教育督导经费、高等教育自学考试经费、少体校竞赛和教育经费列入财政预算；中央和地方分担支持校车服务的费用。省级以上政府加大转移支付力度，下级政府按规定支出。省级政府决定开征教育费附加。教育部门行使的有：统筹教育费附加，商财政部门同意后执行；将教育统计所需经费、自学考试命题经费、学校体育卫生艺术经费纳入年度预算；设立学生伤害赔偿准备金；系统内部审计。国务院有关部门负责对直接管理高校的预算和决算的审核。

教育行政规划权。在不严格的意义上，行政规划与行政计划是同义词。学校设置、职业教育、残疾人教育、幼儿园、少体校和职业教育教师培养由政府制定规划。高等教育、高等学校布局、独立学院、教师培训、民办教育、中外合作办学、国防教育由教育部门制定规划。国务院有关部门编制直接管理的高校的发展规划等。

---

① 陈治：《国家治理视阈下预算权配置的反思与转型》，《中国法律评论》2018 年第 6 期，第 45—51 页。

教育行政人事权。由于事业单位改革尚未完成，教育领域还存在大量人事（含编制）管理关系，如国务院有关部门任免所属高校的主要负责人，小学设置者或其上级部门任命或聘任校长。教育部门选派公办少体校文化课教师。

教育行政救济权。广义的行政救济包括申诉、控告、复议、诉讼和赔偿[①]。本文只论及教育行政机关行使的行政救济权，主要是受理申诉和复议的权力。教育部门和有关部门处理受教育者对学校的申诉。教育部门处理教师对学校（教育机构）的申诉；政府或上级部门处理教师对有关部门的申诉。学位授予单位或国务院学位委员会处理学位授予异议。主管教育部门调解学生伤害事故，接受中小学校长关于培训权利的申诉。教育考试机构、教育部门复核违纪处理。国务院教育部门裁定国家级教学成果奖、成果权属异议。同级教育部门处理教材编写者的申诉或复议。

教育行政强制权。现行教育法规范体系中，教育行政强制权极为有限。对于拒不送子女接受义务教育的监护人，乡镇政府或县级教育部门限期改正仍不执行的，可申请法院强制执行。

此外，其他教育行政权还有：县级教育部门组织丧失学习能力鉴定，会同有关部门和组织登记残疾儿童信息。教育部门举办学生艺术展演，组织开展安全教育，选聘兼职法制副校长，组织安全管理培训，应对突发事件，报告伤亡事故。

三、教育行政机关与其他教育法律关系主体的关系

上文梳理了教育行政机关的行政职权，教育行政立法或规定权的行使一般不直接涉及其他法律关系主体。教育行政许可、处罚、给付、强制和复议只针对外部相对人，教育行政处分、预算、规

---

① 姜明安主编：《行政法与行政诉讼法》，北京大学出版社、高等教育出版社 2011 年版，第 364—369 页。

划、人事只针对内部相对人，教育行政检查、指导、监督、督导和申诉，既可适用于外部行政法律关系，也可适用于内部行政法律关系。以下分析主要的教育行政法律关系主体学校、教师和学生与教育行政机关的法律关系。

(一)教育行政机关与学校

在基础教育阶段和高等教育阶段，对公办学校和民办学校，教育行政机关与学校的法律关系存在较大差异，这里分别论述。

教育行政机关与民办学校的关系相对简单，属于外部行政关系，主要存在教育行政许可、处罚、监督等关系。在理论上有学者将公办转制学校、公办学校举办的民办学校或者与企业、街道联办的学校称为“混合型学校”①。在统计口径上，也有将国有企事业单位举办的学校统计为“公办学校”的做法。但根据《民办教育促进法》第二条的规定，只要是“国家机构以外的社会组织或者个人，利用非国家财政性经费，面向社会举办学校及其他教育机构的活动”都属于民办教育。因此，从法律上看，混合型学校或国有企事业单位举办的学校均为民办学校。民办学校的设立、变更须经教育部门或人力资源部门许可，收费、资产使用、财务管理受主管部门监督，教育教学、教师培训受指导，小学校长、招生简章和广告报备案。教育行政机关对民办教育予以奖励扶持，委托民办学校承担义务教育任务，协助终止的民办学校安排学生就学，开展督导评估。对非营利民办学校，教育行政机关制定收费标准、划拨土地。对民办学校的违法行为，教育行政机关予以行政处罚直至吊销办学许可证。民办学校有权要求教育行政机关平等对待，享有办学自主权。《民办教育促进法实施条例》(2004)第二十七条规定民办学校“自主确定招生的范围、标准和方式”。2018年《民办教育促进法》修改，其《实

① 黄崴主编：《教育法学》，高等教育出版社2007年版，第129页。

施条例》已随之修改。《中共中央 国务院关于深化教育教学改革全面提高义务教育质量的意见》将民办义务教育学校和民办高中的招生纳入统一管理，修改后的《实施条例》与中央精神一致。民办高校学历教育招生执行国家计划，① 接受年检。

教育行政机关与公办学校之间的内部行政关系较多，如教育行政预算、人事、处分；外部关系较少，如教育行政许可、处罚。教育行政机关划分学区，公办义务教育中小学免费强制就近入学，优质高中招生指标分配到初中；公立高校招生总数、调档比例由教育部门决定，在是否录取、录取专业上有一定权力②。公办义务教育学校经费由政府全额保障，公办高校经费以举办者投入为主，按《高等学校财务制度》接受政府管理③。公办高校的学费标准由省级政府审批。无论是公办中小学还是大学，编制由教育部门核定，校长由组织部门或主管机关任命。④⑤ 追究有关责任人责任的主要形式是行政处分。如高校、高中违反国家招生管理规定的，学校违法颁发学业证书的、违反《学校体育工作条例》《学校食品安全与营养健康管理规定》的，对直接责任人都是给予行政处分，并不区分公办学校还是民办学校。⑥ 公办中小学由县级以上政府设置，不需行政许可；公办高校由行政内部审批设立，也不属于行政许可。公办高校学位授予权的授权和撤销，可以认为是行政许可。停止招生、没

① 《民办高等学校办学管理若干规定》第十三条。

② 管华：《高考加分政策的宪法规制》，《南京师范大学学报》2019 年第 3 期，第 106—115 页。

③ 管华、张昊天：《中国特色社会主义高校自治的制度约束》，《湖南师范大学教育科学学报》2018 年第 4 期，第 22—27 页。

④ 陈应鑫：《教育行政执法研究——扶绥县的个案考察》，博士学位论文，中央民族大学，2007 年。

⑤ 《小学管理规程》第二十三条。

⑥ 《普通高等学校招生违规行为处理暂行办法》(2014)第六、七条，《学校体育工作条例》第二十七条，《学校食品安全与营养健康管理规定》第五十八条。

收违法所得属于行政处罚。对公办学校一般不适用罚款。公办学校贷款、学生伤害事故赔偿，无力偿还的，常由财政兜底解决[①]。展望未来，公立中小学教师有望成为教育公务员；公立高校教师不纳入编制管理，与学校建立劳动关系。

总的来说，公办中小学和教育行政机关基本属于内部关系：有中学办学成绩不明显，校长免职，县长兼任校长[②]；有迎接检查，派学生上街执勤捡垃圾的[③]；学校布局调整过程中，从财产处置到人员安排都由政府指令[④⑤]。公立高校与教育行政机关形式上是外部关系，事实上仍具有内部关系的特征[⑥]。公办学校与教育行政机关的关系基本属于内部关系，这一点从罕有公办学校对行政机关提起行政诉讼或行政复议也可以得到验证。[⑦] 在少数领域，公办学校与民办学校的法律规范的要求相同。如无论公办学校或民办学校，义务教育教材须经审定，校车安全责任书报教育部门备案，高校可以自主选编教材，思想政治教育教材使用“马克思主义理论研究和建设工程”教材等。民办学校与教育行政机关属于外部关系，其司法

---

① 管华：《我国大学地位的宪法根基》，《国家教育行政学院学报》2015 年第 2 期，第 54—59 页。

② 黄桂林、纪惊鸿：《校长办学不力被就地免职，县长兼任校长抓成绩》，《现代快报》2006 年 9 月 27 日。

③ 余超、李光远：《河南信阳近千学生停课捡垃圾迎检查》，《东方今报》2007 年 10 月 30 日。

④ 管华、陈鹏：《中小学布局调整如何通过法律之门》，《教育研究》2015 年第 1 期，第 52—58 页。

⑤ 徐兴旺：《教育行政权行使的有效性研究》，西南师范大学出版社 2017 年版，第 90 页。

⑥ 申素平、周航：《公立高校举办者权利义务研究》，《中国高教研究》2020 年第 6 期，第 38—44 页。

⑦ 2009 年，西北政法大学申请博士点失败，向陕西省政府提起行政复议，被称为中国高校对教育部门提起行政复议的第一案。

救济渠道是畅通的，无论是对教育行政许可不服[①]，还是对教育行政处罚不服[②]，都能得到司法救济。

(二)教育行政机关与教师

在教育法规范上，教育行政机关直接与教师发生法律关系的情形并不多。教育行政机关认定教师资格，属于行政许可；撤销品行不良教师的教师资格，属于行政处罚；批准公办中小学教师参加继续教育，属于内部审批；表彰优秀教师，属于行政奖励；对故意不完成教学任务、体罚学生、品行不良和泄露高校技术秘密的教师，予以行政处分。公办义务教育中小学编制内教师的工资待遇，由政府保障。教育行政机关为教师住房提供优惠和方便，接受教师申诉，解聘或辞退品行不良、不适宜在学校工作的教职工。据2020年“中央一号文件”，义务教育教师全面推行“县管校聘”，这落实了《义务教育法》第三十二条规定的教育行政机关在本区域内的教师配置权，有利于教育均衡。教育行政机关和学校共同为教师提供教学设施、图书设备，鼓励教师创造，支持教师制止违法违纪行为。教育行政机关为民办教师提供同等机会。教育行政机关设中小学教师职务评审委员会评审教师职务，下放高校教师职称评审权，查处直接受理的学术不端案件。

在实践中，和公办中小学签署协议的教师，编制内的属于人事关系，编制外的属于劳动关系。还有教育行政机关直接聘用的教师，双方签订劳动合同，这种合同兼具行政合同的性质，教育行政机关享有优益权，能够在系统内调配。在司法上，公办学校教师因职务晋升、退休与教育行政机关发生纠纷的，法院能否受理，存在

---

① 丰都县先进中学诉丰都县教委案，参见徐兴旺、曾文革主编：《教育法案例评析》，对外经济贸易大学出版社2010年版，第231页。

② “三山”小学诉余干县教育局案，参见张维平、石连海主编：《教育法学》，人民教育出版社2008年版，第132页。

争议[①]；编制内高校教师离职解聘纠纷，法院直接受理也存在障碍[②]。

(三)教育行政机关与学生

教育行政机关直接与学生发生法律关系的情形较少，包括对考试违纪作弊学生的处罚、接受学生申诉、高校学生转学的审批，对困难学生各种形式的资助，包括奖学金、助学金、助学贷款、生活费补助等。教育行政机关划分学区、确认高考优先录取考生名单，都是对学生具有高利害的行为，由于没有规章以上规范的规定，处于“无法可依”的状态。教育行政机关与学生之间的法律关系属于外部行政法律关系，学生不服可以提起行政复议或行政诉讼，如薛某诉山西吕梁地区招生考试办公室侵犯其受教育权案[③④]、自考生小灵通铃响成绩作废诉教育厅案[⑤]。

理论是灰色的，而生命之树常青。用法学理论去裁剪教育法规范，难免削足适履。但运用行政法学理论对现行教育法律规范体系进行梳理，是展开进一步研究的基础，有利于刺破华丽的想象，发现真实的法律关系。有实质上属于行政许可，却未纳入《行政许可法》调整的，如高考报名、录取[⑥]。有行政许可被取消但所依据的法规规章未修改的，如高校研究生院的审批。有应当设定行政处罚，

---

① 应松年、王成栋主编：《行政法与行政诉讼法案例教程》，中国法制出版社2003年版，第75页。

② 周钟敏：《公立高校教师解聘纠纷的司法审查困境及其破解》，《安徽大学学报(哲学社会科学版)》2020年第4期，第111—117页。

③ 陈鹏、祁占勇：《教育法学的理论与实践》，中国社会科学出版社2006年版，第177—181页。

④ 徐兴旺、曾文革主编：《教育法案例评析》，对外经济贸易大学出版社2010年版，第7—11页。

⑤ 李晓燕主编：《教育法学》，高等教育出版社2006年版，第290页。

⑥ 管华、陈鹏：《异地高考权及其实现》，《高等教育研究》2015年第1期，第12—18页。

但规范中只规定了行政处分的，如对民办教育的管理。有以改革的形式规定义务却没有赋予权利的，如高校青年教师“非升即走”，离职却遭遇“天价索赔”、扣押档案。教育法律规范条文数量较大，整理过程中难免存在疏漏，对权力性质的分类也不无疑难。如《教师法》第十四条：“受到剥夺政治权利或者故意犯罪受到有期徒刑以上刑事处罚的……已经取得教师资格的，丧失教师资格。”这里的“丧失”属于行政处罚吗？《教师资格条例》第十八条规定，对这种情况，“教师资格证书由县级以上人民政府教育行政部门收缴”。这里的收缴属于事实行为还是行政强制执行？等等。由于部门行政法的视野尚未深入教育法律规范，因此本书的结论注定是初步的，就当是一个接受批评的靶子吧。

第三章 高校学术委员会权力的性质、根源与界限①

——兼评《高等学校学术委员会规程》

2014年3月1日起实施的《高等学校学术委员会规程》(以下简称《规程》)甫一出台就引起全社会的广泛关注，人们期待它的实施能够提高学术委员会在大学治理结构中的地位，促进大学去行政化，实现学术繁荣，最终为我国创新型国家建设奠定下一块坚实的基石。除了教育部已于2013年11月16日核准的首批6所高校外，随后制定、修改大学章程的各高校，正在依据《规程》对本校大学章程里有关学术委员会的部分进行调整和规范，从而掀起了一股学习、理解《规程》的热潮。

概览已有对高校学术委员会权力的研究可以归纳出以下特点：一是文本研究、实证研究和对策研究成果较丰富，围绕学术委员会的权力展开研究的较少；二是基于教育学、教育政策的研究较为丰富深入，从法学角度对学术委员会权力的研究尚处于觉醒、萌动状态。② 现代大学治理体系的核心是法治，学术委员会作为大学最重要的治理主体之一，其权力的性质、来源及界限都有必要从法学角度予以揭示。

---

① 管华：《学术委员会权力的性质、来源与界限》，《陕西师范大学学报》2015年第6期。

② 如有论者认识到“学术权利是学术权力的‘来源’与‘归宿’”，但究竟学术权利是何种权利，学术权力如何服从于学术权利还处于晦暗不明的状态。见李海萍：《大学学术权力现状研究》，博士学位论文，湖南师范大学，2010年，第50页。

一、高校学术委员会权力的性质

根据《规程》第十五至十八条，高校学术委员会享有审议或决定、学术评价、咨询、学术纠纷裁决等四个方面的权力。《规程》第二条要求发挥学术委员会在“学科建设、学术评价、学术发展和学风建设等事项上的重要作用”。显而易见，学术委员会行使的权力是学术权力。在《规程》生效前，部分高校的学术委员会也行使了上述部分权力，那么《规程》对学术委员会权力的规定究竟是授权还是确认？经由《规程》的规定，学术委员会的学术权力是否因此具备了国家权力的性质？

《规程》的法律性质是教育部制定的部门规章。《规程》规定高校学术委员会享有四项权力看似是对学术委员会的授权，其实不然。

首先，任何主体都无权授出自己所不享有的权力。无论是学校学科专业的规划还是学校教学科研成果奖的评定，无论是学校内部的重大决策还是校内学术纠纷的裁决，基本上都属于《高等教育法》第三十二至三十八条规定的高校办学自主权的范围，本身并不属于教育部职权的范围。因此，不能将《规程》作为教育部向高校学术委员会授权的依据。只能将《规程》理解为对《高等教育法》和《国家中长期教育改革和发展规划纲要(2010—2020年)》(以下简称《纲要》)关于大学自主权和完善“现代大学制度”的细化与实施，高校学术委员会也并没有因此获得规章所授予的本属于教育部的国家教育行政权。

其次，从权力的运行方式看，学术权力也不属于国家权力。现代社会，国家是“占有合法的物质暴力垄断权的人类共同体”，“是使用暴力‘权力’的唯一来源”。[①] 国家意志主要以国家强制力的行使

---

① 马克斯·韦伯：《入世修行》，王容芬、陈维纲译，陕西师范大学出版社2003年版，第60页。

来表现，其物质载体是军队、警察、法庭、监狱等国家暴力机构。学术权力和国家权力一样，都具有“在一种社会关系里哪怕遇到反对也能贯彻自己意志”的能力，[①] 但是学术权力的支配性体现为在学术问题上的审议评定决定，不具备暴力强制的色彩，也不由国家机关工作人员实施，而是由“专业同行”实施。

最后，从权力来源看，学术权力来源于大学自主权、大学自治制度，不同于地方自治、民族区域自治和特别行政区，不属于国家政治制度范畴。地方自治基于民主，大学自治基于学科专业。学生虽属大学成员但不同于居民，在大学只是暂居，与教师地位不平等。自治地方在财政、人事方面往往有自主权，大学一般只是在教学、研究、课程及进修等事项上有自主权。[②]

总之，学术委员会所行使的学术权力不是来自教育部规章的授权，其性质不是国家权力，其自主、自治的依据也不是国家的地方自治制度。

二、高校学术委员会权力的宪法根源

虽然学术委员会的权力来源于大学办学自主权或大学自治制度，但是并不存在一个全世界通行的大学自治模式。在美国，公立大学与私立大学自治范围不同，即使同为公立大学，根据州的不同法律设置的大学，其自治权也各有不同。[③] 一般认为，大学自治的内容包括：一是决定研究计划与内容之自治；二是决定教育课程等教育内容之自治；三是大学人事之自治；四是教育预算及设施之自治；五是学生选择之自治。[④] 但德国大学教授的任命就受制于政府，

---

① 马克斯·韦伯：《经济与社会(上卷)》，林荣远译，商务印书馆 1997 年版，第 81 页。

② 董保城：《教育法与学术自由》，月旦出版社 1997 年版，第 164—165 页。

③ 同上书，第 169 页。

④ 谢瑞智：《教育法学》，文笙书局 1992 年版，第 320 页。

在英美，大学教授的任命就完全自主，法国和意大利大学教授的任命权却又属于国家而非政府。[①]

因此，只能从我国现行法律中寻找大学自治权的来源。一般认为，大学办学自主权来源于《教育法》第二十八条、《高等教育法》第十一条和第三十二至三十八条。那么，从宪法的角度看，我国大学的办学自主权从何而来呢？根据宪法教义学，[②] 现行宪法是信仰的来源，既是解释对象，也是解释根据，对宪法的态度如同对圣经的态度；现行宪法是一个“无漏洞”的体系，任何法律疑问都可以在宪法里找到答案。一切其他法律都是对宪法相应条款的实施：一切国家权力来源于宪法的授予，一切公民权利来源于宪法的明示或默认，其中既包括明确的授权，也包括基本权利派生出来的权利。

大学不是国家机关，其权力不可能来源于宪法第三章“国家机构”。在我国宪法文本的其余部分，可能与大学自主权有关的规定有以下几处：第一，“序言”第7段，中国各族人民将逐步实现“科学技术的现代化”；第二，“总纲”第十九条，“国家发展社会主义教育事业”，国家发展“高等教育”；第三，“总纲”第二十条，“国家发展自然科学和社会科学事业”；第四，“公民的基本权利和义务”第四十六条，“公民有受教育的权利和义务”；第五，“公民的基本权利和义务”第四十七条，“公民有进行科学研究的自由”，“国家对于从事教育、科学、技术、文学、艺术和其他文化事业的公民的有益于人民的创造性工作，给以鼓励和帮助”。

上述五处中，最直接相关的是第四处的受教育权和第五处的科学研究自由。第四十六条作为一个整体显然是针对尚处于义务教育

---

① 爱德华·希尔斯：《论学术自由》，林杰译，《北京大学教育评论》2005年第1期。

② 关于宪法教义学或宪法释义学，可参考张翔：《宪法释义学——原理·技术·实践》，法律出版社2013年版或白斌：《宪法教义学》，北京大学出版社2014年版。

阶段儿童的，因为成人并无接受强制教育的义务。[①] 受教育的义务仅限于义务教育阶段的教育，主体仅仅是“适龄儿童、少年”。[②] 因此，可以排除其与我国大学自治权的关联性。

于是，与大学自主权直接相关的就是第四十七条的科学研究自由。一般认为，本条规定的科学研究自由相当于或包含了外国宪法中的“学术自由”。[③] 本书基本认同“科学研究自由”与“学术自由”是同义语，但并不打算运用“学术自由”这样的概念装置，原因是：首先，“学术自由”字样在我国《宪法》《高等教育法》《教师法》《科学技术进步法》中均未出现，上述法律中均使用的是“科学研究”字样，只有《纲要》和《规程》中出现了“学术自由”字样，而《纲要》不具备法律效力，《规程》则属于法律渊源中效力最低的法律渊源——规章。[④] 其次，由于各国法律规定不同，所以各国学者对法律意义上的学术自由概念界定各不相同，如德国、法国、美国、日本的学术自由概念与内容就各不相同。美国学者哈奇森甚至把学术自由分为“校内自由”和“校外自由”两种，前者包括讲授争议性问题的自由、拒绝向国旗致敬的自由、选择教学方法的自由；后者包括结社自由、参与政治性活动的自由以及发表公共言论的自由。[⑤] 美国人之所以把宗教信仰自由(拒绝向国旗敬礼)、公共言论自由都划归学术自由的

---

① 管华：《义务教育阶段受教育权保障之道》，载劳凯声主编《中国教育法制评论》(第12辑)，教育科学出版社2014年版。

② 张其莺：《论公民受教育义务的正当性及规范体系》，《中国教育法制评论》2014年第00期。

③ 林来梵：《从宪法规范到规范宪法——规范宪法学的一种前言》，法律出版社2001年版，第158—159页。

④ 涉及的法律条文有《宪法》第四十七条、《高等教育法》第十条、《教师法》第七条、《科学技术进步法》第三条。

⑤ 沈文钦：《美国联邦最高法院的学术自由判例及其法律意涵》，《比较教育研究》2007年第1期。

领域，是因为美国宪法并无"学术自由"条款，不得不借助宪法第一修正案、第十四修正案去发现宪法"未列举的权利"。德国的学术自由就是研究与讲学的自由，那是因为德国《基本法》第五条规定"研究与讲学均属自由"。我国学者基于不同的知识资源对学术自由进行解释，恰恰脱离了我国《宪法》文本的规定，就好像学术自由在我国《宪法》中不存在一样。[①] 正如萨维尼所说："与立法本身之中包含的概念有所偏离的概念是很多错误的间接来源。"如果与立法不一致，"在逻辑上精确地阐述某个定义没有太大的意义"，"充其量只能说它是多余的"。[②] 使用"科学研究自由"的概念还有其他好处，且容后述。

1787 年法国人权宣言并没有提到科学研究自由，美国宪法第一修正案也没提到科学研究自由，最早提出学术自由的是 1849 年的法兰克福宪法草案以及 1851 年的普鲁士宪法。学界对于"科学研究自由"作为基本权利往往持质疑的态度，主要是基于两方面误会：一是世界各国宪法专门规定学术自由的不多。[③] 有学者统计，在全世界可查的 129 个国家的现行成文宪法中，79 个国家的宪法直接而独立地确认了对学术自由的保障的，占 61.24%。[④] 二是科学研究自由对人不是不可缺乏的。[⑤] 从历史上看，学术自由确实专属于大学师生。在高等教育普及的时代，公民接受高等教育的权利平等，都有可能行使科学研究自由；即便备而不用，也不可剥夺。更何况，只

---

① 王德志：《论我国学术自由的宪法基础》，《中国法学》2012 年第 5 期。

② 萨维尼：《萨维尼法学方法论讲义与格林笔记》，法律出版社 2014 年版，第 23—24 页。

③ 贺卫方：《作为宪法课题的学术自由》，《云梦学刊》2007 年第 4 期。

④ 胡甲刚：《学术自由宪法规范比较分析》，载劳凯声主编《中国教育法制评论》(第 12 辑)，教育科学出版社 2014 年版。

⑤ 徐显明提出了影响广泛的关于基本权利的判断标准，第一条就是对人的不可缺乏性。参见徐显明：《"基本权利"析》，《中国法学》1991 年第 6 期。

要能够自学研究方法，私人藏书量与知识增长速度一致，并不需要进入大学才能开始研究活动。从人类文明发展的视角看，没有科学研究自由，将新知识出现的机会完全扼杀，只会使该文明形态在诸文明的并存竞争中被淘汰。在这个意义上，科学研究自由是人(类)不可或缺的权利。

综合已有对科学研究自由的研究发现，科学研究自由具有以下五个方面特点：前提是知识、核心是研究、外化为表达、载体是大学(机构)、结论受批判。在知识高度分化的当代，可以把“科学”理解为“学科”。人类文明经过数千年的发展，所积累的知识和智慧已不可能被单个的人类个体全部掌握，为了继承发展人类文明的成果，不得不分化出学科。在没有掌握该学科的基础知识之前，无法享有科学研究自由。① 科学研究自由的核心是研究，即做学问、创造知识。其研究所得须有独创性，② 研究过程展开为一个不断在反思中自我确证的认知过程。③ 研究可能“寂寞而自由”，但若无可交流，难免“孤陋而寡闻”，因此，研究成果必须经由讲学、出版、研讨而外化。具体采取何种方式，不过是表达方式不同而已。当代自然科学和社会科学主要门类的研究，如无巨大经费支持、庞大团队配合，几无寸进之可能，于是大学和研究所成为科学研究自由最重要的组织支撑和发生的主要场域。任何一种研究成果都无法自我定义为学术，必须经得起同行运用学科内广泛接受的方法和真理的批判，其学术上的准确度和效度才得以确立。

---

① 在美国 Hedrick v. Martin(1973)案中，学校认为：大一学生基本上学术素养不精，必须依照传统课程架构学习基础知识，不能享有太多自由。最终，法院判学校胜诉。见秦梦群：《美国教育法与判例》，北京大学出版社 2006 年版，第 135—136 页。

② 李晓燕：《学术自由、学术规范与学术秩序治理》，《陕西师范大学学报(哲学社会科学版)》2010 年第 6 期。

③ 茹宁、赵允德：《知识生产·国家控制·学术自由——学术自由的哲学解析》，《现代大学教育》2007 年第 3 期。

一般认为，基本权利具有三种功能：防御权功能要求国家履行消极义务，受益权功能要求国家履行给付义务，客观价值秩序功能要求国家履行保护义务。考察我国《宪法》关于科学研究自由的规定，恰好完整地囊括了这三个方面：第一，第四十七条第一句“公民有进行科学研究的自由”要求政府承担消极义务，政治权力不得任意干预、限制科学研究自由。第二，第四十七条第二句“国家对于从事教育、科学、技术、文学、艺术和其他文化事业的公民的有益于人民的创造性工作，给以鼓励和帮助”要求国家承担积极义务，对科学研究自由予以支持。第三，第十九、二十条，国家发展“高等教育”“发展自然科学和社会科学事业”，其载体只能是大学和研究机构，要求国家履行保护义务，为科学研究自由提供制度保障和组织、程序保障，集中体现为大学自治制度。即便是立法机关，也不能将大学自治制度完全废除。

科学研究自由作为基本权利具有其他基本权利不可替代的功能：与受教育权相比，科学研究自由针对的对象是高深学问，往往处于已知与未知的交界处，教师作为知识权威的角色淡化，只是资深研究伙伴。与思想（信仰）自由相比，科学研究自由不受任何超越研究的先验性目标或某种既定世界观束缚，不允许存在某些既定的、不能继续深入追问的内容。[①] 所持有的思想是研究者通过研究得来的，所发现的真理永远是未完成、需要进一步研究的。与言论自由相比，科学研究自由强调的是知识而不是意见，不断的同行评议界定了何为专业知识。每个人的意见是平等的，但知识却分对错。[②] 言论自由服务于民主正当，科学研究自由服务于民主胜任。[③]

---

① 康拉德·黑塞：《联邦德国宪法纲要》，李辉译，商务印书馆2007年版，第315页。

② 罗伯特·波斯特：《民主、专业知识与学术自由》，左亦鲁译，中国政法大学出版社2014年版，第3—4、14页。

③ 左亦鲁：《学术自由：谁的自由？如何自由？为什么自由？》，《读书》2014年第2期。

此外，采用科学研究自由的概念使得通常困扰学术自由的问题变得清晰。对学术自由而言通常存在以下两方面疑问：一是学术自由是一种特权吗？主体是全体公民还是仅限于大学师生？[①] 二是学术自由的保护法益是否包含大学生的学习自由？其实只要抓住科学研究自由的核心是研究，无论是大学成员还是普通公民，只要其具备专业资格，从事知识创新活动，就构成科学研究自由的主体，而不论其身份是否为大学成员。大学生是否具有学习自由的前提是看他是否已经具备了从事研究必要的知识基础并开始探索真理，若尚不具备专业知识基础则需要补充学习，而不具有拒绝学习的自由。[②]

总之，大学自治制度是科学研究自由的制度保障。因为科学研究需要高深的知识，所以关于科学问题的判断只能交由学者们自治。学术委员会的委员们基于自身的专业素养联合起来就学术问题作出判断，是个体的科学研究自由集合而成的支配性权力，构成了大学自治权不可侵犯的核心区域。学术委员会的学术权力来源于科学研究自由，不是国家意志的体现，不属于国家权力，而是学者们科学研究自由权利的凝结，属于社会权力范畴。

三、高校学术委员会权力的界限

高校学术委员会权力的界限来自两个方面：第一，学术委员会的权力来源于科学研究自由，其行使不得违背立法的目的，即不得妨害科学研究自由；第二，科学研究自由作为宪法确认的基本权利本身也是有界限的，学术委员会也不得超越科学研究自由自身的界限。

---

① 关于此问题可参见谢海定：《作为法律权利的学术自由权》，《中国法学》2005 年第 6 期。

② 管华：《大学要求学生晨读的合法性分析》，载劳凯声主编《中国教育法制评论》（第 11 辑），教育科学出版社 2013 年版。

学术委员会的权力属于大学自治权的一部分，不能因为强调科学研究自由，就直接提出大学自治、自主办学。[①]事实上，我国大学的自治受制于三方面，在学术事务上受制于科学研究自由；在人事财务上受制于教育主管部门；在消防治安卫生问题上受制于相关政府职能部门。同样，也不能简单地认为只要大学自治，就必然会保障科学研究自由。中世纪欧洲大学享有高度自治，甚至被称为“国中之国”，不仅享有办学自主权，还享有税务和劳役豁免权，甚至包括某些刑事处罚的豁免权。[②] 但却鲜有学术自由，在真理的判断上，受制于教皇的最高权威。因此，大学自治与科学研究自由并无必然联系，学术委员会的权力行使并不必然会保障科学研究自由。

比如，科学研究自由一般要求研究对象、研究方法的自主决定，不能限制何种内容不能研究，也不能限制学术研究只可用某种方法。因此，学术委员会不得制定强制性的学科研究、发展计划，要求教师必须遵循，以限制教师的科学研究自由。就像不能通过付给教师极低的工资使之不得不为生活所迫去申报各种科学研究项目而无法自主研究一样。[③]

再比如，在对研究水平的评价上往往采用各种指标：数量指标，即科研成果发表的数量；期刊指标，即科研成果发表在什么级别的期刊上；项目指标，即是否承担了相应级别的科研项目；金额指标，即承担的纵横科研项目的经费总额；奖励指标，即是否获得相应级别的奖励；职务指标，即是否担任了各种各样的行政职务或学术职务。上述指标均能在一定程度上反映研究水平，但设立学术

---

① 孙绵涛、康翠萍：《学术自由性与受控性的对立统一》，《教育研究》2011 年第 6 期。

② 冒荣、赵群：《学术自由的内涵与边界》，《高等教育研究》2007 年第 7 期。

③ 关于知识规划，可参见弗里德里希·冯·哈耶克：《自由秩序原理(下)》，邓正来译，生活·读书·新知三联书店 1997 年版，第 177 页；邓正来：《从“知识规划时代”中解放出来》，载《中国书评》(第五辑)，世纪出版集团、上海人民出版社 2006 年版。

委员会的目的在于依靠学术委员会委员作为“学术同行”的专业判断力集体作出决定，如果根据上述指标或其化约的分数简单相加就可以判断研究水平的高低，那实在不必成立学术委员会，只需要一二统计员即可。从科学研究自由作为基本权利的法理看，学术委员会的权力作为社会权力来源于科学研究自由，是科学研究自由的制度保障，其行使必须以促进科学研究自由为目的。学术评价的唯一标准是专业标准，上述指标作为科学研究的相关因素并非不能纳入考虑范围，但若成为学术评价的主要标准显然是用行政的、商业的、金钱的逻辑取代了学术的逻辑，违背了立法目的，只有以学术委员会委员们对研究成果认真审核之后，集体作出的判断为主要标准或者在上述指标外保留替代性标准才是合法的。

当然，上述指标之所以不得不存在，部分的原因可能是学术委员会委员在作出学术决定时增加了不相关的考虑，比如年龄、学缘甚至血缘关系的因素。因此，学术委员会作出决定必须遵守学术正当程序原则，至少包括回避、答辩和公开说明理由等：有足以影响评价结果的利害关系的学术委员会成员应当回避，不得参与行使学术权力；对被评议者作出不利决定时应听取陈述申辩；学术委员会委员们对各自的决定应书面说明理由并向校内公开。对不能依据科学研究自由要求履行职责的学术委员可追究责任直至取消学术委员会委员资格。

科学研究自由并非绝对自由，当它仅仅作为思想停留在学者的大脑皮层时，法律自然无从干涉；一旦体现为研究行为，其行为的方式与后果，包括研究的耗材都受国家法律约束；其研究成果的表达虽较一般表达自由更为广泛，但也应符合学术规则。

具体来说，与其他基本权利相比，科学研究自由并不当然优先，只有在具体案件中通过利益衡量，参酌各种相互冲突的基本权利的意义，在维护宪法的统一性基础上根据比例原则来确定。比如，科学研究自由不能侵犯人的生命权、健康权、人格权，不得采用人体实验，限制基因技术和器官移植的研究。不得侵犯他人的隐私权，比如医生在未经患者同意的前提下不得进行人工流产手术的学习观摩。科学研究成果的发表必须尊重他人的著作权，不得抄袭剽窃。[①] 论文答辩过程中，学生固然不能以教师批评过于严厉为由指控诽谤；教师也不能在讲学过程中大谈与专业课程无关的内容，更不能将教室作为其发表政治观点的论坛。涉及国家重大安全利益的科学研究自由受限制，比如核技术的研发。上述对科学研究自由的种种限制不仅学术委员会不得违反，更构成学术委员会进行审议评定时所应遵循的准则。

当然，学术委员会作为校内最高学术机构，其权力以学术事务为限，作为我国现代大学治理体系的重要一环，在整体上受党委领导下的校长负责制的约束。

四、《高等学校学术委员会规程》述评

《规程》第一次以具有法律效力的规章形式规定了学术委员会的性质、地位、组成、任期、职权以及行使职权的方式，对于解决我国长期存在的学术委员会权力“虚化”的痼疾必将起到基础性作用，是我国现代大学治理体系建设的里程碑。但从保障科学研究自由、落实学术委员会作为校内最高学术机构的权威的角度看，《规程》也不乏可完善之处。

首先，在立法目的上，《规程》第一条仅规定“为促进高等学校规范和加强学术委员会建设，完善内部治理结构，保障学术委员会在教学、科研等学术事务中有效发挥作用”制定本《规程》。如前所述，学术委员会的权力来源于科学研究自由、服务于科学研究自

① 何生根、周慧：《论学术自由的法律界限》，《法律科学》2007 年第 2 期。

由，只有将“保障科学研究自由”规定于立法目的才能真正体现设立学术委员会的根本动因。即便《规程》第四条谈到了学术委员会应当“尊重学术自由”，仍不足以彰显科学研究自由作为学术委员会存在的宪法根基及其运行的首要原则的重要地位。

其次，在参与主体上，《规程》第四条规定“保障教师、科研人员和学生在教学、科研和学术事务管理中充分发挥主体作用”，看似维护了学术平等，却可能把不适格或不完全适格的主体也引入了学术事务管理的主体范围。本科学生尤其是低年级本科生，往往并不具备开展科学研究的知识基础，让他们参与学术决定，违反了“同行评议”的原则。[①] 在德国，1973 年联邦宪法法院通过“大学判决”，明确在教授任命问题上不应该考虑非学术人员的参与，即使考虑给学生一定的参与决定权，也必须保证大学教师拥有决定性影响。[②] 在法国，宪政院 1984 年的“大学教授决定”同样判决削弱教员的表决作用、使教学助理和职工的表决权可能超过教授的表决权的措施侵犯了教授的学术自由。[③] 因此，即使保留《规程》第四条的相关规定，也应该紧随其后增加“保障教师、科研人员在教学、科研和学术事务管理中发挥决定性作用”。

最后，作为一部法律规范，《规程》在结构上是不完整的，既没有规定各相关主体违反《规程》后的法律责任，也没有规定纠纷解决机制。《规程》授予学术委员会权力的最核心规范——第十五至十七条的表述方式均为学校“应当”如何，这为高校设定了义务，但却没有规定高校不履行义务时承担何种责任、如何纠正，无疑会使《规

---

① 学生是大学的匆匆过客，让他们参与对学术的指导评价是自相矛盾的。参见约翰·S. 布鲁贝克：《高等教育哲学》，王承绪等译，浙江教育出版社 2002 年版，第 43 页。

② 张翔主编：《德国宪法案例选释第 1 辑：基本权利总论》，法律出版社 2012 年版，第 130 页。

③ 张千帆：《西方宪政体系（下）》，中国政法大学出版社 2001 年版，第 109 页。

程》的执行力大打折扣。学术委员会是校内最高学术机构，如果学校无视《规程》第十五、十六条规定的审议、评定权，径自作出决定，应赋予学术委员会向教育主管部门的申诉权，教育主管部门须在法定期限内作出裁决。《规程》第十七条规定了学术委员会的咨询权，对学术委员会"提出明确不同意见的，学校应当作出说明、重新协商研究或者暂缓执行"。其中"作出说明"的效力太弱，可参考法国宪法委员会与总统之间的关系，学术委员会的咨询意见不仅要说明理由，而且要公开发布，以公开制止专断。[①]《规程》第二十二条规定，对学术委员会决定有异议的，可申请复议，"经复议决定为终局决定"。我国大学的学术生态中，"学阀"现象并不鲜见，学阀常常把持学术委员会的重要位置并拉帮结伙，使得校内复议成为具文。可以考虑引进校外监督机制，对争议的事项，利害关系人可以向省级或国家级专业学会的学术委员会申请复议。复议结果与校学术委员会决定不一致的，并无强制约束力，学术委员会可以自行变更原决定，拒不变更的须向社会公开说明理由。

---

① 关于法国总统与宪法委员会在"咨询"问题上的互动，可参考张莉：《当代法国公法——制度、学说与判例》，中国政法大学出版社 2013 年版，第 176 页。

第四章 异地高考权及其实现[①]

2012 年 8 月 30 日，国务院办公厅转发教育部等部门《关于做好进城务工人员随迁子女接受义务教育后在当地参加升学考试工作的意见》，根据该意见，全国 31 个省(自治区、直辖市)除西藏外陆续公布了本地的异地高考方案。

异地高考艰难破冰，立即成为舆论关注的焦点。“异地高考”是权利吗？如果是，其权利诉求、权利来源、法律依据和功能体系是什么？如何保障异地高考权利的实现？这就是本章拟回答的问题。

一、异地高考权

异地高考考生的诉求主要包含两项内容：(1)和本地考生同样在学习、生活地参加高考，而不是必须回户籍所在地参加高考。(2)按照本地考生同样的标准录取，既不是按照户籍所在地考生的标准录取，也不是只能报考高职院校。简言之，异地高考权就是要求在当地参加高考并按当地标准录取的权利。

从权利的五大要素——利益、主张、资格、权能、自由出发[②]，异地高考保护的是接受高等教育的利益，主张的是考试、录取权利平等，依据的是中华人民共和国公民的资格和在当地学习、生活的实际经历，包括就地考试和录取两项权能，根据自身意愿可以放弃，异地高考作为一项权利是能够成立的。

---

① 管华、陈鹏：《异地高考权及其实现》，《高等教育研究》2015 年第 1 期。

② 夏勇：《人权概念起源》，中国政法大学出版社 1992 年版，第 42—44 页。

异地高考权的宪法依据可以从受教育权、平等权和学术自由权三方面来探索。

从受教育权角度看，我国《宪法》第四十六条规定：中华人民共和国公民有受教育的权利和义务。本条作为一个整体是针对尚处于义务教育阶段的儿童的，因为成人并无接受教育的义务也无权要求政府必须给付高等教育。因此，虽然受教育权作为基本人权载于各国际公约，但我国《宪法》规定的受教育基本权利却不包括接受高等教育的权利。只是在《教育法》第九条规定了公民"平等的受教育机会"权，[①] 异地高考权属于《教育法》上平等的受教育机会权的范畴。

从平等权角度看，我国《宪法》第三十三条规定："中华人民共和国公民在法律面前一律平等。"尽管平等是一项宪法原则还是一项基本权利在理论上存在争议，但从我国《宪法》的文本看，第三十三条是《宪法》第二章"公民的基本权利和义务"的第一条，显然制宪者更倾向于认为"平等"是公民的基本权利。从基本权利的客观价值秩序功能看，作为基本权利的平等权本身就包含了宪法上的平等原则。也有学者将作为原则的平等权称为一般平等权，将和其他某项具体权利竞合的平等权称为具体平等权。[②] 将宪法上作为基本权利的平等权与教育法上作为一般权利的"平等的受教育机会"权相结合，就导出了作为基本权利的教育平等权，其实质是平等权在教育领域的体现。

从学术自由权的角度看，我国《宪法》第四十七条规定："中华人民共和国公民有进行科学研究、文化艺术创作和其他文化活动的自由。国家对于从事教育、科学、技术、文学、艺术和其他文化事业的公民的有益于人民的创造性工作，给以鼓励和帮助。"一般认

---

① 《教育法》第九条第二款：公民不分民族、种族、性别、职业、财产状况、宗教信仰等，依法享有平等的受教育机会。

② 朱应平：《论平等权的宪法保护》，北京大学出版社 2004 年版，第 26 页。

为，本条规定的从事科学研究的自由以及从事教育事业的权利，实际上相当于其他国家宪法中的学术自由。[①] 尽管在理论上学术自由权的主体是否包括所有公民存在争议，但从我国《宪法》的规定上看，大学师生以外的人作为学术自由权利的主体并无异议。根据德国宪法法院的描述，"学术"是指"凡就其内容与形式，可以被认为严谨且有计划地尝试对真理加以探究者"。要对所观照领域的真理进行严谨而系统的探究，其一般前提是入读心仪大学，亦即入学自由是学术自由的前提。但选择大学或其他教育机构的权利毕竟并不等同于学术自由本身，因此，入学自由并非学术自由所保障的法益。

在我国，考生的入学自由一般受限于高校在该省的招生计划，特殊受限于北京、上海、天津等地异地高考方案中异地高考考生只能报考高职院校的规定。但现行法律中并无入学自由的规定，更相关的是《教育法》第三十六条，该条规定："受教育者在入学、升学、就业等方面依法享有平等权利。"这实际上是规定了"升学平等"，仍然是平等权在教育领域的体现。

总之，异地高考权在教育法上的依据是"平等的受教育机会"权和"升学平等"权，在宪法上的依据则是教育平等权。

与其他基本权利不同，宪法上的平等权其整体结构像一个等腰三角形，顶点是国家，A 和 B 都处于顶点所面对的两条边的端点上，顶点到 A、B 的距离是相等的，也就是说，国家应平等地保护 A 和 B，即国家应平等地对待不同的公民。[②] 就教育平等权而言，它要求行使招生、录取权力的主体包括政府和高校平等对待拟参加高考的考生，而不论他的户籍所在地与实际学习生活地是否一致。

教育平等权作为基本权利，既是"主观权利"，也是"客观法"。

① 许崇德主编：《宪法》，人民大学出版社 1999 年版，第 168—169 页。

② 林来梵：《宪法学讲义》，法律出版社 2011 年版，第 271 页。

作为主观权利，其防御权功能要求国家承担消极义务：立法机关在立法时应做到形式平等，行政机关和司法机关在行政和司法过程中不得进行不适当的分类。其受益权功能要求国家承担积极义务：立法机关在形式平等的基础上还要对弱势群体给予特殊照顾，政府在教育行政给付时应平等对待。这两项功能均具有直接的法律效力，一旦受到侵犯，公民有权起诉。作为客观法，其客观价值秩序功能要求国家对教育平等权予以制度保障，在高考制度设计和录取程序中落实平等原则。

二、异地高考权实现的障碍

异地高考权的实现面临以下障碍：(1)以省(含自治区、直辖市)籍为标准进行高考报名资格许可；(2)分省命题导致的试题不统一；(3)高校招生指标按省分配；(4)省际高等教育资源分布不平衡、一本录取率差距大。

以省籍为标准进行报名资格许可是异地高考权实现面临的第一个障碍。根据教育部《2013年普通高等学校招生工作规定》："省级招委会可按照以考生户籍为主、与在本地区高级中等教育学校就读一定学习年限相结合的原则，结合本地区实际就报名条件、时间和有关要求作出具体补充规定。进城务工人员及其他非户籍就业人员的随迁子女接受义务教育后在当地参加高校招生考试，按各省(区、市)公布的办法执行。"该规定要求各级招生考试机构认真履行考生报名资格审查工作职责，根据报名条件，严格审查考生报名资格。①

省内异地高考考生享有平等的考试和录取权一般不成问题，问题在于跨省异地高考的考生。据全国妇联发布的《我国农村留守儿童、城乡流动儿童状况研究报告》：北京、天津、上海的流动儿童

① 教育部：《2013年普通高等学校招生工作规定》，http：//www.moe.gov.cn/publicfiles/business/htmlfiles/moe/s3258/201305/xxgk_151607.html，2015年2月13日访问。

中跨省流动的超过90%；有异地高考需求的流动儿童分布集中，前三位是广东、北京、上海。[①] 根据北京、天津、上海、广东已出台的异地高考方案：北京、天津异地高考暂时只允许报考高职院校。上海异地高考与居住证挂钩，只有积分达到标准分值的持证人子女才有在本市参加高考的权利，但多数农民工由于学历、职称限制几无可能达到标准分值，其实际效果与北京、天津无异。广东异地高考与户籍挂钩或要求在广东参加中考并有高中三年完整学籍。总之，在最迫切要求异地高考权的地方，省籍障碍最严重，异地考生很难通过报名资格审查、就地参加高考。

分省命题导致的试题不统一是异地高考权实现所面临的第二个障碍。1978年国家恢复高考，1979年开始全国统一命题。此后，1985年，教育部决定上海自主命题；2001年，北京开始自主命题；到2013年高考，全国16个省市自主命题，超过了31个省、自治区、直辖市的一半。由于各地教材不统一、考试不统一，异地高考考生即使想回原籍参加高考也会遇到很大障碍；加之流转频繁，部分考生在当地参加高考的难度加大，很难与当地考生平等竞争。

高校招生指标按省分配是异地高考权实现所面临的第三个障碍。在计划经济时代，教育部直接编制招生来源计划，规定中央高校在各省的招生数。1985年改革以后，学生来源计划由学校编制、发布，教育部只是提出编制原则，并综合平衡部属院校在各地的招生总数，形成了"学校负责、招办监督"的招录体制。[②] 虽然教育部不再直接按省分配招生指标了，但各高校依然延续了按省分配指标招生的录取办法。据研究者在南京大学、厦门大学、华东政法大学和郑州大学的调查，各高校招生计划制订的过程大同小异：基本上

---

① 全国妇联课题组：《我国农村留守儿童、城乡流动儿童状况研究报告》，http://acwf.people.com.cn/n/2013/0510/c99013-21437965.html，2015年2月3日访问。

② 张千帆：《权利平等与地方差异》，中国民主法制出版社2011年版，第178页。

都是各院系上报拟招录人数，招生办根据往年情况、各专业就业情况等拟订分省招生计划，招生计划经校内各相关单位协商后上报学校，最后由学校上报教育部审核，向社会公开。①

就异地高考权的实现而言，既然高校招生指标按省分配，那么异地高考考生上大学究竟是使用户籍所在地的招生指标还是使用流入地的招生指标呢？这就成了大问题，也是各地异地高考方案一再强调"保证本省户籍学生受教育机会和教育条件不受影响"的原因。

优质高等教育资源省际分布不均衡、一本(重点大学)录取率差距大是异地高考权实现所面临的第四个障碍。由于各高校在招生指标分配上都存在一定的地方保护主义，如果优质高等教育资源省际分布均衡，异地高考考生占指标问题也就不会那么严重。但事实是我国优质高等教育资源分布极不平衡：75所教育部直属大学中的50所集中于东部沿海，其中近一半汇集北京(24所)，占人口12.38%的河南、河北两省没有一所教育部直属大学。从海南沿国境线往西一直到内蒙古，除甘肃外，其他省均没有一所教育部直属大学，但中国11.2%的人口聚居于此。② 优质高等教育资源匮乏的省区再怎么地方保护，也无法实现平等。各地高考一本录取率差距较大：2013年我国各省(区市)一本录取率最高的是天津(24.52%)，最低的是西藏(4.78%)。一本录取率超过20%的有天津、北京、上海，低于6%的有广东、山西、辽宁、四川、西藏。③正是因为各地优质高等教育资源分布不平衡、一本录取率差距大，异地高考的权利才弥足珍贵。如果流入地高考竞争比户籍所在地更激烈，异地高考考

① 张千帆、曲相霏主编：《大学招生与宪法平等：国际经验与中国问题》，凤凰出版传媒集团、译林出版社2011年版，第310、347、421、444页。

② 戴玉：《各省(市)教育部直属高校分布与人口分布对比》，《南风窗》2012年第18期，第50页。

③ 《2013年全国各省高考一本录取率》，《高中生之友》2013年第11期，第48页。

生一般都会放弃异地高考的权利，流入地也不会设置很高的门槛。

三、保障异地高考权实现的国家义务

如前所述，异地高考权在宪法上的依据是教育平等权，而作为基本权利的教育平等权要求国家履行消极义务、积极义务和保护义务，这里讨论保障异地高考权实现国家应承担的义务。

保障异地高考权实现主要是中央政府的义务。原因如下：(1)宪法是政府与人民之间的契约，政府通过履行对基本权利的各项义务来换取公民的服从。在单一制国家，地方政府的权力来源于中央，没有自己“独有”的权力，也就没有仅属于地方政府的责任。任何公民权利状况的极端恶化，中央政府都有义务予以改善。[①] (2)如果将中央与地方视为不同的“利益主体”，[②] 开放异地高考，不可避免地损害流入地利益，地方政府很难作出损害自身利益的决定。相反，只要地方教育行政组织的“土政策”符合地方同级政府的政治利益或政治“嗜好”，就能够得到地方同级政府的绝对保护。[③] (3)教育部、国务院办公厅都不是解决异地高考问题的适格主体。因为当代中国国家政治权力结构是以中共中央为核心的“6+1+2体系”。[④] 在异地高考热点地区——北京、上海、天津、广东，其一把手都是中共中央政治局委员，只有中共中央、国务院才可能在异地高考这样

---

① 管华：《儿童权利研究——义务教育阶段儿童的权利与保障》，法律出版社2011年版，第146页。

② 薛刚凌：《多元化背景下行政主体之建构》，《浙江学刊》2007年第2期，第7页。

③ 许国动：《我国地方教育政策执行异形病理探究》，《当代教育科学》2007年第5—6期，第38页。

④ “6+1+2体系”，“6”是指通常所说的“六大领导班子”，即中共中央委员会(含中央政治局、中央政治局常务委员会和中央书记处)、中共中央纪律检查委员会、全国人民代表大会及其常务委员会、国务院、中央军事委员会和中国人民政治协商会议全国委员会；“1”是指国家主席；“2”是指最高人民法院和最高人民检察院。参见朱光磊：《当代中国政府过程》，天津人民出版社2002年版，第29页。

严重威胁地方利益的事项上有所作为。《国务院办公厅转发教育部等部门关于做好进城务工人员随迁子女接受义务教育后在当地参加升学考试工作意见的通知》在北京、上海、天津基本落空再次证明了这一点。

在高等教育薄弱地区建成一批优质高校，实现高等教育区域均衡发展是保障异地高考权的根本。之所以各地高考一本录取率差距大，是因为我国优质高等教育资源分布过于集中；即使这些重点大学面向全国以成绩“排队”招生，随之而来的交通、住宿成本也造成了不同地区考生教育的实质不平等，更不用说相当一部分贫困考生会因此直接放弃接受高等教育。[①] 高等教育资源，尤其是优质高等教育资源作为国家教育行政给付的一部分，在地域分布时，应遵循平等原则，促进高等教育均衡发展。但改革开放以来我们走了相反的路：先后实施“211 工程”“985 工程”，中央投入巨资重点建设一批高水平大学，进一步拉开了各地高等教育资源分布的差距。2000 年 97 所原中央各部委(单位)直属的高校被下放到地方，也使中央直属高校区域分布更加集中，有些省、自治区因此连一所中央直属高校都没有了，如新疆、云南、海南、广西、江西、山西等。虽然我国的高等教育发展取得了重大成绩，但高等教育机会平等的原则却被削弱了。因此，中央必须改变“效率优先”的思路，采取类似法国、日本的高等教育地方分散化的政策，在高等教育薄弱地区建成一批高水平大学以保障考生的教育平等权，这是落实异地高考权的釜底抽薪的办法。

取消以省籍为标准进行的报名资格许可，实行全国统考、探索

---

① 有研究表明，59%选择不接受高等教育的学生说，债务是一个重要或非常重要的因素影响了他们的决定。参见林恩·玛格丽特·利芙西：《英国大学招生标准：有钱人才能接受高等教育吗?》，王志译，载张千帆、曲相霏主编《大学招生与宪法平等：国际经验与中国问题》，凤凰出版传媒集团、译林出版社 2011 年版，第 154 页。

建立各地高考成绩换算的国家标准是实现异地高考权的技术路径。实现异地高考权的第一个障碍就是以省籍为标准进行的报名资格审查。考生要参加高考，都要经过考生办理报名手续(申请)、区县招办根据本地高考报名办法进行资格审查、为符合条件的考生发放准考证三个环节。《行政许可法》第二条规定：本法所称行政许可，是指行政机关根据公民、法人或者其他组织的申请，经依法审查，准予其从事特定活动的行为。对照《行政许可法》的规定可以发现，有关部门发放准考证的行为完全符合行政许可的构成要件：申请、审查、批准，未经批准不得从事特定活动。但是有关部门作出许可决定所依据的只是教育部发布的《××年普通高等学校招生工作规定》和各地教育考试机构发布的《××年普通高校招生考试办法》，即使将教育部的文件认定为部门规章也违背了《行政许可法》关于只有法律、行政法规、国务院决定、地方性法规、省级政府规章才能设定行政许可的规定，属于违法设定行政许可。[①] 以省籍为标准进行报考资格许可既违背了法律保留原则，也造成教育行政执法中分类不合理的现象，应予取消。

在全国统考时代，各地的高考录取分数线竟然出现 100 分左右的差距，于是教育部要求各地将“自主命题”作为“政治任务”来完成。但教育平等权的客观价值秩序功能要求国家在考试制度设计上遵循平等原则，即实行全国统一命题或为高校录取学生提供一个全国统一的学术标准。2014 年 9 月 3 日发布的《国务院关于深化考试招生制度改革的实施意见》明确要求“2015 年起增加使用全国统一命题试卷的省份”，在保障公民教育平等权方向上迈出了一步。

---

① 陈韶峰：《受教育权纠纷及其法律救济》，教育科学出版社 2010 年版，第 170—171 页。

四、保障异地高考权实现的学校义务

面对各地分数线差距过大的质疑，就要求各地自主命题；面对招生指标按省分配的质疑，就将编制招生来源计划的权力下放给高校，以学校的招生自主权做挡箭牌，其实都只是回避教育不平等的问题，而没有解决问题。这里讨论高校招生自主权的来源及其应遵循的准则。

新中国成立之初，高校在招生上几乎不存在自主权力。[①] 招生自主权是1986年以后政府下放部分高校管理权的结果。[②] 从实然角度看，高考的招生录取确实是高校的招生自主权和政府的教育行政职权相结合才完成的。[③] 有学者甚至指出，高校的招生录取行为在本质上属于行政许可权的运用。[④] 我国通说认为，高校作为事业单位是授权行政主体。那么，为什么在2003年闵笛诉苏州大学案中，两级法院均认为是否录取闵笛属学校自主权范畴，不属于行政管理权范畴而裁定驳回原告诉讼请求呢？[⑤] 2013年11月12日通过的《中共中央关于全面深化改革若干重大问题的决定》也提出："学校依法自主招生""扩大学校办学自主权"。其实，无论招生自主权的性质是什么，由于高校在招生过程中事实上履行了一定的公共行政职能，理应接受司法审查，且以行政诉讼为宜。那么，两级法院究竟在回避什么呢？一般的授权行政主体被授予的行政职权都是非常明

---

① 李国兴：《公立高等学校与学生》，载湛中乐等《公立高等学校法律问题研究》，法律出版社2009年版，第370页。

② 覃红霞：《高校招生自主权的法律阐释》，《江苏高教》2012年第6期，第70页。

③ 覃红霞：《招生领域高校与学生的法律关系研究》，《北京大学教育评论》2010年第2期，第85页。

④ 王敬波：《高等教育领域里的行政法问题研究》，中国法制出版社2007年版，第138页。

⑤ 湛中乐：《大学法治与权益保护》，中国法制出版社2011年版，第244页。

确的，在理论和实践上都没有“自主权”这样的概念装置，高校招生自主权的来源在理论上有没有其他可能？其实是有的，那就是学术自由，即我国《宪法》第四十七条规定的“科学研究自由”。

1957 年，美国联邦最高法院大法官菲利克斯·弗兰克福特（Felix Frankfurter）在斯威齐诉新罕布什尔（Sweezy v. New Hampshire）案[①]中指出，大学的学术自由包括四项基本自由：基于自身的学术理由决定谁来教、教什么、如何教以及谁来学。学术自由是大学在关于教育（包括学生成员的选择）事项上，自己作出判断的自由。[②] 在澳大利亚，招生录取是否对特定人群优待，主要是各大学自主决定的事务。政府必须尊重大学的学术自主权，不能强行给各大学分配招收土著学生的数额。[③] 在日本，学生入学，由学长（校长）经教授会的议决而决定之。1965 年在日本召开的国际大学协会第四次总会讨论的结果认为，大学自治应包括：一、人事的自治；二、学生选择的自治；三、教育课程决定的自治；四、研究计划决定的自治；五、财源分配的自治。[④]

从国外的理论与实践看，招生自主权来源于大学自治或学术自由。大学自治与地方自治相比，大学教授及研究人员的自主权基于学术专业而非民主选举。为了保证知识的准确和正确，学者的活动必须只服从真理的标准，而不受任何外界的压力，如教会、国家或

---

① 斯威齐诉新罕布什尔案：1957 年，美国麦卡锡主义甚嚣尘上，新罕布什尔大学客座教授斯威齐以学术自由为理由拒绝回答该州总检察官任何涉及他讲课内容的问题，被州法院判定有罪。美国联邦最高法院推翻了新罕布什尔州法院的判决，第一次明确大学教授享有“学术自由”。

② 申素平：《高等学校的公法人地位研究》，北京师范大学出版社 2010 年版，第 104 页。

③ 李志强：《澳大利亚大学招生制度考察报告》，载张千帆、曲相霏主编《大学招生与宪法平等：国际经验与中国问题》，凤凰出版传媒集团、译林出版社 2011 年版，第 134 页。

④ 周志宏：《学术自由与高等教育法制》，高等教育文化事业有限公司 2002 年版，第 191—192 页。

经济利益的影响。[①] 因此，归根到底，大学自治的核心和起点都是学术自由。所谓大学自主权，说到底，不是行政管理的自治，而是学术管理的自主、自由和自律。

我国《宪法》对高校的组织与任务并没有作出专门规定，但高校的超然地位仍然可以从宪法规定的公民基本权利——科学研究自由导出。我国《宪法》第四十七条第一句“公民有进行科学研究的自由”、第二句“国家对于从事教育、科学、技术、文学、艺术和其他文化事业的公民的有益于人民的创造性工作，给以鼓励和帮助”和第十九条国家发展“高等教育”、第二十条“发展自然科学和社会科学事业”完整构成了科学研究自由这一基本权利的宪法规范结构，第一句指科学研究自由不受任意干预，第二句指政府应承担给付义务，第十九、二十条则要求对科学研究自由提供制度、组织和程序保障，集中体现为大学自治制度。大学自治是科学研究自由的制度性保障，是可以直接从科学研究自由中推导出的法益。因此，即使是立法机关也不能用立法把大学自治的制度完全废除掉，司法机关也不得入侵应由大学自治的范围，即依学术的本质应由大学自主决定的事项。从这个角度出发，法院在闵笛诉苏州大学案中的表现就很好理解了。

基于科学研究自由基本权利，形成大学自治制度，高校获得自主权；基于自主权，高校享有选择学生的权利，即招生自主权。[②] 招生自主权作为基本权利派生出的一般权利，其行使必须以保障、发展基本权利——科学研究自由为目的，而不得恣意行事。高校挑

---

① 约翰·S. 布鲁贝克：《高等教育哲学》，王承绪译，浙江教育出版社 1998 年版，第 46 页。

② 由此可见，大学的招生自主权并非国家权力，而是公民权利的集合——社会权力。社会权力即社会主体以其所拥有的社会资源对社会的支配力，在履行公共职能时，并不排除成为行政诉讼中的被告的可能。

选学生的唯一标准，也就是科学研究自由——确认该名候选人是否适合从事科学研究(包括研究本身以及对研究方法的学习)。为什么全世界多数国家都用考试的方法选拔人才？因为考试是评价学习成就及能力，发现“适才适性”的学生的最公平的办法。正因为如此，在最强调学术自由的德国，1972 年“大学招生名额案”后，成立了全国统一的学位分配机构并在 1977 年至 1978 年的冬季学期首次实现了遴选标准的统一化。①

我国高校的招生自主权行使应遵循以下规则：(1)合乎法律的目的——科学研究自由。高校应以考生个人的学习研究能力为标准而不是以地域为标准向全国报考者平等分配学位。学习研究能力评价的主要指标就是全国统考成绩以及高校基于专业需要进行测试的成绩。(2)在形式平等的前提下，促进实质平等。对于长期处于教育弱势的考生来说，以学习研究能力为唯一标准只会造成更大的教育不公，因此应予合理补偿。但补偿应遵循以下规则：①应补偿的因素不得取代学术因素，如不得仅因为民族身份就绝对地获得录取资格；②补偿个别化，以报考者个体实际获得的教育资源与取得的学业成就做对比来评价其学术潜力，而不是简单地以民族、省籍这样的指标进行补偿。

高校根据专业要求自主采取对考生学习研究能力进行测评的方式、制定个别补偿和录取的规则，接受国家和社会的监督。在封建时代，科举考试所考查的科目、选拔人才的规格在特定的历史时期是完全一致的，不存在专业学科的划分。在当代，知识极大丰富，科学分化为学科，考生并不是笼统地被某大学录取，而是被某大学某专业录取，于是一元化、同质化的录取标准理当被与高校的办学

① 李忠夏：《德国大学招生制度及其对中国的启示》，载张千帆、曲相霏主编《大学招生与宪法平等：国际经验与中国问题》，凤凰出版传媒集团、译林出版社 2011 年版，第 24—28 页。

定位、专业特色相关的多样化的标准所取代。因此，与其在统一考试改革上下功夫，不如赋予高校在招生方面更多自主权。否则，断不可能满足高校和考生的多元需求。《国务院关于深化考试招生制度改革的实施意见》要求自主招生试点高校“完善和规范自主招生”“不得采用联考方式”也印证了这一点。在全国统考、学业素质测评和综合素质评价的基础上，高校内各院系以小论文、口试、技术操作以及高校认为必要的专业考试等形式对考生进行测评，形成学校对考生个人学习能力测评的结果。综合考生以上各方面信息，高校自主确定各信息指标的权重，得出考生的最终成绩。对于边疆、特困、少数民族、特殊环境等需要特别补偿的考生允许高校自行制定相关政策，以加分、预留名额或招生比例等各种方式进行补偿。高校的测评方式、个别补偿制度和录取规则经教育主管部门备案后向全社会公开，接受社会监督。

社会对高校自主招生可能存在的腐败高度敏感，已爆出的招生弊案也证实了公众的疑虑。但扩大高校招生自主权是“科学选拔各类人才”、避免高校趋同化发展的必然要求，因此，必须建立完备的高校招生保障机制：(1)招生去行政化。建立以校内外相关专业具有博士学位或相应资质的一线教师为成员的专家库，对考生进行个人能力测评时，从专家库中随机抽取5人以上的单数组成测评委员会。(2)严格个人能力测评程序。以面试、技术操作为考核模式的，考前10分钟对考官和考生随机分组，测评委员会实行合议制，考后当场公布成绩。(3)完善申诉救济机制。测评过程全程录像，接受同行评议。对测评结果不服的，可以向教育主管部门申诉或向法院起诉，教育主管部门或法院对高校的能力测评进行形式审查。需要就专业问题作出判断或同行评议分歧较大的，可以由高校另行组成测评委员会复议一次。上述措施无疑会提高招录成本，可以在中央直属高校率先实行，支出由财政负担。

以上对科学研究自由基本权利的分析明确了招生自主权的性质与来源，并得出了招生自主权运作应遵守的规则，本来不是针对异地高考的，但却发现如果高校招生自主权按照应然的逻辑运行，异地高考问题其实是不存在的。因为异地高考最大的障碍——按省分配招生指标的做法因为不符合法律的目的而被抛弃了。

总之，要在阻击“高考移民”和开放异地高考之间走一条新路，优质高等教育资源区域均衡布局是根本，有条件、有计划、有步骤地扩大高校招生自主权，根据学校性质、办学定位、专业特色形成各具特色的录取方式，是保障异地高考权实现的突破口。

第五章　我国高考加分政策的宪法规制①

高考加分政策牵动着亿万考生和家长的心。作为体现国家意志的公共治理手段，新中国成立伊始便运用娴熟。② 2000 年以后，加分项目过多过滥、弊案频发且为特权阶层所把持的现象引发公众强烈焦虑。2014 年起，中央启动了"大幅减少、严格控制"加分项目的改革。截至目前，加分政策"瘦身"成果显著，但有关高考加分政策中的效率与公平、素质与应试之争远未平息。

学界对高考加分政策的研究呈现出"三多三少"的特点：一是实证研究多，理论研究少。因为中央和省级政府改革措施多、政策更新快，所以围绕政策的变迁、效果及其存在的问题乃至进一步改革的建议的研究成果多，但对政策变迁背后的动因、理据的研究少。二是教育学研究多，法学研究少。高考改革作为教育学研究的重要领域，③ 从我国的科举史到现当代高考招录制度的变迁，从美国、德国到日本、韩国公私立高校招生的历史和当下的改革实践，都有较全面深入的研究。相对而言，对教育领域中的法律问题研究，尤其是对高考改革的法学研究，仍处于少有关注、较为冷清的阶段。三是行政法学、民法学研究多，宪法学研究少。行政法学界关于高

① 管华：《高考加分政策的宪法规制》，《南京师范大学学报》2019 年第 3 期。

② 有学者将高考加分政策划分为三个时期：工农优先时期(1950—1977 年)、效率优先兼顾公平时期(1978—2003 年)和效率公平并重时期(2004 年以后)。参见李子江：《我国高考加分政策演变的制度分析》，《清华大学教育研究》2011 年第 1 期。

③ 如教育学科权威期刊《教育研究》，2015—2017 年连续三年的征稿选题要点均包括"考试招生制度改革研究"，且呈上升趋势。

校招生属于行政许可的观点影响广泛，并为教育法学界所接受。宪法学界则仅仅在研究作为基本权利的平等权时对高考加分有所注目。

总之，理论界主张教育公平，但宪法理据不清；认定高校招生为行政许可，却忽视其合法性；呼吁高校招生自主、学术自由，却陷入脱离中国实际的困境。因此，本章的基本安排是：(1)通过考察考生入学请求权的宪法依据，将其定位于教育平等权；(2)拨开高校录取自主权的行政许可迷雾，发现其学术权力本质；(3)通过揭示高校招生过程中教育平等权与科学研究自由之双元基本权利结构，探寻同时保障二者的根本之道和两全之策。

一、考生入学请求权的宪法依据

在理论和实践上，常常存在将考生报考大学的权利与受教育权直接串联的现象，[①] 有学者认为，我国《宪法》第四十六条规定的公民“受教育的权利和义务”的基本内容包括“接受高等教育的机会和权利”，[②] 这种观点具有一定的历史合理性。1982 年，彭真在《关于中华人民共和国宪法修改草案的报告》中指出：“接受教育，是公民应享的权利，也是公民应尽的义务，包括适龄儿童接受初等教育的义务，还包括成年劳动者接受适当形式的政治、文化、科学、技术、业务教育的义务，以及就业前的公民接受劳动就业训练的义务。”[③]按照这种观点，似乎成年人也有接受教育包括高等教育的权利和义务，但这样的解读存在以下障碍。

---

① 前者如莫静：《考生受教育权的法律保障研究——以我国高校招生录取阶段为例》，《研究生法学》2013 年第 6 期。后者如“陈某诉外交学院侵犯受教育权案”，参见张玉光：《对陈某诉外交学院案的几点思考——兼议试行中的高校招生录取体制》，《高等师范教育研究》1997 年第 6 期。

② 周叶中：《宪法》，高等教育出版社、北京大学出版社 2000 年版，第 139 页。

③ 彭真：《关于中华人民共和国宪法修改草案的报告》，《人民日报》1982 年 12 月 6 日。

第一，不符合“八二宪法”起草时的本意。当时我国面临的最紧迫的教育问题是扫除文盲。在宪法修改委员会和全国人大常委会讨论过程中，荣毅仁提出应说明普及教育的程度和范围，都受大学教育，实际不可能。董其武、林木森则建议将该条修改为“对公民实行义务教育，文化程度一般达到完小的程度”。[①] 这说明，1982 年宪法规定受教育的义务首先指的是适龄儿童接受小学教育的义务和成年人接受扫盲教育的义务。在当时“文化比较落后”的条件下，接受高等教育的权利和义务，应当尚未成为决策者的选项。时至今日，能否通过扩大解释将高等教育纳入义务教育范围呢？

第二，不具备现实可能性。如果高等教育是公民的权利，就要求国家为每位公民提供免费入学机会；如果高等教育是义务，就要求国家强迫成年人入读大学。遍览世界各国宪法，规定高等教育免费的国家有 39 个，如匈牙利、保加利亚、乌克兰等；规定高等教育为义务教育，则只有一个玻利维亚。[②] 2007 年，面对一些高校的学费涨价趋势，国务院曾发出“限涨令”，要求 5 年内各类学校学费、住宿费标准不得高于 2006 年秋季的相关标准。但到 2013 年、2014 年各地高校学费出现报复性上涨，少则涨一成、多则翻一番。[③] 由此可见，我国高等教育免费依然遥遥无期。那么，宪法规定高等教育为义务符合逻辑吗？甚至正义吗？

第三，既不合逻辑也不正义。学界理解本条常常将权利理解为各阶段受教育权，义务理解为义务教育阶段的受教育义务，但该条中“权利和义务”为并列关系，两种不同时长的“教育”无法并列，这

---

① 许崇德：《中华人民共和国宪法史（下）》，福建人民出版社 2003 年版，第 401、411、444 页。

② 匈牙利宪法第十一条、保加利亚宪法第五十三条、乌克兰宪法第五十三条、玻利维亚宪法第八十一条，参见孙谦、韩大元主编：《世界各国宪法》，中国检察出版社 2012 年版。

③ 卢义杰：《大学学费迎来“涨价潮”》，《中国青年报》2014 年 8 月 18 日。

样理解不符合汉语的语法逻辑。“权利和义务”意味着同一行为既是权利也是义务，不是一种行为而是权利，该行为的一部分是义务，因此公民有“受教育的权利和义务”只能理解为既有受教育的权利，也有受同样教育的义务，符合条件的“教育”只有义务教育，这就排除了包含高等教育的可能。其实，将教育规定为义务隐含着政府任意“型塑”个人的可能，这种可能最终在纳粹德国“二战”前的日本变成了现实，酿出了苦果。因此“二战”后，教育进入权利时代。各国际公约关于教育目的的规定确认了受教育者的主体地位，教育的首要目的就是充分发展人的个性、尊严、才智和身心能力，[①] 而不是为国家培养战士。[②] 既然从整体上将教育视为义务都存在道德风险，更遑论被假定为“强有力的智者”，能够“在所有的社会角色里按照自己的判断过自由生活”的成年人所接受的高等教育了。

总之，将我国《宪法》规定的“受教育的权利和义务”理解成包括高等教育阶段的受教育机会，将高考考生的入学请求权理解成宪法上的受教育基本权利的子权利存在诸多障碍。一般法律在宪法上的依据通常规定于立法目的，《义务教育法》与《高等教育法》关于立法目的的规定也有差异：前者第一条规定“为了保障适龄儿童、少年接受义务教育的权利，……制定本法”，后者第一条规定“为了发展高等教育事业，实施科教兴国战略，促进社会主义物质文明和精神文明建设，……制定本法”。尽管《高等教育法》第九条也规定了公民有“接受高等教育的权利”，但却不是立法目的。《高等教育法》中的受教育权意味着接受高等教育的机会，构成考生入学请求权的来源，但其自身却无法上溯到宪法上的受教育基本权利。宪法教义学

① 管华：《教育人权：国际标准与国家义务》，《人权研究》2016 年第 1 期，第 81 页。

② 马克思曾经批评普鲁士的教育制度，认为那是专门培养优秀士兵的。参见上海师范大学教育系编：《马克思恩格斯论教育》，人民教育出版社 1979 年版，第 315 页。

假设现行宪法是一个“无漏洞”的体系，[①] 作为具体权利的接受高等教育机会权，应该有其他宪法上的依据。

2014 年 9 月，国务院发布《关于深化考试招生制度改革的实施意见》，作为新一轮高考改革的基础性文件，该意见把“促进公平公正作为改革的基本价值取向”。这提示我们，考生入学请求权可能与平等有关，果不其然：《教育法》第九条第二款规定了公民“平等的受教育机会”，第十条规定了帮助、扶持少数民族地区、贫困地区和残疾人教育事业，分别属于保障形式平等和实质平等的范畴。《高等教育法》第九条第二、三款规定了保障少数民族、经济困难学生和残疾学生入学，属于实质平等范畴。上述政策和法律都指向《宪法》第三十三条规定的平等权，该条是宪法基本权利章的第一个条文，此种体系因素不容忽视。[②]

宪法学通说认为，本条规定的平等权既是一项原则又是一项基本权利，作为基本权利章的总则性条款，对于各项权利具有穿透和投射功能。或者说，作为原则的平等权可以称为一般平等权，有待各种具体权利填充的平等权可以称为具体平等权。[③] 将教育法上的教育机会平等“填充”于宪法上作为基本权利的平等，就导出了作为具体平等权的教育平等权，其实质是平等权在教育领域的体现。教育平等权要求政府和高校在招生录取过程中对考生平等对待，即受教育机会平等，而不要求人人入学的结果平等，这与世界各国通行的高等教育按能力入学正相吻合。至此，我们基本可以认定考生入学请求权的宪法依据是教育平等权，即一般法上的受教育权与宪法上的平等权的结合。

---

① 焦宝乾：《法教义学的观念及其演变》，《法商研究》2006 年第 4 期；许德风：《法教义学的应用》，《中外法学》2013 年第 1 期。

② 张翔：《基本权利的体系思维》，《清华法学》2012 年第 4 期，第 30 页。

③ 朱应平：《论平等权的宪法保护》，北京大学出版社 2004 年版，第 26 页。

当然，也有学者试图从学术自由权角度导出高考考生的入学请求权。如谢海定将学术自由权的客体之一界定为“接近学术机构的机会”，《利马宣言》也规定“所有社会成员均享有不受阻碍进入学术团体的同等权利”，[①]似乎隐含着将考生的入学请求权界定为学术自由的子权利的意思。但一般认为，学术自由的权利主体主要是大学师生，并不包括未录取和已录取未注册的学生。选择报考大学或其他教育机构的权利毕竟并不等同于学术自由本身，[②] 因此，本书不采纳将入学请求权归结为学术自由权的观点。

二、被行政许可遮蔽的基本权利

高考考生获得加分录取的流程如下：考生根据成绩(含加分申请)填报志愿，省招办根据中央及省加分政策审核投档，高校决定是否加分录取，省招办核准高校录取名单。《教育法》第二十九条规定学校具有“招收学生”的权利，并未区分中小学与大学，更没有区别公立学校还是私立学校。《高等教育法》第三十二条规定：高等学校根据社会需求、办学条件和国家核定的办学规模，制定招生方案，自主调节系科招生比例。基于上述规定，人们常常认为高校具有“招生自主权”，但那不过是某种拟制或修辞。

揆诸历史，民国的前20年(1912—1932)，高校在招考人数、命题、阅卷、录取标准、录取考生等方面享有广泛的自主权，自主设立招生机构，决定招生方式、考试内容和录取标准。此后，民国政府曾几度想统一招生，但因为动乱频仍、政治虚弱无法实现。[③] 新中国成立后，人民政府接管了各类高校，拥有了高等教育入学机会

---

① 谢海定：《作为法律权利的学术自由权》，《中国法学》2005年第6期，第23、26页。

② 管华、陈鹏：《异地高考权及其实现》，《高等教育研究》2015年第1期，第13页。

③ 刘海峰：《高考改革论》，浙江教育出版社2013年版，第98—99页。

的分配权，各高校失去了决定入学资格和照顾条件的权力。[①] 1950年，中央决定工农优先入学、加分录取，1958年对工农和老干部实行免试保送入学，“文革”期间则采取“自愿报名、群众推荐、领导批准、学校复审”的招生办法，尤其是后两者，完全是国家意志的体现，高校招生自主权被国家教育权吞噬。

1985年《中共中央关于教育体制改革的决定》首次确立了高校办学自主权的概念，其中包括招生方面的权力。1993年《中国教育改革和发展纲要》提出要在招生等方面进一步扩大高校的办学自主权。在此背景下，国家1995年制定了《教育法》，1998年制定了《高等教育法》。由此可见，新中国高校的招生自主权是由国家权力“下放”来的，在很多人的观念里，政府随时都可以收回。现实生活中，招生权由教育部、省招办和高校共享：招生总数及其分配需要经过国家批准，[②] 调档比例、录取不足后的再调档、对录取和退档是否同意等由省招办批准，[③]学校只在决定是否录取以及录取专业上有一定自主权。[④]

覃红霞认为，招生权力的核心是招生名额的确定及其在各地区各部门的分配。[⑤] 如果按照这种观点，我国高校其实没有什么招生自主权，只在录取过程中享有一定自主权。在加分事项上，教育

① 李子江：《学术自由：大学之魂》，中国社会科学出版社2012年版，第230页。

② 根据国务院2015年发布的《国务院决定调整为政府内部审批的事项目录》，全国普通高校本科生招生总量及分地区分部门招生计划审批、全国普通高校本科生分学校招生计划审批、高等学校面向全国招生和跨省招生生源计划审批均属于政府内部审批事项。http：//www.gov.cn/zhengce/content/2015-05/14/content_9749.htm，2017年4月8日访问。

③ 张玉光：《对陈某诉外交学院案的几点思考》，《高等师范教育研究》1997年第6期，第62—63页。

④ 湛中乐：《大学法治与权益保护》，中国法制出版社2011年版，第247页。

⑤ 覃红霞：《招生领域高校与学生的法律关系研究》，《北京大学教育评论》2010年第2期，第85页。

部、省招办具有决定在哪些项目上加分的权力，高校只有在获得考生档案后“审查决定是否加分录取”的权力。如吉林大学采取投档看加分、录取专业不看加分的办法，中央传媒大学录取时以实际高考成绩为准，对有加分者优先录取。[①] 对于存在大规模造假嫌疑的，高校也有权不予认可，如清华大学对四川省 2013 年二级运动员的 20 分加分一律不予承认。

招生权下放之所以如此艰难，是因为通过政府行政管理体制改革下放的招生权，出发点是政府而不是高校，其实现依靠政府对高等教育管理权的逐步下放。[②] 许多涉及资源配置的“核心权力”始终掌握在政府手里，即使中央政府下放了，又被地方政府及其教育行政主管部门接收了。有调研发现：高校工作者对招生自主权的评价仅有 41.5 分(满分为 100 分)，居于七项办学自主权中的最低水平；高校领导一致认为目前高校所拥有的权力完全依靠政府的施舍，无法从根源上摆脱对政府的“依附”关系。[③] 即使是这样有限的权力，随着“平行志愿”投档模式的推广，高考分数在录取中的重要性被推到极致，为了避免退档过多，各试点省份都在不同程度地缩小投档比例，甚至干脆规定 1∶1 投档，有的学校为了省事，承诺投档 100%录取。于是高校的录取自主权被剥夺殆尽，高校招生办就成了“接生办”。

正是基于高校对政府的依附关系，招生工作由政府主导、高校配合的现状，湛中乐认为招生行为属于行政行为，王敬波认为招生录取属于行政许可，刘练军认为高考加分属于行政特许。苏林琴也

---

① 王凯蕾等：《未来高考如何兼具公平与个性》，《团结报》2016 年 5 月 31 日。

② 全林、赵俊和、马磊：《大学自治与高校自主招生》，《西南民族大学学报(人文社会科学版)》2010 年第 12 期，第 250 页。

③ 张振华：《高校办学自主权及其落实问题研究》，博士学位论文，南京农业大学，2012 年，第 113、139 页。

认为高校与学生在入学上形成行政法律关系，但属于行政契约。覃红霞认为招生权属于教育行政职权，由政府和高校分享，高校招生自主权本质是有限的“自由裁量权”，既属于教育行政职权的组成部分，在经法律授权后，又获得一定自主性。[①] 高校与考生之间的招生录取关系属于行政法律关系说成为学界的主调，民事关系说或自由（自主）权利说相对边缘化。

因为高考招生录取具有强制性、不平等性、公务性的特点，归结为民法上平等主体之间的关系确有困难，但完全归结为行政法律关系，认为高校完全依附于行政权、毫无自主性，也不符合事实：(1)在未实行“平行志愿”、等额投档的地方和高校，高校对于达到最低标准的考生，仍然具有一定的选择权。(2)“自主招生”试点高校具有一定的自主权。2001—2016 年，教育部陆续批准了 90 余所大学作为自主招生试点。试点高校有权单独组织考核，考生只要通过学校的考核、高考成绩达到当地同批次录取线，即可入学。(3)无论是 1998 年颁布的《高等教育法》，还是 2012 年教育部的《全面推进依法治校实施纲要》，都强调高校“自主办学”“切实落实和尊重学校办学自主权”。[②] 如果高校的办学自主权完全依附于政府，属于国家行政权的一部分，就违背了行政法治所要求的“法无授权不可为”和“授权必须明确”的原则。对行政权而言，将权力“下放”给下级而不制定明确的规则，令其“自主”，这是匪夷所思的。

如果说招生自主权就是招生总数及其在各地区各部门的分配

---

① 湛中乐：《大学法治与权益保护》，中国法制出版社 2011 年版，第 248 页。王敬波：《高等教育领域里的行政法问题研究》，中国法制出版社 2007 年版，第 138 页。刘练军：《高考加分的法律分析》，《金陵法律评论》2010 年秋季卷。苏林琴：《行政契约：中国高校与学生新型法律关系研究》，教育科学出版社 2011 年版，第 77 页。覃红霞：《招生领域高校与学生的法律关系研究》，《北京大学教育评论》2010 年第 2 期；《高校招生自主权的法律阐释》，《江苏高教》2012 年第 6 期。

② 分别是《高等教育法》第十一条和《全面推进依法治校实施纲要》第二十七条。

权，在我国，总额及其调配均属于政府内部审批事项，毫无疑问属于行政职权，高校无权染指；如果说招生自主权也可以体现为高校对达到国家最低标准的考生的选择权（本书称之为录取自主权），那么我国高校一直享有，并有扩大趋势。《教育部关于做好2016年普通高校招生工作的通知》要求，“有关高校要积极配合拟启动高考综合改革试点的省份，切实做好提出高中学业水平考试科目要求和综合素质评价使用办法的工作”，这就是在稳步扩大高校的录取自主权。

自主意味着自治，暗含着与行政权“异质”的意味。在仍然实行120％调档的高校，其选择考生的标准是该校的办学特色和专业要求。在“自主招生”试点高校，学校重点考查的是考生的学科特长和创新潜质。[①] 2015年，教育部更进一步要求，自主招生专业要与学生的学科特长相匹配。教育部《依法治教实施纲要（2016—2020年）》明确提出，在招生领域，“探索试行专业裁量或者仲裁机制”。[②] 这些都说明，高校在行使录取自主权时，遵循的不是行政规则，而是专业规则、学科规则，即学术规则，所行使的不是行政权力，而是学术权力。

将招生自主权视为大学自治、学术自由的范畴是各国的通例。如美国在斯威齐诉新罕布什尔（Sweezy v. New Hampshire）案中确立了大学的四大基本自由，即可以基于学术的立场自行决定谁来教、教什么、如何教以及谁能入学。[③] 1965年在日本召开的国际大

---

① 教育部：《教育部关于进一步完善和规范高校自主招生制度改革的意见》，http://www.moe.edu.cn/publicfiles/business/htmlfiles/moe/s4559/201412/181761.html，2017年4月8日访问。

② 教育部：《依法治教实施纲要（2016—2020年）》，http://www.moe.edu.cn/srcsite/A02/s5913/s5933/201605/t20160510_242813.html，2017年4月8日访问。

③ 罗伯特·波斯特：《民主、专业知识与学术自由》，左亦鲁译，中国政法大学出版社2014年版，第71页。

学协会第四次总会讨论的结果认为，大学自治包括五项内容，其中之一就是学生选择的自治。这就引出了另一项基本学术自由，即我国《宪法》第四十七条规定的“科学研究自由”。科学研究自由本属于公民个体权利，但由于研究人员主要聚集于高校和研究所，这种个体的科学研究自由的聚合产生了一种新的社会权力——学术权力，[①]其内容包括录取自主权，即接纳符合学术条件的考生进入高校这一学术团体的权力。由此可见，政府下放录取自主权，并非漫无边际的“自主”，而是要遵循学术规则。

至此，我们揭示了高考录取过程中的两种权力形态，一是省招办行使的教育行政权，二是高校行使的录取自主权，前者属于国家权力，后者属于学术权力和社会权力。从考生报考录取的流程看，确实存在申请—审核—批准的过程，由于省招办行使的是行政权力，就落入了《行政许可法》第二条规定的范围，属于行政许可。因为高校自主录取行使的是学术权力，尽管存在申请批准的过程，也不属于行政许可，接受加分也不构成特许。就像高校课程设置上，只有先修相关课程才能进入后续课程的学习，这并不是行政许可。再如各类民办考试培训机构常常设计有“保过班”，只有在预先测试中达到一定的分数才能进入“保过班”学习，这也不是行政许可。

在我国高校由政治权力、行政权力、学术权力和民主权利共同构成的治理结构中，既然录取自主权属于学术权力，就应当由具备学术资格的教师集体行使，而不应由行政系统的招生办公室行使。加分与否应由考生报考专业所在的院系组成教师委员会决定，而不是大学整体或院系领导班子决定。通过对美国、英国、德国具有代表性的公私立大学的大学章程的比较也发现，教授这一学术群体在

① 管华：《我国大学地位的宪法根基》，《国家教育行政学院学报》2015 年第 3 期，第 58 页。

招生方面享有决定权。[①]

三、取消行政许可追求权利均衡

在高考招录过程中，无论是考生还是高校，其命脉都掌握在省招办手里：对考生而言，无论高考成绩如何、是否具备加分条件，只要省招办不向高校投档，高校看不到档案，就不可能录取；对高校而言，无论考生具备多么优秀的专业素养，只要省招办不投档，高校也毫无办法，2010 年高校自主招生中的“孙见坤事件”就是例证。[②]省招办的投档行为对考生和高校均构成行政许可，但这种行政许可既缺乏法律依据，也无继续存在的必要。

根据《行政许可法》，只有法律、行政法规、国务院决定、地方性法规和省级政府规章有权设定行政许可。但省招办如何投档依据的是教育部每年发布的《关于做好××年普通高校招生工作的通知》及其附件《××年普通高校招生工作规定》以及省招办制定的投档规则，即使将教育部的“通知”及“规定”认定为部门规章，也达不到《行政许可法》的要求。

在实践中，因投档造成的“卡脖子”现象也正在逐步消解，多地开始探索“一档多投”。在平行志愿的投档方式条件下，考生只有一次投档机会，一旦被退档只能进入院校征集志愿环节。迫于学校和老师的压力，考生还往往放弃专业选择权，服从调剂志愿以保证录取。[③] 实行一档多投、专业优先的投档方式后，考生可能收到多所高校的录取通知书，高校没招满可以再次调档，增加了高校和考生

---

① 李红伟：《大学章程关于学术权力制约机制的规定》，《高等教育研究》2013 年第 7 期，第 37 页。

② 尹晓敏：《高校自主招生如何赢得公众信任》，《江苏高教》2012 年第 2 期，第 48 页。

③ 吴根洲：《专业优先投档：启动高校考试招生制度改革的“动力按钮”》，《江苏高教》2015 年第 2 期，第 75—76 页。

双方互相选择的机会。浙江从 2015 年起在高职院校实行一档多投，福建多年来实行在艺术类考生中一档多投，山东、江西、湖北、重庆、四川、河北、河南、广东、吉林均计划在2020 年前后启动专业优先、一档多投的录取方式改革。[①] 随着改革进程的展开，行政管制的放松，考生和高校的选择自由都将基本得到保障。

在我国的高考加分政策中，主要存在两类加分：一是补偿性加分，比如对少数民族的加分，对农村贫困地区考生安排名额、定向招录也类似于给他们加分；二是奖励性加分，比如对奥林匹克竞赛获奖者、各类科技竞赛和体育赛事获奖者的加分。两种加分分别对应着不同的基本权利和价值取向，补偿性加分对应教育平等权，要求实现实质平等；奖励性加分对应科学研究自由，要求实现科学选材。这就是我国高考招生制度中的双元基本权利结构。[②] 这两类基本权利并不必然冲突，且存在同时实现的路径。

保证每个省(自治区、直辖市)拥有两所水平接近北大、清华的学科门类齐全、高水平的公立大学是保障教育平等权和科学研究自由的根本之道。2016 年 5 月 4 日，教育部、国家发展改革委发出《关于做好 2016 年普通高等教育招生计划编制和管理工作的通知》，公布了跨省生源计划调控方案和“支援中西部地区招生协作计划”实施方案，立即引起轩然大波，并在湖北、江苏等省引发群体性事件。其实，“支援中西部地区招生协作计划”早在 2008 年就开始了，到 2012 年相当于在东部地区建设了 68 所面向中西部考生、每年招生 2500 人的公办普通高校。区域调控招生计划有助于平等，但远远

① 边新灿、陈蓉：《全国 30 个省新一轮高考改革方案比较》，《中国考试》2017 年第 3 期，第 15 页。

② 有学者认为奖励性加分不具备宪法基础、无关基本权利，是因为只注意到了《宪法》第二十、二十三条，忽视了《宪法》第四十七条，值得商榷。参见鲍嵘、刘宁宁、张志霞：《合宪、合法与合规：高考加分的法律控制》，《清华大学教育研究》2015 年第 6 期。

不够，一则调出的名额可能集中在本地考生看不上的那些学校上，否则很难保证本地考生的利益；[①] 二则即便经过调控，中西部地区一本录取率和调出省区相同，考生还要承担异地求学的经济负担。

在高等教育大众化的时代，“没学上”的问题已基本解决，民众要求“上好学”，即平等分享优质高等教育资源。我国高水平大学分布过于集中久遭诟病，真正的平等是在每个高等教育资源薄弱的省（自治区、直辖市）新建、培育接近于北大、清华的大学。2015 年《教育法》修改后增加了一款：“国家采取措施促进教育公平，推动教育均衡发展。”这一条款对高等教育同样适用。《中华人民共和国国民经济和社会发展第十三个五年（2016—2020）规划纲要》要求：“深入实施中西部高等教育振兴计划”。2016 年 4 月 28 日，国务院常务会议提出，在没有教育部直属高校的河北、河南、内蒙古、山西、江西、广西、海南、贵州、云南、西藏、青海、宁夏、新疆等 13 个省、自治区以及新疆生产建设兵团各重点支持建设一所高校，这是迈出了正确的方向。但还不够，我国具有“过度”重视教育的传统，在每一个省区建成两所与北大、清华差距不大的学科门类齐全、高水平的公立大学不仅有利于保障高等教育机会平等，再一次拉动教育消费，也有利于保障科学研究自由，为创新型国家建设奠定更坚实的基础。

当前，由于高水平大学过分集中在房价昂贵的一线城市，高校青年教师在最有创造力的年龄往往不得不为生活打拼而无暇科研，造成了极大的浪费。[②] 科学研究自由的客观价值秩序功能体现于《宪

---

① 张墨宁：《“减招”事件折射高考改革未尽之路》，http：//www. nfcmag. com/article/6507. html，2017 年 4 月 9 日访问。

② 青年教师的困境可参见“凤凰网文化访谈”：《中国社科院学者：现有体制下学问不是贫家子弟能做的！》，http：//learning. sohu. com/20160428/n446723964. shtml，2017 年 4 月 9 日访问。

法》第十九、二十条，要求国家履行促进义务，发展“高等教育”“发展自然科学和社会科学事业”。在高等教育薄弱省区建设一流大学，为青年教师提供生活成本较低、学术资源较丰富的去处，有利于科学研究自由的权利的保障。

当然，在高考招录制度中，教育平等权和科学研究自由也存在冲突：有学者深刻地指出，制约招生制度改革的两大基本因素就是公平和素质，前者要求公平、平等，后者要求科学选材、实行素质教育。[①] 招生录取改革难的特殊成因在于其社会功能压倒教育功能，[②] 不得不“跳出教育看教育”。[③] 从宪法角度看，这体现了两大基本权利——平等与科学研究自由的冲突，且平等的呼声呈现压倒性优势。如《国务院关于深化考试招生制度改革的实施意见》就“把促进公平公正作为改革的基本价值取向”，“严格控制自主招生规模”。在教育部《关于进一步减少和规范加分项目和分值的意见》，就取消了所有奖励性加分，只保留了补偿性加分。

这种一边倒并无宪法依据。从《宪法》文本看，平等权与科学研究自由并无位阶高低关系。《教育法》既规定了受教育机会平等，也规定了学校招收学生的权利。《高等教育法》直接规定了保障科学研究自由、自主办学，间接规定了实质平等，还在第五条规定“高等教育的任务是培养具有创新精神和实践能力的高级专门人才”。这可能意味着在高等教育领域更加倾向于科学研究自由。当然，正如沃勒斯坦所说，智力优秀只是大学的众多目标之一。社会公正也是一个有价值的目标，一旦它与追求智力优秀相冲突，后者并不理所

① 边新灿：《高校招生制度改革的脉络、现状和走向》，《浙江社会科学》2012 年第 4 期，第 118 页。

② 郑若玲、万圆：《统一高考制度的问题及其成因评析》，《华中师范大学学报(人文社会科学版)》2015 年第 4 期，第 154 页。

③ 钟秉林：《积极稳妥地推进高等学校招生制度改革》，《高等教育研究》2012 年第 9 期，第 23 页。

当然获胜。[1] 应作如何之限制，必须在具体案件中透过利益之衡量，寻求同时保障教育平等权和科学研究自由的两全之策。

公众高度关注教育公平的认识基础在于将高考类比于科举考试。二者的区别至少体现为以下两点：(1)所选拔培养的人才是否具有同质性。高考录取后是分专业的，培养的目标是科学家、社会学家、艺术家、教师、医生、律师、会计师、工程师、设计师和营销专家等各类人才。科举考试之初也分不同科目，考中后任命不同官职。但明清两朝依靠八股取士，一甲进士直接入翰林院，二、三甲进士通过考选庶吉士入翰林院。明朝大学士均出自翰林。清代翰林除了代拟诏书，还入上书房教导皇子。翰林院是培养高级官员的场所，所培养的人才以儒家伦理修养身心，以出将入相为共同的人生目标，具有高度的同质性。(2)与社会分层是否直接相关。科举时代，八股文章做得最好的，入仕起点最高，状元授从六品。现代社会，学术文章写得最好的，往往继续攻读学位，当教授或研究员。封建时代，只有做官才能提高社会地位、光耀门楣。现代社会，相对于商业的巨大回报，大学教授的薪水太低；相对于金融行业的高风险和工业领域拼命的勇气，大学教授的生活太单调；相对于实干家的大量荣誉，给予思想家的奖赏太吝啬和太不值钱。[2] 考上大学，即使是北大清华，也不能保证毕业即进入上流社会，尤其是冷门专业。

具体来说，民众之所以对高考奖励性加分、扩大高校录取自主权深表怀疑，是因为事实证明获得高考加分者90.5%在重点中学、75.3%具有城镇户籍、58.4%的父母具有行政职务、57.1%的父亲

---

① 约翰·S. 布鲁贝克：《高等教育哲学》，王承绪等译，浙江教育出版社2002年版，第20页。

② 沃特·梅兹格：《美国大学时代的学术自由》，李子江、罗慧芳译，北京大学出版社2010年版，第219页。

受过高等教育、73%的家庭不困难。[①] 扩招以来，农村子女获得部属大学入学的机会远低于城市子女。在保送招生和自主招生制度中，城市子女的入学机会分别是农村子女的17.2和8.2倍。招生标准越灵活，城市家庭子女获得优质入学的机会越多。[②] 与明初百余年间进士来自平民家庭的比例高达60%相比，高考制度在实现阶层平等方面已经有碍观瞻。

即便如此，也不能完全无视科学研究自由，原因如下：(1)科举制的教训。科举时代，无视人才的多样性，以平等压倒自由、以公平代替科学，造就了"一个平铺的社会"。西方人盛赞科举制是"中国赠予西方最珍贵的知识礼物"，可是收到礼物的列强转身就用自己的坚船利炮打开了古老中国的大门。新中国成立不过70余年，大国崛起的曙光初现，以公平压倒科学的惯性就再次抬头。人们太健忘，1000多年的科举平等也挽救不了民族危亡的命运。(2)人才培养的规律。社会资本、文化资本在家族内传承，即使科举时代也屡见不鲜。明清科举有"无林不开榜"之说，出现了不少"翰林世家"。家学传承往往是艺术家、科学家或大师成才过程中的关键因素，诺贝尔奖获得者父辈是科学家的比例就很高。[③] 市场经济时代，贫富差距拉大，家长在子女教育方面的投资差距扩大到惊人的程度。[④] 无论是科尔曼(James S. Coleman)还是詹克斯(Christopher Jencks)都发现学生的学业成就主要取决于家庭背景，詹克斯进一步

---

① 董美英、程家福：《谁是高考加分政策的受益者》，《高等教育研究》2016年第1期，第16—19页。

② 罗立祝：《高校招生考试制度对城乡子女高等教育入学机会差异的影响》，《高等教育研究》2011年第1期，第32—38页。

③ 刘海峰：《高考改革论》，浙江教育出版社2013年版，第168页。

④ 参见《媒体曝小学"贵族化"：1年学费贵过大学4年》，http://society.cnr.cn/news/20160528/t20160528_522259449.html，2017年4月10日访问。

认为学校不能实现社会及经济上的平等。[①] 如果绝对不允许家长教育投资的成果在录取过程中体现，只会将这部分优质学生逼走海外，造成国家在人才方面的重大损失，降低国内高校的竞争力。高考弃考人数逐年上升，网友感叹“还在参加国内高考？你就已经输了”，都是例证。(3)建设创新型国家的需要。当今世界，国与国之间的竞争归根到底是科技的竞争、人才的竞争。2006 年，时任国家主席胡锦涛提出创新型国家建设战略，目标是 2020 年建成创新型国家。2016 年 5 月 30 日，国家主席习近平在全国科技创新大会上指出：“不创新不行，创新慢了也不行。”中共中央 1984 年作出《关于经济体制改革的决定》、1985 年作出《关于科技体制改革的决定》后，邓小平同志指出，实施这两个决定，他最关心的还是人才问题，解决人才问题靠教育。两个月后中央就出台了《关于教育体制改革的决定》，其目标之一就是解决高校“缺乏自主权问题”。[②] 如果高校在录取上毫无自主权，新生高度同质化，既与多元智能理论相悖，也不可能培养出创新型人才。

因此，必须找出既保障教育平等权又不过度侵扰科学研究自由的办法，寻求二者兼顾的中道。从现实看，求公平、一把尺子量到底，是底层民众的心声，也是教育平等权的要求；求素质、承认教育投资的成果，是小康阶层的期盼，也是科学研究自由的必须。群众并不是痛恨优秀，而是痛恨造假；并不是反对补弱，而是反对冒充。社会底层最关心向上流动，最关注北大、清华和热门专业的录取率；中上层更关心个性发展，视线往往不限于国内，二者并不必然冲突，这就为兼顾两者留下了空间。

第一，奖励性加分不要在北大、清华试点，也不要在热门专业

① 安晓敏：《义务教育公平指标体系研究》，教育科学出版社 2012 年版，第 14—19 页。

② 张天保：《1985〈中共中央关于教育体制改革的决定〉发布》，http：//www.chsi.com.cn/jyzx/200909/20090904/31939649.html，2017 年 4 月 10 日访问。

试点。北大、清华这两个政府人为造就的“超级大国”，不愁优秀生源，也没有发现“偏才”“怪才”的动力。在美国，哥伦比亚大学 1901 年发明了“学业成绩考试”，也就是后来的“学术性向测试”(SAT)，1919 年率先采用综合选拔制进行招生，不仅考虑统一入学考试成绩，还综合考虑学生的个人背景、中学成绩与表现、社会活动、兴趣爱好等非学术因素。[①] 哥伦比亚大学能够推进录取改革的原因可能是：它既属于“常青藤盟校”，具备足够的吸引力，又不是“常青藤盟校”里最顶尖的两所，也具备吸收优秀生源的压力。对于热门专业，外在利益的诱惑就足以吸引学生专注学业、精研学术，无虞科学研究自由的实现，可以向教育平等权倾斜。

第二，保留部分奖励性加分，但需要限制使用方向。从国家层面，一律取消奥赛加分是矫枉过正。在所有加分项目中，奥赛加分是家长和考生认同度最高的，有调研发现，近四成学生及家长不认同取消奥赛加分，超过四成认为取消奥赛加分对有学科特长的考生不公平。[②] 从专业招生角度看，当奥赛获奖科目与报考专业具备相关性时，应当由高校自主决定是否加分。对少数民族考生而言，如果达到该民族文化传承人的程度，报考相关专业，也应当允许高校自主决定是否加分。

第三，冷门专业开放奖励性加分。冷门专业，由于与阶层提升关系不大，生源不足，即使在 985 高校，一多半也都是调剂生。冷门专业一般涉及基础理论学科或人文学科，往往以造福人类为目的，是技术创新的基础，学习任务很重。调剂学生往往对专业无法建立兴趣、学习动力不足，很难达到专业毕业合格要求。各高校对

① 潘璟琳：《美国“常青藤盟校”本科招生录取制度研究》，硕士学位论文，南昌大学，2015 年，第 15—16 页。

② 冯帮、万梦莹：《高考加分新政认同度的调查与分析》，《当代教育论坛》2015 年第 5 期，第 10 页。

冷门专业做法不一：如北京大学冷门专业生源不足时，在录取线下20分依次录取第一志愿学生，录满为止。① 武汉大学则停招部分冷门专业。② 国家对工学照顾专业降分录取，一般工学专业，录取分数线总分低5—10分，单科低1—3分。③ 停招部分专业，既有市场需求的压力，也有专业划分过细、教学科研水平低的因素，但是对于研究水平居于国内前列的冷门专业，即使没有学生报考，也不应取消。之所以出现无人报考的情况，是因为研究水平较高的冷门专业往往属于重点高校，对冷门专业有兴趣，又能达到该校在当地的分数线或一本线的考生，基本被热门专业裹挟去了，哪里会留给冷门专业呢？因此，冷门专业应当允许按专业划线。对于线下考生进行专业测试，在高考总分受控的前提下，根据专业测试成绩的次序录取。没有或很少考生达到专业要求时可以减招，专业特别突出的可以破格录取。

第四，保留补偿性加分，但要注意“补偿的个别化”，且不能成为入学的决定性因素。少数民族加分政策之所以饱受争议，是因为即使根据中央规定的“民族＋区域”模式[如国务院《关于加快发展民族教育的决定》(国发〔2015〕46号)]，仍然存在对民族区域自治地方首府所在地少数民族考生加分的现象，这些考生往往并非弱势群体。在实行补偿性加分的过程中，要注意精准扶持，真正对家庭贫困、母语非汉语、实际在薄弱学校就学的学生予以照顾。为了避免对科学研究自由的过度侵害，弱势因素不得成为入学的决定性因素，即被照顾入学的考生与其他考生“裸分”成绩不应差距过大。补

① 《北大在京招生人数连续5年降 冷门专业降分录》，http://edu.sina.com.cn/gaokao/2014-06-19/0730424358.shtml，2017年4月11日访问。

② 《停招部分冷门专业 武大2016减少3至5个专业》，http://jiaoyu.3158.cn/20151104/n38066103797575.html，2017年4月11日访问。

③ 《2016高考这些专业可降分录取！真事！》，http://mt.sohu.com/20160127/n436053736.shtml，2017年4月12日访问。

偿性加分不得永久化。无论是联合国经济、社会、文化权利委员会关于受教育权的《第13号一般性意见》还是世界大学会社1988年通过的《学术自由和高等教育机构自治利马宣言》都明确：当补偿平等的暂时性措施的目标达到以后，就不应该继续实施。[①] 就我国而言，至少应当明确只要父母双方中的一方享受过高考加分优待的，其子女就不应当继续享受。

总之，高考招生制度改革，应以保障和扩大宪法规定的平等权和科学研究自由为基本原则，在保障平等的前提下逐步扩大高校录取自主权是未来发展方向，在哪些项目上加分、如何加分属于大学自治权力范围。推进高考招生领域的“放管服”：“放”要放到位，录取自主权直接放到高校各院系教师集体手中。“管”要突出重点，监管而不是代替，在学术专业领域，政府做多错多，需要加强对高校自主考核程序的监管、保证信息公开以及对有争议的问题组织专家评议。“服”要服务于扩大考生和高校双方的选择自由，档案是考生的个人基本信息，考生有权决定申请哪所学校，省招办没有处分权，只有向高校提供和保证真实性的义务。考生接受特定高校的录取通知的，省招办有监督执行的义务。[②]

---

① 《第13号一般性意见：受教育的权利》第三十二条、《利马宣言》第五条。

② 廖哲勋：《论我国招生考试制度的整体改革》，《课程·教材·教法》2012年第3期。

第三篇　方法论

第一章　中小学布局调整如何通过法律之门[①]

一、问题的提出

我国中小学学校布局调整是在“两基”任务基本完成、义务教育工作重心从“普及”转向“提高”的背景下提出的，既是工业化和城市化的必然结果，也与我国长期实行的计划生育政策有关，其目的是节约教育资源、实现教育资源的优化整合、促进义务教育均衡发展。

但是，这一初衷良好的政策在实施过程中却出现了一系列的问题：(1)学校减少速度过快。我国适龄儿童的数量的确在逐年减少，但学校减少的速度要远远快于适龄儿童减少的速度。[②]（2)农村中小学减少过快。学校布局调整所撤并的学校绝大多数在农村。[③]（3)学校布局调整缺乏明确标准，随意性大。无论是国务院2001年颁布的《关于基础教育改革与发展的决定》，还是教育部2006年发布的《关于实事求是地做好农村中小学布局调整工作的通知》和《关于切实解

---

① 管华、陈鹏：《中小学布局调整如何通过法律之门》，《教育研究》2015年第1期，第52—58页。

② 1997—2009年，农村小学在校生数量的减幅为30.17%，而学校数量(含教学点)的减幅达到56.41%。冯翠云：《学校布局调整背景下乡村文化传承的困境分析》，《清华大学教育研究》2012年第2期，第97页。

③ 1998—2007年，全国共减少小学289565所，每天平均减少79.33所；而农村小学减少221568所，平均每天减少60.70所，占全国小学校减少数的76.52%。范铭、郝文武：《对农村学校布局调整三个“目的”的反思》，《北京大学教育评论》2011年第2期，第179页。

决农村边远山区交通不便地区中小学生上学远问题有关事项的通知》，还是国务院办公厅2012年9月6日发布的《关于规范农村义务教育学校布局调整的意见》，对于学校布局调整后如何实现“就近入学”都没有明确的标准。① (4)政府居于绝对主导地位。在学校布局调整中，政府处于绝对主导地位，家长和儿童基本处于“失语”状态。② 由于与农民缺乏沟通，布局调整得不到农民的理解，甚至引发家长带领全村学生“罢课”、自发成立“保校会”“接管学校”等群体性事件。③

当前，学界已有的研究多从教育学、社会学的视角出发，研究学校布局调整的目的与效果，殊不知，学校布局调整不仅是一项教育政策，更是由一系列法律行为所构成的法律行为体系，其发生发展关系到公民的基本权利——受教育权的生死存亡。因此，有必要将学校布局调整置于法学的视野之下，厘清与学校布局调整有关的各种法律行为的性质及其所涉及的法律关系，实现学校布局调整从某种“自然”状态向“合法”状态转变。

二、学校布局调整的法律性质

一般讨论的学校布局调整其外延只包括公立中小学的布局调整，这是因为中小学教育的普及只有在政府提供免费的义务教育、

---

① 值得指出的是，在《关于规范农村义务教育学校布局调整的意见(征求意见稿)》中，曾规定“学生步行或乘坐公交系统时间不得超过40分钟”，但此规定在正式文本中消失了。见 http：//www. moe. edu. cn/publicfiles/business/htmlfiles/moe/s6197/201207/139758. html，2013年10月13日访问。

② 东北师范大学农村教育研究所对全国8个县77个乡镇下辖的村级被撤并学校调查发现，有45.4%的县级教育决策部门在村小学撤并过程中没有进行认真调研，更没有召开村民大会让利益受影响主体参与讨论，领导只是走走过场，开一个会就直接宣布学校被撤并了。参见邬志辉、史宁中：《农村学校布局调整的十年走势与政策议题》，《教育研究》2011年第7期，第28页。

③ 《家长抵制学校突击撤并，教学中断村民接管》，《南方农村报》2009年10月22日。

设立足够的公立学校的前提下才能实现。也就是说，在政府进行学校布局调整这一行为之前，存在一个政府向公民提供免费义务教育的行为。

我们认为，政府设立公立学校、提供免费中小学教育的行为，其性质是行政给付行为。理由如下：(1)我国传统的将行政给付等同于行政救助或行政物质帮助的观点无法适应“二战”以来国家职能定位和政府行政转变的需要，行政给付的范围必须扩展。(2)当今世界法治发达的国家均将接受免费义务教育作为公民的基本社会权并提供司法救济。在美国，包括儿童接受免费教育的权利在内的社会福利权已成为一项新的“财产权”，受到宪法的保护。[①] 在德国、日本等大陆法系国家，并不存在“行政给付”的概念，与之对应的是“给付行政”。设立公立学校是实物给付，提供免费义务教育则是服务提供。[②]

政府提供免费义务教育的行为属于行政给付行为，学校布局调整改变了儿童接受义务教育的地点，也就是改变了行政给付行为实施的方式，会导致一系列法律关系的产生、变更和消灭，属于行政给付行为的变更。

具体而言，学校布局调整行为是由一系列行为构成的。

行为一：2001年国务院颁布《关于基础教育改革与发展的决定》，作出“因地制宜调整农村义务教育学校布局”的决定。

行为二：各地省级政府制定贯彻实施《国务院关于基础教育改革与发展的决定》的意见或实施方案，如湖北省政府发布的《湖北省人民政府贯彻实施〈国务院关于基础教育改革与发展的决定〉的实施意见》、广东省政府发布的《关于贯彻〈国务院关于基础教育改革与发展的决定〉的意见》。

---

① 范履冰：《受教育权法律救济制度研究》，法律出版社2008年版，第116页。

② 喻少如：《行政给付制度研究》，人民出版社2011年版，第52—57页。

行为三：省级政府或教育厅发文，县级政府制定学校布局调整的实施方案。如安徽省枞阳县制定的《枞阳县中小学布局调整方案》、甘肃省山丹县制定的《山丹县2010年农村小学布局结构调整的措施及办法》。

行为四：县、乡政府及其职能部门根据县级政府制定的实施方案组织实施与学校布局调整相关的各项工作。

以下对上述四行为的法律性质进行分析。

行为一：国务院面向全国发布《关于基础教育改革与发展的决定》的行为。该行为不直接指向具体的行政相对人，不具有直接的法律效果，为抽象行政行为。

国务院的抽象行政行为包括制定行政法规的行为和制定行政规范性文件的行为。《关于基础教育改革与发展的决定》(下面简称《决定》)制定于2001年，根据当时生效的《行政法规制定程序暂行条例》(现已废止)，在名称上，《决定》未使用“条例”“规定”“办法”的名称；在结构上，也没有使用条文——章、节、条、款、目的表达方法。因此，它不属于行政法规，只属于行政规范性文件。

国务院发布决定的权力来源于《宪法》第八十九条第一项的规定[①]，对义务教育进行管理的权力则来源于该条第七项的规定[②]，《教育法》第十五条和《义务教育法》第七条也有相关规定。因此，国务院颁布《关于基础教育改革与发展的决定》的行为属于依职权行政行为。

行为二：各地省级政府制定贯彻实施国务院《决定》的指导“意见”的行为。这些“意见”在国务院《决定》的基础上，进行了细化，明确了标准。如湖北省规定：“原则上15万—20万人口设置一所普

---

① 该项内容为：国务院根据宪法和法律，规定行政措施，制定行政法规，发布决定和命令。

② 该项内容为：国务院领导和管理教育、科学、文化、卫生、体育和计划生育工作。

通高中，4 万—5 万人口设置一所初中，新建的初中一般建在乡(镇)所在地”；[①] 再比如广东省规定：“今后，原则上每个行政村只办一所小学，有条件的可提倡两个或以上行政村联办小学；每个乡镇只办一所初中，人口较多的乡镇按每 3 万人口设置一所初中。”[②]

与国务院的《决定》相似，省级政府制定“意见”的行为同样不针对具体对象，不直接产生或消灭权利义务，也属于抽象行政行为。这些“意见”一般也不是按照《规章制定程序条例》制定的，不属于行政规章，也是行政规范性文件。

根据《宪法》第一百零七条的规定，县级以上地方各级人民政府有权管理本行政区域内的教育行政工作。《义务教育法》第十五条规定：“县级以上地方人民政府根据本行政区域内居住的适龄儿童、少年的数量和分布状况等因素，按照国家有关规定，制定、调整学校设置规划。”因此，省级政府制定“意见”的行为也属于依职权行政行为。

行为三：县级政府根据上级政府的《决定》“意见”制定本县“学校布局调整实施方案”的行为。本行为在形式上是以规范性文件的形式出现的，如《枞阳县中小学布局调整方案》，[③] 但在实质上却明确指出了每一所需要迁建、撤并、保留的中小学的名称和处置办法，直接改变了儿童接受义务教育的地点。自该方案完成之日起，受其影响的儿童就可以全部确定，因此是针对特定对象作出的具体行政行为。

---

① 《湖北省人民政府贯彻实施〈国务院关于基础教育改革与发展的决定〉的实施意见》，http：//www. chinalawedu. com/news/1200/22598/22615/22793/2006/4/ch1640295 1461514600225783－0. htm，2013 年 9 月 26 日访问。

② 广东省人民政府：《关于贯彻〈国务院关于基础教育改革与发展的决定〉的意见》，http：//law. lawtime. cn/d422343427437 _ 1 _ p2. html，2013 年 9 月 26 日访问。

③ 《枞阳县中小学布局调整方案》，http：//www. zongyang. gov. cn/DocHtml/1/2011/8/3/586004419759. html，2013 年 9 月 26 日访问。

和省级政府同样，县级政府的权力也来源于《宪法》第一百零七条和《义务教育法》第十五条的规定，制定实施方案的行为属于依职权行政行为。

行为四：县、乡政府及其职能部门组织实施与学校布局调整相关的各项工作。[①] 县乡政府及其职能部门如教育、财政、住建部门一系列的规划、审批、组织、指导、监督行为是对“学校布局调整实施方案”的内容予以实现的行为，不构成单独的意思表示，属于县级政府制定实施方案的行为的执行行为。

总之，行为一、行为二是行为三的依据，行为四是对行为三的执行。在法律上，行为三是直接对外发生法律效力的具体行政行为，也是对农村儿童受教育权产生最直接影响的行为。该行为在形式上是针对中小学校作出的，实质上自作出之日起就改变了特定儿童接受义务教育的地点和条件，对已存在的行政给付行为进行了变更，由此引发了一系列教育法律关系的变化。

三、学校布局调整中存在的法律关系分析

《义务教育法》第一条规定：“为了保障适龄儿童、少年接受义务教育的权利，保证义务教育的实施，提高全民族素质，根据宪法和教育法，制定本法。”因此，儿童接受义务教育权利的保障是整个义务教育法律关系体系的核心和目的。

---

① 如《枞阳县中小学布局调整方案》要求：为使全县中小学布局调整工作扎实推进，县政府负责统筹协调、统一处理布局调整中的重大问题。县教育局负责中小学布局调整的规划、指导、组织、监督工作，积极争取建设项目，管好用好建设资金。县财政局负责中小学布局调整专项经费的筹措、划拨和监管工作。县发改委负责中小学布局调整项目的立项和建设计划的审批工作。县国土局负责学校建设用地的审批和划拨工作。县住建局负责中小学建设工程的质量监管工作。有关中小学负责建设项目的实施工作。乡镇负责做好本区域内新建、扩建校舍所必需土地的征用工作，并承担实施学校布局调整的相关工作，积极筹措教育经费，改善中小学办学条件，认真做好群众工作，确保校网布局调整顺利实施。

学校布局调整行为虽然属于政府职权范围内的行政给付变更行为，却改变了整个以儿童受教育权为核心，包括国家教育权、学校教育权和家长教育权在内的权利(力)义务体系。

从儿童接受义务教育权利的内容看，与学校布局调整有关的就有就近入学权、享受优质教育资源机会平等权和学业成就权等内容。

就近入学权即就近接受义务教育的权利。《义务教育法》第十二条规定："地方各级人民政府应当保障适龄儿童、少年在户籍所在地学校就近入学。"这是用法律明文规定了儿童就近入学的权利。享受优质教育资源机会平等权指的是由政府提供的免费优质公立学校入学机会平等。《义务教育法》第六条规定："国务院和县级以上地方人民政府应当合理配置教育资源，促进义务教育均衡发展，改善薄弱学校的办学条件。"学校布局调整的初衷也是促进义务教育均衡发展，保证农村儿童不仅有条件接受义务教育，而且保证其所接受的义务教育水平不断提高，教育资源不断优化，最终实现农村儿童享受优质教育资源的机会平等权。学业成就权即学习成功权，儿童接受义务教育后所达到的教学效果平等。学校布局调整希望通过教育资源的优化整合，改善办学条件，提高农村儿童的学业水平。

学校布局调整后出现了就近入学权和享受优质教育资源的机会平等权之间的冲突，即为了接受更好的教育不得不去离家更远的学校上学。有调查显示，在所调查的700名小学生中，有412名学生上学距离变远，平均变远了9.19公里，所有学生平均变远了4.05公里；在所调查的911位初中生中，有424名上学距离变远，平均变远了10.83公里，所有学生平均变远了4.64公里。[①] 上学距离远

---

① 刘善槐：《我国农村地区学校撤并的问题与对策研究——基于东中西六地的调查分析》，《湖南师范大学教育科学学报》2011年第9期。

成为农村孩子辍学的首要原因。[①]

学校布局调整过程中，由于资金投入不足，不少学校并没有新建校舍，不合格教师难以清退，造成合并后学校班额过大，教学质量并没有明显提高。[②] 甚至出现教学质量好的学校被撤并，教学质量相对较差的学校被保留的现象。这既损害了农村儿童就近入学的权利，也没有使他们享受优质教育资源机会平等权的状况得到改善，出现了“双输”的局面。

从根本上讲，学校布局整合是为了提高学生的学习成绩，即保障儿童的学业成就权。但对广西部分中小学的调查显示，学校布局调整作为一种对学生学习过程的干扰因素，其所引起的学生个人、家庭、学校的变化整体上对学生的学业成绩有负面影响，对语文成绩的影响尤为显著。[③] 虽然只是对部分学生调研的结果，但是牺牲了学生就近入学权的布局调整，如果带来的不是其学业成就权的保障而是损害，显然就违背了保障儿童受教育权的目的。

在国家教育权层面，国家教育权既是权力也是职责。国家教育权包括国家教育立法权、国家教育司法权和国家教育行政权。

在学校布局调整方面，国家教育立法权即全国人大及其常委会制定与学校布局调整有关的法律的权力。全国人大及其常委会尚未制定与学校布局调整有关的专门法律，只是在《义务教育法》第十五条中有关于“调整学校设置规划”的概括性规定。

国家教育司法权即人民法院审判与学校布局调整有关的案件的权力。政府的学校布局调整行为属于行政行为，对行政行为不服提

① 袁桂林、李洪玲：《农村学校布局过度调整的弊端与解决思路》，《社会科学战线》2012年第5期，第188页。

② 于海波：《农村小学布局调整要警惕辍学率反弹》，《求是》2009年第16期。

③ 卢珂、杜育红：《农村学校布局调整对学生成绩的影响——基于两水平增值模型的分析》，《清华大学教育研究》2010年第6期，第69页。

起诉讼属于行政诉讼范畴。根据我国《行政诉讼法》第十一条的规定，对受教育权的行政争议不属于行政诉讼受案范围。但依据2000年3月10日起施行的《最高人民法院关于执行〈中华人民共和国行政诉讼法〉若干问题的解释》第一条的规定，受教育权的行政争议应属于行政诉讼的受案范围。根据2007年6月1日起施行的《未成年人保护法》第五十一条的规定，法院也应当受理与儿童受教育权有关的行政诉讼。[①] 现实生活中，确有家长就就近入学提起诉讼的，但相关司法救济渠道并不畅通。[②]

国家教育行政权即各级政府及其职能部门在教育方面行使管理权。与国家教育立法权、国家教育司法权相比，国家教育行政权负有保障儿童受教育权实现的主要责任。在中央教育行政权和地方教育行政权中，中央教育行政权应承担主要责任。这是因为我国是单一制国家，地方权力来源于中央，没有自己的独立权力，因此，任何公民基本权利状况的极度恶化，只能由中央政府承担最终的保障责任。[③]

国家教育行政权主要负责免费义务教育产品的供给，最核心的义务就是对义务教育的财政投入责任。各级政府，尤其是中央政府对于义务教育的财政投入负有主要责任或"兜底"责任。地方各级人民政府负有贯彻实施中央政府关于义务教育各方面要求的责任，实施义务教育，促使儿童入学。当前存在的主要问题是，一方面，中央政府对于学校布局调整应当如何进行没有作出明确、具体、可操作的规定，缺乏实施标准；另一方面，由于投入不足，部分寄宿制

---

① 《未成年人保护法》第五十一条规定："未成年人的合法权益受到侵害，依法向人民法院提起诉讼的，人民法院应当依法及时审理。"

② 陈韶峰：《受教育权纠纷及其法律救济》，教育科学出版社2010年版，第128页。

③ 管华：《儿童权利研究——义务教育阶段儿童的权利与保障》，法律出版社2011年版，第146页。

学校是举债建成的，很难提高教学质量、方便儿童生活、保障儿童安全。有学者对山东省义务教育学校进行了调查，90%的初中学校的学生住宿、食堂用房是吸纳社会资金参与建设的，65%的学校校园绿化硬化、校舍改造与修缮是依靠贷款或借款来完成的，94%的学校前几年"普九"有欠账。① 在校车配备上，也存在类似的问题。

在学校教育权层面，学校负责对学生的教学管理。全民免费义务教育只有主要依靠公立学校才有可能完成。在政府对学校布局调整的过程中，中小学校处于"失语"状态，从财产处置到人员安排全部处于政府的指令之下。

在家长教育权层面，家长有义务敦促孩子入学，委托公立学校对儿童实施教育，作为儿童利益的首要保护人代表儿童行使义务教育参与权和选择权。在学校布局调整中，一般来说，不是因为家长不愿意让孩子上学，而是上学远、寄宿学校上学成本高导致儿童辍学。家长负有敦促、支持儿童上学的义务并不等于家长负有克服遥远的家校距离亲自接送孩子上学的义务并必须承担学校布局调整产生的更高的教育成本的义务。

就家长教育权与国家教育权的关系而言，家长教育权是国家教育权的起点和基础。现代国家，其主权者只能是人民。我国《宪法》第二条规定："中华人民共和国一切权力属于人民。"人民——主要是家长通过宪法和法律授予国家机关以国家权力，其中当然包括国家教育权。因此，归根结底，国家教育权应服从于家长教育权，这是宪法的人民主权原则在教育法领域的体现。

在学校布局调整过程中，人民的教育主权可以通过家长的参与权、否决权予以体现。当前，我国学校布局调整过程中，家长的参与权被严重忽视。除前文东北师范大学农村教育研究所的调查外，

① 杨玉春：《山东省农村义务教育学校布局调整的实证调查分析》，《当代教育科学》2010年第13期，第20页。

还有学者对我国中西部六省（自治区）的学校布局调整情况进行了问卷调查，结果显示，在 6500 份有效的家长问卷中，有 43.9% 的家长否认当地学校布局调整征求过村民的意见。[①]

政府作为义务教育产品的提供方，在行政给付的方式上几乎不考虑接受服务一方的意愿，有时会造成儿童受教育权受损的结果。

四、学校布局调整应遵循的基本原则

国家教育权的存在和运行以保障儿童的受教育权为目的，但在学校布局调整过程中却出现了损害儿童受教育权的现象。这既和国务院《关于基础教育改革与发展的决定》在学校布局调整方面的规定过于原则、赋予地方政府自由裁量权过大有关，也与学校布局调整缺乏明确的指导原则有关，因此，必须首先确定学校布局调整应遵循的基本原则。

（一）儿童的最大利益原则

我国 1992 年批准的《儿童权利公约》第三条规定："关于儿童的一切行为，不论是由公私社会福利机构、法院、行政当局或立法机构执行，均应以儿童的最大利益为一种首要的考虑。"[②]这就是"儿童的最大利益原则"，它在我国《未成年人保护法》第二条中体现为"儿童优先"的原则，即"未成年人享有生存权、发展权、受保护权、参与权等权利，国家根据未成年人身心发展特点给予特殊、优先保护，保障未成年人的合法权益不受侵犯"。

儿童的最大利益原则或儿童优先原则要求国家教育权行使时必须以儿童的最大利益为依归，优先考虑儿童的意愿和需求。

2006 年《义务教育法》修改后，改变了过去义务教育"以乡镇为

---

① 贾勇宏：《农村中小学布局调整的障碍与方式选择》，《华中师范大学学报（人文社会科学版）》2008 年第 3 期。

② 《儿童权利公约》第三条第一款。

主"的体制，确定了"以县为主"的管理和责任体制。乡镇在弱化义务教育责任的同时，也失去了在学校设置方面的权力。县级政府承担义务教育的主要责任，自然倾向于"全县一盘棋"地进行学校布局调整。广大中西部地区，如果没有中央和省级财政转移支付，县级财政连干部和教师的基本工资都无力保障，更谈不上为教育需求提供充裕供给。[①] 在这种条件下，如何通过学校布局调整，实现财政资源的节约，便成为部分财力不足的县级政府的首要考虑因素，于是出现了对乡村学校、教学点的大规模撤并。

儿童的最大利益原则要求政府在学校布局调整中将儿童受教育权利状况的改善作为评价布局调整的首要标准。当就近入学权和享受优质教育资源的机会平等权发生冲突时，必须由儿童及其家长决定何种权利优先，而非政府代替儿童和家长做决定。在牺牲就近入学权时，新学校必须在教育资源方面具有明显的优势，保证儿童享受优质教育资源的机会平等权有明显改善。寄宿学校必须能够保证儿童的生存权，其住宿、卫生、安全等条件必须得到儿童的认可，而不能以学校布局调整为名，行节约财政资金、损害儿童受教育权之实。

总之，一切学校布局调整行为必须以儿童的最大利益为依归，必须保证儿童受教育权状况的改善，否则不得进行学校布局调整。

(二)法律保留原则

法律保留原则是指对公民基本权利的限制，只能由法律予以规定。传统上，法律保留原则的适用采取"侵害保留说"，即对人民的自由和财产权的剥夺以及义务的负担，都应当由法律明确加以规定，[②] 对行政给付行为并不适用。

但随着社会福利国家的出现，现代宪法规定了公民的经济、社

---

① 石绍宾：《城乡基础教育均等化供给研究》，经济科学出版社 2008 年版，第 114 页。

② 翁岳生：《行政法》，中国法制出版社 2002 年版，第 180 页。

会、文化权利，国家对人民具有生存照顾义务。对国家而言，行政给付并不是国家的恩惠与赠予，而是国家基于法律的规定必须提供的为保障和提高公民生活福利而负有的义务。因此，国家在行政给付时也必须依法作出。在此基础上，法律保留原则的适用范围有所扩大，衍生出了“重要保留说”。[①]

“重要保留说”认为：任何涉及人权的事项，诚然是立法者立法范围，但立法者仍不得随便授权行政机关以行政命令规定。对于牵涉人权之重大部分则必须保留予立法者为之。[②] 这种学说也被称为“重大性理论”，是德国联邦宪法法院1977年在著名的性教育课程案中阐明的。德国联邦宪法法院认为，对中学生开设性教育课程，是涉及人民教育权利的重大事项，必须由法律明文规定，而不可授权行政机关（教育机关）自行决定。[③] 这一理论获得了德国、日本和我国台湾地区的广泛认同。

根据法律保留原则，学校布局调整行为是对原行政给付行为的变更，涉及儿童受教育基本权利中的最核心、最根本的内容——就近入学权、享受优质教育资源机会平等权和学业成就权，理应由全国人大及其常委会用法律的形式予以规定。无论是国务院的《决定》还是省级政府的“意见”都不足以作为规制公民基本权利的合法依据。

（三）比例原则

在德国行政法中，比例原则包括三方面内容，即妥当性原则、必要性原则和狭义比例原则。妥当性原则是指具体行政行为应符合法律的目的，行政机关所采取的手段“必须是能够达成行政目的的

---

① 周佑勇：《行政法基本原则研究》，武汉大学出版社2005年版，第191—192页。

② 陈新民：《德国公法学基础理论（下册）》，山东人民出版社2001年版，第354页。

③ 赵宏：《性教育课程案》，载张翔主编《德国宪法案例选释（第1辑）：基本权利总论》，法律出版社2012年版，第210页。

手段”；必要性原则是指“行政机关有多种同样能达成目的之方法时，应选择对人民权益损害最少者”；狭义比例原则是指“行政机关采取的行政手段所造成的损害，不得与欲达成的行政目的之利益显失均衡”。① 一旦所造成的损害大于目标利益，则不应采取此行政措施。

比例原则根植于“法治国家理念”和“基本权利的本质”，② 是现代实质主义法治的典范。自比例原则被德国法制确立以后，它就超越了国家和法系，对世界产生了广泛影响。③

从比例原则的第一方面内容“妥当性原则”——具体行政行为应符合法律的目的来看，学校布局调整行为如果确实能够达到它的初衷——优化教育资源配置、促进农村孩子享受优质教育资源的机会平等权的实现的话，它就符合比例原则第一层次的要求；反之，如果政策执行中出现偏差，出现就近入学权和享受优质教育资源机会平等权“双输”的局面，就不符合比例原则的要求。

从比例原则的第二方面内容“必要性原则”——具体行政行为应采取对相对人利益损害最小的方法来看，义务教育从“普及”转向“提高”、实现“有质量的教育公平”完全可以采取改善乡村教学点教学条件、审慎撤并乡村学校的方式实现，但是在现实实践中，部分地区采取了“一刀切”的、大规模的、规定时间表的行政推进的方式撤并乡村学校，无疑违背了对相对人损害最小的“必要性原则”。

从比例原则的第三方面内容“狭义比例原则”——损害不应大于目标利益来看，学校布局调整导致了辍学率上升、校车事故频发，直接危及了儿童受教育权本身的存在乃至生命的延续，与提高教育质量、优化教育资源配置的行政目的相比，显然造成的损害远超出

① 苏嘉宏、洪荣彬：《行政法概要》，台湾永然文化出版有限公司1999年版，第87页。

② 何永红：《基本权利限制的宪法审查》，法律出版社2009年版，第15页。

③ 周佑勇：《行政法基本原则研究》，武汉大学出版社2005年版，第220页。

行政目的。

总之，学校布局调整行为违背了比例原则，构成了对儿童受教育基本权利的侵犯。

(四)正当程序原则

正当程序原则起源于英国法上的“自然正义”原则。“自然正义”原则要求：(1)任何人不得做自己案件的法官；(2)在作出对人不利的决定前，应当听取申辩。① 行政法上的正当程序原则要求一切权力的行使剥夺私人的生命、自由或财产时，必须听取当事人的意见，当事人具有要求听证的权利。② 根据需要保护的利益的重要程度和性质的不同，正当程序原则可能要求行政机关的决定必须采取正式的听证程序，也可能只要求一个非常简单的程序，仅仅给予当事人一个非正式的陈述意见的机会。③

和法律保留原则相似，正当程序原则过去也只适用于反对政府对基本权利的侵害。但是，现在人们已经公认，福利国家提供的补贴和服务，包括儿童接受义务教育的权利，是基本的，完全应当接受的，绝不是任何形式的施与。④ 正当程序原则禁止行政机关未经事前的裁决式听证就终止制定法赋予的权益。⑤

从学校布局调整的实施看，相当部分地区的学校布局调整不要说举行正式的听证会，连听取所涉及的儿童及其家长意见的机会都没有提供，违背了正当程序原则。

其实，在学校布局调整这一行为上，还涉及行政法上的信赖利益保护原则。信赖利益保护原则的实质是保护行政相对人对授益性

---

① 应松年主编：《行政法与行政诉讼法》，中国政法大学出版社 2008 年版，第 44 页。

② 王名扬：《美国行政法(上)》，中国法制出版社 1995 年版，第 383 页。

③ 同上书，第 542 页。

④ 范履冰：《受教育权法律救济制度研究》，法律出版社 2008 年版，第 117 页。

⑤ 理查德·B. 斯图尔特：《美国行政法的重构》，沈岿译，商务印书馆 2002 年版，第 72 页。

行政行为的信赖利益，必须对该行为的撤销或废除予以一定的限制。信赖利益保护原则的适用需具备三个条件：(1)已生效的行政行为；(2)相对人基于对授益性行政行为的信赖已经采取了一定的具体处分行为；(3)信赖的基础善意并无过失。

学校布局调整行为之所以遭到部分村民的抵制，是因为乡村小学多是在国家投入极为有限的条件下由农民自己掏腰包办起来的，有的村甚至为了“普九”达标还负了债。[①] 村民子女就近接受义务教育的权益完全符合信赖利益保护原则的要求：(1)普及九年制义务教育作为一种行政给付行为，政府进行了长期宣传和不懈努力，并初见成效，已经开始在村小和教学点提供免费义务教育，属于已生效的行政行为。(2)村民为了帮助政府完成“普九”任务，参与出资出力兴建校舍，是相对人对政府的行政给付行为不足的补充和协助行为。(3)村民相信村小的存在是长期的，就近入学会持续存在，信赖的基础并无恶意和过失。因此，农民子女就近接受义务教育的权利属于应当保护的信赖利益，学校布局调整不应随意损害农民的信赖利益。如果基于形势变化，行政给付行为必须变更，也应当对农民在“普九”期间付出的财力、人力给予补偿。

五、学校布局调整的法律规制

学校布局调整行为涉及公民受教育基本权利的核心内容，因此只能由全国人大及其常委会立法予以规制，不得授权行政机关以行政立法的方式处理。这就明确了在学校布局调整上，全国人大及其常委会才是有资格的立法主体。

在全国人大及其常委会制定的法律中，至少应包括以下几方面内容。

---

① 邬志辉：《中国农村学校布局调整标准问题探讨》，《东北师范大学学报(哲学社会科学版)》2010 年第 5 期。

1. 立法原则。学校布局调整应以维护儿童的最大利益为原则，凡是不能促进儿童接受义务教育权利状况明显改善的学校布局调整应一律禁止。

2. 学校布局调整的标准。当就近入学权和享受优质教育资源的机会平等权发生矛盾时，明确学校布局调整的标准，不得赋予行政机关过大的自由裁量权。

标准至少包括：(1)就近入学的距离标准，即儿童就学的物理距离或时间距离。学校布局调整后一旦超出此距离标准，则原村小或教学点应保留，儿童及其家长有权拒绝转学；若儿童及其家长同意转学的，有权要求政府提供免费校车。(2)并入学校的师资标准，即儿童转入学校的师资标准。牺牲就近入学权利的目的是接受更优质的教育资源，对中小学来说，最重要的是师资力量。儿童转入学校的师资质量必须有明显的改善，而不是简单地把原教学点的教师集中到一起，否则儿童及其家长有权拒绝转学。(3)寄宿学校的设施标准。寄宿学校的模式改变了儿童的生活方式，必须足以保证儿童的生存权，在卫生、住宿、保安方面必须达到相应的标准，否则儿童及其家长有权拒绝转学。毕竟，生存权的实现是受教育权实现的前提和基础。很难想象，在极端恶劣、不便的生存条件下，儿童的学习状况会取得明显改善。

3. 学校布局调整的程序。学校布局调整必须听取家长的意见，可以采取听证会或家长投票表决的形式。未经听取家长意见的学校布局调整行为无效。60%以上的家长不同意的，不得进行学校布局调整。农民实际出资额超过三分之一的中小学校，未经村民大会或家长同意不得撤并；村民大会或家长同意撤并的，应对农民的实际出资给予补偿。

4. 建立评估机制。学校布局调整应分阶段进行，对已转学儿童的辍学率、学业水平进行跟踪评估，一旦出现辍学率明显上升、学业水平下降的情形，应停止布局调整，允许已转学的儿童回到原学校学习。

5. 诉讼渠道。明确儿童家长对政府学校布局调整行为不服的，有权提起行政诉讼，人民法院应予以受理。

总之，学校布局调整涉及公民(主要是儿童)受教育的基本权利，必须依法进行。本章简要勾勒出了学校布局调整“合法化”的理想图景，要达至这一理想，相信还有很长的路要走。

第二章　我国大学地位的宪法根基①

一、作为事业单位法人的大学②

1986年颁布的《民法通则》建立了我国的法人制度，即法人是具有民事权利能力和民事行为能力，依法独立享有民事权利和承担民事义务的组织，明确了法人应当具备的条件，其中最重要的是能够独立承担民事责任。《民法通则》将法人分为企业法人和机关、事业单位和社会团体法人。这种分类延续了计划经济条件下大学作为事业单位与企业单位、党政机关并立的做法。新中国成立后，国家将所有社会组织纳入行政组织系统，在编制管理和财政预算体系中，所有组织可以分为三类：行政单位、事业单位和企业单位。事业单位指不创造财富的机构，如研究所、教育机构、医疗卫生机构和文化团体等。③

从事业单位到事业单位法人是推动大学法人化改革的第一步，《民法通则》的规定为我国大学的法人化奠定了制度基础。1995年颁布的《教育法》第三十一条为学校成为法人规定了条件，1998年颁布的《高等教育法》第三十条则明确“高等学校自批准成立之日起取得法人资格”。

法人不是自然人，是法律拟制的“人”，是人或物乃至人与物结

---

① 管华：《我国大学地位的宪法根基》，《国家教育行政学院学报》2015年第2期。

② 这里所指的“大学”只限于公立大学。

③ 张树义：《中国社会结构变迁的法学透视——行政法学背景的分析》，中国政法大学出版社2002年版，第28页。

合的组织。[①] 法律之所以规定“法人”，是为了让其承担法律责任尤其是财产责任。立法规定大学作为“法人”，本意也是如此。2007 年颁布的《物权法》第五十四条规定：“国家举办的事业单位对其直接支配的不动产和动产，享有占有、使用以及依照法律和国务院的有关规定收益、处分的权利。”这似乎是赋予了公立大学对其管理的资产的处分权，达到了《民法通则》所要求的成为法人须具备“独立承担民事责任”的条件。

回首 30 余年来的改革，我国公立大学虽取得了一定的办学自主权，但基础仍然孱弱，这也是《国家中长期教育改革与发展规划纲要(2010—2020 年)》提出“推进政校分开、管办分离，落实和扩大学校办学自主权，使大学成为真正独立的法人”以及十八届三中全会提出“建立事业单位法人治理结构”的主要原因。

从现实情况看，公立大学很难说已经具备了作为独立法人的条件。

首先，公立大学并不具备独立的行为能力。在领导体制上，大学的领导班子从党委书记到校长、副校长都是由上级组织部门任命的。任命并不意味着依附，关键在于在上级主管部门与学校之间权力界限如何划分，并没有明确的规则。尽管可以笼统地界定为举办者和办学者之间的关系，但实质上政府之“手”控制着学校的人事和绝大部分财政权，随时可以“伸进”校园，校领导班子不但无力抗拒，甚至基于科层关系，还很欢迎这种干预。从民法的角度看，法人的民事行为能力的核心在于以自己独立的意思表示作为或不作为，而大学的行为很难说是基于自己独立的意思表示作出的。因此，揭开大学的“法人面纱”，其幕后主导者往往是政府。

---

① 关于法人性质的学说可参见周详：《试论法人理论和大学法人的分类——中国大学法人制度建立的基础反思》，《中国人民大学教育学刊》2012 年第 4 期；沈加君：《法人拟制说与实在说对我国大学法人制的启示》，《辽宁教育研究》2008 年第 12 期。

其次，公立大学的法人财产权不具备完整的所有权的权能。公立大学财产来源公私皆有，既有政府的初始出资、教育拨款，也有学费杂费乃至校办企业的利润、租金和知识产权收入等。从所有权的占有、使用、收益、处分四个方面权能看，大学的法人财产权残缺不全。从占有权能看，政府无偿划拨给大学的土地可能被收回，部分资金未在规定时间内用完也会被收回。从使用权能看，公立大学的资产仍属于国有资产，高校只能依法使用，[①] 在用途上有严格的限制。从收益权能看，大学作为事业单位，是非营利性、公益性的组织，在哪些方面可以获得收益存在极大争议。在处分权能上，除小额资产外，对公立高校国有资产的处分必须报政府有关部门批准，法人财产权中的终极处分权能归国家所有。根据《担保法》第九条和第三十七条的规定，公立大学不能成为担保人，其大部分国有资产也不得抵押。[②] 严格国有资产管理自有其必要性，这里只是指出公立大学法人财产权的现实。

最后，公立大学也不具备独立的责任能力。由于法人财产权权能不足，所以大学承担责任的能力受限。大学以哪些财产承担民事责任，能不能破产这些问题在法律上都没有明确的依据。现实生活中，在学生伤害事故的处理上，学校无力承担的部分最终要由政府买单；在大学贷款危机中，政府要对大学还款实行奖补、土地置换，甚至由政府直接偿还。

综合上述可以看出，公立高校虽然已经具备了“事业单位法人资格”，但实质和计划经济条件下的事业单位区别不大，与改革前的国有企业十分相似，在很大程度上仍然依附于主管部门。正是因为基于民法视角的“事业单位法人”的概念不能准确反映我国公立大

① 龙宗智：《大学法人制度与财产权益界定》，《中国高等教育》2005年第18期。

② 陈鹏、王雅荔：《基于公立高校法人财产权特殊性的贷款制度设计》，《陕西师范大学学报》2012年第6期。

学与政府间的关系，越来越多的学者倾向于将大学定位为行政法学上的“公务法人”。①

二、作为授权行政主体的大学

2014 年 12 月 24 日，最高人民法院发布了第 9 批指导案例。其中，指导案例第 38 号“田永诉北京科技大学拒发毕业证、学位证案”明确“高等学校对受教育者因违反校规、校纪而拒绝颁发学历证书、学位证书，受教育者不服的，可以依法提起行政诉讼”。也就是说，在大学拒绝颁发学历证书、学位证书时，大学可以作为行政诉讼的适格被告。指导案例第 39 号“何小强诉华中科技大学拒绝授予学位案”除了明确“申请人对高等学校不授予其学位的决定不服提起行政诉讼的，人民法院应当依法受理”外，更进一步指出“高等学校依照《中华人民共和国学位条例暂行实施办法》的有关规定，在学术自治范围内制定的授予学位的学术水平标准，以及据此标准作出的是否授予学位的决定，人民法院应予支持”。这两个指导案例不仅明确了大学在学历、学位授予方面作为行政诉讼被告的资格，更确认了大学在学术自治范围内有依法自行制定学术评价标准的自治权。

在 2014 年 11 月 1 日《行政诉讼法》修改前，大学不予颁发学历、学位证书是否可诉、属于何种性质的诉讼，在理论和实践上都经历了一个探索的过程。经 1999 年的“田永诉北京科技大学拒发毕业证、学位证案”后，大学生与学校间的学历、学位纠纷一般都认为是可诉的，且诉讼性质为行政诉讼。这是因为，1989 年的《行政诉讼法》并没有规定大学这样的组织可以作为行政诉讼的被告，但是行政法学运用“行政主体”的概念对行政诉讼被告进行了“扩大解释”。行政

① 如谢笑珍：《大学法人化改革中的问题和疑虑》，《光明日报》2014 年 7 月 22 日第 13 版；湛中乐、高俊杰：《大学章程：现代大学法人治理的制度保障》，《国家教育行政学院学报》2011 年第 11 期。

主体是指享有行政权，能以自己的名义实施行政决定，并能独立承担该行为所产生的法律效果的社会组织，包括职权行政主体和授权行政主体两类。① 职权行政主体一般指国家机关，授权行政主体包括法律、法规、规章授权的组织。

大学作为《学位条例》授权颁发学位的组织，一般被认为在作出颁发学位相关决定时为授权行政主体，学位申请人（大学生）对该决定不服时，可以提起行政诉讼。2015 年 5 月 1 日起实施的修改后的《行政诉讼法》在原第二条“公民、法人或者其他组织认为行政机关和行政机关工作人员的具体行政行为侵犯其合法权益，有权依照本法向人民法院提起诉讼”的基础上增加了一款“前款所称行政行为，包括法律、法规、规章授权的组织作出的行政行为”。这是将行政司法取得的正确的经验上升到了立法的层面。

按照这样的逻辑，大学既然可以在行政诉讼中做被告，在法律上也就应该被认定为行政主体，所行使的是国家法律、法规、规章所授予的行政权。不过，与一般授权行政主体不同，大学作为一种特殊的授权行政主体似乎享有更多“自由”。

首先，招生自主。在 2003 年“闵笛诉苏州大学案”中，苏州市中级人民法院认为学校招收录取考生的行为是自主管理行为，不属于行政管理权范畴。闵笛报考苏州大学，其进入学校受教育的权利还没有形成，大学是否录取属学校自主权范畴，因此驳回了闵笛的诉讼要求。闵笛上诉，江苏省高级人民法院维持了苏州中院的以上判决。② 2013 年《中共中央关于全面深化改革若干重大问题的决定》提出：“学校依法自主招生”“扩大学校办学自主权”。

其次，制定校规自主。2011 年 10 月，最高人民法院在“甘露不服暨南大学开除学籍决定案”中指出：人民法院审理案件时，应当

① 叶必丰：《行政法与行政诉讼法》，高等教育出版社 2007 年版，第 105 页。

② 湛中乐：《大学法治与权益保护》，中国法制出版社 2011 年版，第 244 页。

以相关法律、法规为依据，参照相关规章，并可参考涉案高等院校正式公布的不违反上位法规定精神的校纪校规。① 此判决载于《最高人民法院公报》，对下级法院的审判具有指导作用。此判决不仅明确学校有权自主管理，而且规定只要基于自主管理权制定的校规不违反上位法规定，法院就应当“参照”。

最后，授予学位自主。在“何小强诉华中科技大学案”中，法院认为：《学位条例暂行实施办法》赋予学位授予单位在不违反《中华人民共和国学位条例》所规定授予学士学位基本原则的基础上，在学术自治范围内制定学士学位授予标准的权力和职责，华中科技大学在此授权范围内将全国大学英语四级考试成绩与学士学位挂钩，属于学术自治的范畴。也就是说，在授予学位问题上，法院尊重学校自行制定学术评价标准的权利。

与同是授权行政主体的公安机关车辆管理所比较，根据《机动车登记规定》《机动车驾驶证申领和使用规定》这两部规章的授权，车辆管理所是行使车辆行政管理职权的专门组织。但车管所既无权规定法定条件以外的车辆注册登记条件，更不能自主决定接受哪些申请人的申请。一般的授权行政主体被授予的行政职权都是非常明确的，在理论和实践上都没有“自主权”这样的概念装置，大学为什么如此不同呢？②

三、作为学术自由载体的大学

既然基于民法的“事业单位法人”和基于行政法的“授权行政主

---

① 《甘露不服暨南大学开除学籍决定案》，《最高人民法院公报》2012 年第 7 期，第 35—38 页。

② 对大学这种特质学界早就有所觉察，但却延伸到了不同的方向，比如吕艳辉：《高等学校“法律法规授权组织”定位之理论检视——兼论我国行政主体理论的改造》，《现代法学》2007 年第 1 期。

体”两个概念都无法圆满解释大学的“特权”，有必要从其他法律的角度探寻大学的特殊性，首先就是宪法。

宪法教义学(释义学)存在以下假设：(一)尊重现行宪法文本，我国现行宪法是1982年宪法(包括四个修正案)。学术界盛行着某种“立法者的法理学”，即任何社会问题出现首先想到的就是抨击法律，意图修改法律，但事实上完美的法律从来不曾出现。当今被世界各国追捧的美国宪法，产生之时居然没有包括一部《权利法案》，更遑论解决黑奴问题。我国现行宪法确认了大量的“公民的基本权利”，规定了人民实现其权利的方式——人民代表大会制，在总体上是正义的。建设法治国家，首先就是要保证宪法的规定在日常生活中得到落实，而不是从各个方面去寻找、论证它的瑕疵。宪法教义学将现行宪法视为信仰的来源，现行宪法的规定既是解释对象，也是解释根据，对宪法的态度如同对圣经的态度。(二)假设现行宪法是一个“无漏洞”的体系。法教义学的工作主要是解释和体系化。[①]通过解释和体系化，弥合分歧、填补漏洞，最终现行宪法能够形成一个“完美无缺”的体系，任何法律疑问都可以在宪法里找到答案。[②]宪法是一个国家整个法律体系的核心和基石，一切其他法律都是宪法的相关规定在特定部门法的体现，都是对宪法相应条款的立法实施；一切国家权力来源于宪法的授予，一切公民权利来源于宪法和法律的确认；既包括明确的授权，也包括隐含的、衍生的授权。

大学权利的直接来源是《教育法》《高等教育法》和《学位条例》。《教育法》第二十八条规定，学校及其他教育机构行使下列权利：(一)按照章程自主管理；(二)组织实施教育教学活动；(三)招收学

① 白斌：《论法教义学：源流、特征及其功能》，《环球法律评论》2010年第3期。

② 焦宝乾：《法教义学的观念及其演变》，《法商研究》2006年第4期；冯军：《刑法教义学的立场和方法》，《中外法学》2014年第1期；许德风：《法教义学的应用》，《中外法学》2013年第1期。

生或者其他受教育者；(四)对受教育者进行学籍管理，实施奖励或者处分；(五)对受教育者颁发相应的学业证书；(六)聘任教师及其他职工，实施奖励或者处分；(七)管理、使用本单位的设施和经费；(八)拒绝任何组织和个人对教育教学活动的非法干涉；(九)法律、法规规定的其他权利。《高等教育法》第十一条规定：高等学校应当面向社会，依法自主办学，实行民主管理。《学位条例》第八条规定：学士学位，由国务院授权的高等学校授予；硕士学位、博士学位，由国务院授权的高等学校和科学研究机构授予。

从《教育法》第二十八条的规定看，该条既适用于中小学，也适用于大学；既适用于公立学校，也适用于私立学校。同一条款列举的权利应属于同一性质，其第七项“管理、使用本单位的设施和经费”是任何单位包括公司、企业都具有的权利，该项不属于国家权力，因此，本条列举的其余权利也不应属于国家权力。对这些权利行使的过程与结果不服，只能提起民事诉讼。《学位条例》第八条对大学的授权是将《教育法》第二十二条“国家实行学位制度”中的“国家”授予学位的权力授予了大学。在授予学位问题上，大学是代表国家授予国家学位，而不是代表学校授予大学的学位，是国家教育行政权的体现，因此，对此不服可以提起行政诉讼。《高等教育法》第十一条规定“自主办学”，第三十四条规定“自主制定教学计划、选编教材、组织实施教学活动”，这里的“自主”究竟属于民事性质还是行政性质暧昧不明，需要从宪法中去寻找依据。

从《宪法》文本看，可能成为我国大学宪法根基的条款共有三处：一是《宪法》第四十六条规定的“公民有受教育的权利和义务”；二是第十九条“国家发展社会主义的教育事业……发展高等教育”；三是第四十七条“公民有进行科学研究的自由”。

首先看《宪法》第四十六条关于受教育权的规定。该条第一款规定“公民有受教育的权利和义务”，在这里“权利和义务”意指既是权利也是义务，也就是说“权利和义务”的主体是同一主体。但实际上，对于成年人而言，并没有强制接受教育的义务。因此，这里所谓的“受教育权利”是指适龄儿童有享受免费基本教育的权利，“受教育义务”是指适龄儿童必须接受基本教育。《宪法》第四十六条无法成为我国大学存在的法律依据，因为高等教育不属于义务教育范畴。

其次看《宪法》第十九条关于“国家发展教育事业、发展高等教育”的规定。本条的责任主体是“国家”。无论对国家的含义如何解释，如果把本条作为大学的宪法根基，那就意味着大学和国家浑然一体，政府与社会毫无分殊，这既不符合1982年制定宪法时的实际(即便那时，机关和事业单位的区别还是非常明显的)，也不符合当下大学部分法人化的现实。本条的行为模式是“发展”，至少意味着规划、投资，大学恰恰是需要政府规划、投资的对象。

最后看《宪法》第四十七条关于科研自由的规定。一般认为，本条规定的从事科学研究的自由以及从事教育事业的权利，实际上相当于其他国家宪法中的学术自由。[①] 从权利主体看，学术自由的主体是一般公民。但根据德国宪法法院的描述，“学术”是指“凡就其内容与形式，可以被认为严谨且有计划地尝试对真理加以探究者”。普通公民通常并不具备“严谨且有计划地尝试对真理加以探究”的知识基础，权利主体一般限制为大学教师、高年级本科生和研究生。

从性质上看，学术自由属于公民自由权利的一部分。学术自由本属于公民个体的权利，但在当今的时代却很难独立地行使。知识爆炸、文献翻新、数据库昂贵这些都使得研究者仅依靠私人图书馆就可以研究的时代一去不复返了。更不用说自然科学研究需要的类似于大型强子对撞机这样的实验设备，它使研究人员紧密地结合在

① 许崇德主编：《宪法》，人民大学出版社1999年版，第168—169页。

首席科学家周围。

研究者的集聚，学术自由权利的聚合，产生了一种新的权力——学术权力。这种权力与其他权力一样，都具有“在一种社会关系里哪怕遇到反对也能贯彻自己意志”的能力，[①] 能够支配、改变被支配者的意志，产生预期效果。其实质不是国家权力，不以政治统治为前提，也不以国家机关为其承担者；而是社会权力，即社会主体以其所拥有的社会资源对社会的支配力。[②] 这种社会权力是学者们学术自由权利的聚合，其所有者不再是学者个体，而是学者群体、学者所在的大学或研究机构。在这个意义上，学术自由构成了大学的宪法根基。

学术自由作为基本权利，既是“主观权利”也是“客观法”。“主观权利”是指基本权利的防御权功能和受益权功能都赋予个人以请求权，可以要求国家作为或不作为。“客观法”是指基本权利具备“客观价值秩序功能”，要求国家权力尽一切可能去创造和维持有利于基本权利实现的条件。[③] 大学自我管理是学术自由这一基本权利作为客观法，要求国家提供的制度保障和组织保障。

为什么会有招生自主权？因为选择学生属于学术自由基本权利的子权利。美国联邦最高法院大法官弗兰克福特在 Sweezy v. New Hampshire 案中指出，大学的学术自由包括四项基本自由：基于自身的学术理由决定谁来教、教什么、如何教以及谁来学。[④] 这里的“谁来学”就是选择学生。1965 年在日本召开的国际大学协会第四次总会讨论的结果认为，大学自治应包括：(1)人事的自治；(2)学生

---

① 马克斯·韦伯：《经济与社会(上卷)》，林荣远译，商务印书馆 1997 年版，第 81 页。

② 郭道晖：《国家权力与社会权力——人民与人大关系的法理思考》，《法制与社会发展》1995 年第 2 期。

③ 张翔：《基本权利的规范建构》，高等教育出版社 2008 年版，第 105 页。

④ 申素平：《高等学校的公法人地位研究》，北京师范大学出版社 2010 年版，第 104 页。

选择的自治；(3)教育课程决定的自治；(4)研究计划决定的自治；(5)财源分配的自治。由此可见，对学生的选择是学术自由的要求、大学自治的必须。

为什么能自主制定校规？大学不是行政机关，其制定校规的行为只要是出于维护学术自由、提升学术水平的目的，所行使的就是学术权力，不是行政权力，也就不受法律保留原则的限制。不涉及学术的规定，属于民事行为，就像企业、工厂制定自主管理的规则一样。

为什么能在颁发学位时增加法律之外的更高的学术要求？对于国家权力来说，法无授权即禁止。但大学颁发学位的权力在形式上来源于《学位条例》的授权，而其实质来源于学术自由的凝结——学术权力。《学位条例》只是规定了授予学位的底线，大学基于自身对学术的认识制定高于国家标准的学术标准，只要符合法定的目的(保障学术自由)、没有不相关的考虑、程序公开透明，就无可厚非。

总之，从民法学事业单位法人的角度无法理解大学对政府的依附性，从行政法学授权行政主体的角度无法理解大学的各种“自主权”，唯有从宪法学学术自由载体的角度理解大学，才能解开大学的“自主之谜”。作为学术自由载体的大学既要求政府承担给付义务，提供大部分教育经费；又要求政府承担消极义务，不得过度干预大学自治；还要求社会成员(包括在校大学生)尊重大学的学术判断，让大学在招生、学位授予方面享有自主权。

第三章 大学要求学生晨读的合法性分析[①]

2012年6月13日，《法制日报》刊发了褚宸舸先生的《强制晨读与指纹签到》一文，该文认为，强制晨读缺乏法律依据，不能达到目的，构成了对公民基本权利的侵犯。2012年12月《中国教育法制评论(第10辑)》又发表了褚先生的《普通高校用指纹考勤强制晨读事件的合法性研究》一文，文章认为，强制晨读侵犯了学生的学习自由权，构成了对学生生活的干涉和人身自由的强制，指纹考勤则侵犯了公民的隐私权。

笔者粗略检索，国内普通高校实行强制晨读的有多所，如果真的违法，在依法治校的背景下，自应大加挞伐，呼吁废止。但仔细思考之后，却发现褚先生的论述不妥之处甚多，且上述两文流传甚广，笔者不得不将对此一问题的学习思考予以阐明，以就教于褚先生和各位方家。由于本人对指纹与隐私权的关系所知甚少，所以本章只涉及强制晨读的合法性问题。

一、大学要求晨读行为的性质与权利来源

以西北政法大学为例，2011年4月8日西北政法大学校党委学工部制定了《西北政法大学学生晨读管理办法》；2011年5月18日，西北政法大学举行“开展学生晨读启动仪式”，要求大一、大二学生

① 管华：《大学要求学生晨读的合法性分析》，载劳凯声主编《中国教育法制评论》(第11辑)，教育科学出版社2013年版，第166页。

必须参加晨读。

大学制定校规要求学生晨读这一行为的性质是什么？是不是行政行为？这一行为是不是属于行使了国家行政权力的行为？如果不是，那是什么？

根据我国行政法的基本理论，行政主体包括职权行政主体和授权行政主体两种，前者一般指国家机关，后者包括法律、法规、规章授权的组织。一般认为，大学在颁发学位证书、毕业证书，学籍异动等方面属于授权行政主体，所作出的行为属于行政行为，学生不服的可以提起行政诉讼。

那么，大学制定校规要求学生晨读这一权力/权利有没有得到法律的授权？学校在晨读问题上制定校规、要求晨读属不属于授权行政行为？

从法律上看，大学组织教育教学活动这一权力/权利直接来源于《教育法》第二十八条。该条规定：学校及其他教育机构行使下列权利：(1)按照章程自主管理；(2)组织实施教育教学活动；(3)招收学生或者其他受教育者；(4)对受教育者进行学籍管理，实施奖励或者处分；(5)对受教育者颁发相应的学业证书；(6)聘任教师及其他职工，实施奖励或者处分；(7)管理、使用本单位的设施和经费；(8)拒绝任何组织和个人对教育教学活动的非法干涉；(9)法律、法规规定的其他权利。

《教育法》第二十八条规定的授权属不属于授予高校以行政权力呢？这个问题在理论和实务界存在一定争议。[①] 但可从以下几个方面予以释明：(1)该法条明确规定是“权利”而不是“权力”，这说明立法者至少倾向于认为授予学校的是一种“权利”，而不是权力。(2)“权利”是可以放弃的；“权力”同时也是“职责”，是不能随意放

① 叶必丰：《行政法与行政诉讼法》，高等教育出版社 2007 年版，第 115 页。

弃的。从该条第七款的规定看，学校和其他教育机构有管理、使用本单位的设施和经费的权利，这一“权利”同时属于义务或职责吗？显然不是。《教育法》第二十九条规定了学校和教育机构的义务，并无与上述权利对应的义务。(3)既然《教育法》第二十八条规定的授权不是“权力”，那么为什么对大学颁发毕业证不服可以提起行政诉讼呢？这是因为《教育法》第二十一条规定：“国家实行学业证书制度。经国家批准设立或者认可的学校及其他教育机构按照国家有关规定，颁发学历证书或者其他学业证书。”也就是说，大学颁发学业证书的权力来源是《教育法》第二十一条而不是第二十八条。

因此，《教育法》第二十八条对大学的授权不属于权力，而是权利。大学基于《教育法》第二十八条的行为也不属于授权行政行为，而是行使自主管理权利的行为。

根据传统法治理论：对公民而言，“法无禁止即自由”；对政府而言，“法无授权即禁止”。既然学校制定校规要求晨读的行为不属于政府行政行为，也没有行使国家权力，只是行使类似于公民权利的法人自治权，因此也就不必然要求其具备法律依据、获得法律的明确授权。

但是，明确规定大学具有自我管理权的法条却不少，除了《教育法》第二十八条以外，至少有《高等教育法》第十一条和第三十四条。《高等教育法》第十一条规定：高等学校应当面向社会，依法自主办学，实行民主管理。第三十四条规定：高等学校根据教学需要，自主制定教学计划，选编教材，组织实施教学活动。

那么，《教育法》《高等教育法》如此规定的法律依据是什么？大学自我管理权在更高层次上来源于什么？上述两部法律都是根据《宪法》制定的，而大学不是国家机关，行使的权利也不是国家权力，其权利只能来源于《宪法》第四十七条关于公民科研自由的规定。[①]

我国《宪法》规定的公民科研自由在宪法学理论上也可称为“学术自由”。科研自由或学术自由作为宪法规定的基本权利，在理论上具备双重性质、三种功能。双重性质是指基本权利既是“主观权利”，也是“客观法”。“主观权利”是指基本权利的防御权功能和受益权功能都赋予个人以请求权，即可以要求国家作为或不作为。“客观法”是指基本权利具备“客观价值秩序功能”，即要求国家权力尽一切可能去创造和维持有利于基本权利实现的条件。[②]

什么是“学术”？德国宪法法院对“学术”的概念作出了以下描述：“凡就其内容与形式，可以被认为严谨且有计划地尝试对真理加以探究者。”为什么学术自由要求大学必须自我管理？因为学术科研自由往往要依托大学这个组织，而这个组织的各种事务（比如课程设置、授课教材、学位授予等）如果都是由少数行政官员组成的管理层来决定，那么教师的学术自由也就无法实现了。[③] 大学自我管理是以学术自由这一基本权利作为客观法，要求国家提供制度保障和组织保障。

一般而言，只有自然人才能成为基本权利的主体。由于学术研究主要在大学内进行，因而，大学成为学术自由保障的重要对象。德国公法学者基于基本权利的客观价值秩序功能认为大学的学术生活领域亦应受宪法保障，而承认学术自由为大学的基本权利。大学作为学术自由的权利人包含两层含义：一是凡参与学术研究、教学

---

① 《宪法》第四十七条：中华人民共和国公民有进行科学研究、文学艺术创作和其他文化活动的自由。国家对于从事教育、科学、技术、文学、艺术和其他文化事业的公民的有益于人民的创造性工作，给以鼓励和帮助。

② 张翔：《基本权利的规范建构》，高等教育出版社 2008 年版，第 105 页。

③ 同上书，第 116 页。

过程之大学成员(教授、副教授、研究助理),皆有要求国家不得干预的权利;二是大学本身享有“大学自治”权,即指大学在运营上,尤其是在研究与教学上享有自治管理权。

在历史上,以保障学术自由为核心的大学自治制度是经过和教权、王权、议会权力不懈斗争后才获得的。以“欧洲大学之母”巴黎大学为例,从制度上,巴黎大学是巴黎圣母主教座堂的直接衍生物,直接受教堂管辖。只是在 1200 年,市民和师生发生了激烈冲突,国王腓力·奥古斯都颁发了第一个皇家特许状,惩罚了巴黎圣母院院长,承认了学生及其仆从不受世俗法庭审判的权利,为大学自治埋下了伏笔。为了摆脱巴黎主教的控制,师生自己组织起来,成立行会,1215 年取名为“巴黎教师和学生行会”。1231 年,巴黎大学作为一个自治团体得到教皇格里高利九世的承认。①

大学自治既不是在真空中产生的,也不是萌芽之后就一帆风顺的。大学作为一种社会组织,作为整个社会权力结构的一部分,本身就深陷于整个社会的权力网络结构之中,教会和世俗统治者常常对大学进行多方面的干预。比如,1636 年,英王查理一世和大主教劳德为控制大学内宗教意识分化、整肃学生纪律,制定了《劳德章程》,作为牛津大学的学校章程,即皇家章程。法案实施后,在是否因此法案而取消了大学自行制定章程的权利的问题上发生了分歧,牛津大学强烈声明:我们认为,未经学校成员接受、同意和确认,在最初的成立法案之后,国王的特权或其他权利并没有赋予国王强加给牛津大学任何法规或规章的权力。大学无权将其制定章程的权力委托给任何主体,甚至是国王:任何未经大学教职员全体会议同意或确认的章程均无效。经过斗争,牛津大学获得了自行修

① 杨少琳:《古老而常新的法国学位制度》,重庆大学出版社 2010 年版,第 34—46 页。

改、废除其章程的自主权。[①]

在美国，在“达特茅斯学院诉伍德沃德案”中，联邦最高法院确认：达特茅斯学院是私人团体，州议会不能干涉学院的绝对权利，特别是财产权和管理权。不允许各州损害州与学院之间最初契约的义务，只要法人的行为或特许状是州与私人团体之间的契约，它就免受立法机关的干涉。[②] 由此确立了美国的契约自由和大学自治的原则。在德国，通过1973年的“大学判决”，联邦宪法法院判决州议会立法规定的大学内部管理与组织形式部分违宪无效，明确了为保障学术自由所必需的大学内部的组织保障。[③]

总之，大学自我管理权直接来源于宪法规定的学术自由这一基本权利，为了保障学术自由、实现自我管理，大学有权制定以大学章程为核心的一系列大学内部管理规则(校规)。大学自我管理规章的效力如何？有学者认为，学术自由作为一种基本权利属于“宪法保留”的范围，不受立法机关的干涉。由此产生的大学自我管理规章效力直接来源于宪法基本权利，其效力应高于国家制定(国家组织)的法律效力。毕竟，国家组织是为了保障基本权利而存在的。不过，在民主国家中，基于人民主权原理，一般认为，大学的自我管理规章效力来源于法律的授权，其效力低于国家法律。

在我国，2011年10月，最高人民法院在“甘露不服暨南大学开除学籍决定案”中指出：“人民法院审理案件时，应当以相关法律、法规为依据，参照相关规章，并可参考涉案高等院校正式公布的不

---

① 马陆亭、范文曜主编：《大学章程要素的国际比较》，教育科学出版社2010年版，第84—86页。

② 任东来、陈伟、白雪峰等：《美国宪政历程：影响美国的25个司法大案》，中国法制出版社2004年版，第54—55页。

③ 张翔：《大学判决》，《德国宪法案例选释(第1辑)：基本权利总论》，法律出版社2012年版，第123页。

违反上位法规定精神的校纪校规。”[①]此判决载于《最高人民法院公报》，对下级法院的审判具有指导作用，体现了对大学校规效力的尊重与认可。

综合上述，大学制定校内规章，要求学生在特定时间、指定地点，以读书的方式学习，是具备宪法和法律上的依据的，即便诉诸法院，在“不违反上位法规定精神”的条件下，也是能够得到支持的。那么，这样的校规是否违反了上位法精神呢？

二、大学生学习自由权利的性质与来源

一般认为，大学生有学习自由权，这一权利从哪里来？它的内容是什么？

从宪法的规定看，与大学生学习自由权有关的有两个方面：一是《宪法》第四十六条规定的受教育权，二是《宪法》第四十七条规定的学术自由。首先看宪法规定的受教育权与大学生学习自由之间的关系。

受教育权写入宪法，其性质经历了义务、权利义务合一和权利三阶段。

1754 年《普鲁士义务教育法》把儿童接受初等教育看作与服兵役一样的义务，1889 年日本《明治宪法》也把受教育与纳税、服兵役并列为公民的三大义务之一。

以 1919 年德国《魏玛宪法》的颁布为标志，受教育的权利义务进入一体化时期。该宪法专辟一章“教育与学校”的权利法案，明确规定国家有义务通过免费教育和强制入学来保障公民的受教育权，同时也明确规定，“受国民小学教育为国民普遍义务”。

“二战”后，人们切肤地感到法西斯德国之所以能够启动强大的

---

① 《甘露不服暨南大学开除学籍决定案》，《最高人民法院公报》2012 年第 7 期，第 35—38 页。

国家战争机器，一个重要的原因就是德国有着根深蒂固的视教育为国家工具的理念。受教育的目标就是使受教育者成为效忠国家的人，最终为法西斯的扩张所效力。因此，战后国际社会强烈要求把人的尊严和权利奉为国家法律追求的终极目标。在这一背景下，《世界人权宣言》和国际人权公约都确认了受教育权作为受教育者不可剥夺的权利和各国不可推卸的义务与责任。受教育的权利说成为世界的主流。

从受教育权写入宪法的历程看，最初所针对的主要是接受义务教育的受教育权，包括强制入学和免费入学两项内容。至于非义务教育的受教育权主要通过入学机会平等体现出来，并不保证人人都有接受高等教育的机会。[①] 因此，后义务教育阶段——大学生的受教育权是否属于宪法规定的受教育基本权利可以讨论。一般来说，各国宪法在规定受教育基本权利的同时还规定了学术自由，前者构成中小学教育法制的核心，后者构成大学教育法制的核心。

我国现行《宪法》第四十六条规定“公民有受教育的权利和义务”，这个条文作为一个整体显然是针对尚处于义务教育阶段儿童的，因为成人并无接受教育的义务，更不是每一位成年公民都有接受高等教育的权利。因此，《宪法》第四十六条不能成为大学生受教育权利的来源，大学生的受教育权也不是宪法所规定的基本权利。公民平等进入大学的权利不过是平等权在教育领域的投射而已，如2001年高考考生诉教育部一案中，原告就是以行政行为不能平等对待考生为理由起诉的。[②]

既然大学生学习自由不属于宪法规定的受教育基本权利的范

---

① 管华：《儿童权利研究——义务教育阶段儿童的权利与保障》，法律出版社2011年版，第67—68、95页。

② 屠振宇：《宪法案例19：青岛考生诉教育部案分析》，载韩大元主编《中国宪法实例研究(一)》，法律出版社2005年版，第170页。

围，从受教育权角度看，大学生的受教育权只能来源于我国的《教育法》和《高等教育法》。《教育法》第四十二条规定了受教育者参加教学活动、使用教育设施的权利，获得奖学金、助学金的权利，取得学历学位证书的权利和申诉权。《教育法》第四十三条规定了受教育者遵守法律、法规的义务，遵守学生行为规范、养成良好行为习惯的义务，遵守学校的管理制度的义务。《高等教育法》第五十三条更要求学生“遵守学生行为规范和学校的各项管理制度，尊敬师长，刻苦学习，增强体质”。这些条款都没有规定大学生有学习自由，相反有遵守学校规章制度、刻苦学习的义务。也就是说，大学制定校规要求学生晨读甚至晨练都是有上位法依据的。

那么，是否学习自由就毫无存在的余地了呢？从受教育的过程看，学生无论是知识的获得还是品德的养成，归根结底，都是人的个体的一种精神活动。这种精神活动是无法也不应该受到强制的，无论义务阶段还是非义务阶段都是如此。受教育的这种自由属性内在地要求国家履行消极义务，允许受教育者自由选择，保障儿童家长的教育权和教师的教学自由等。[1]

既然大学教育理应比义务教育更自由，而从我国《宪法》和相关法律的规定出发得不出学习自由权存在的结论，就应该考虑从宪法规定的学术自由这一基本权利出发来思考。

从作为主观权利的学术自由的防御权功能出发，学术自由权的内容包括大学教师的研究自由和讲学自由，这是没有疑义的，但是否也包含学生的学习自由呢？这个问题即使在德国公法学界也是有争议的。德国通说基于《德意志联邦共和国基本法》第十二条第一款所规定的选择教育场所的自由，认为学生享有学习自由的权利来源于《德意志联邦共和国基本法》第十二条第一款而不是来源于其第五

---

① 管华：《再论受教育权的性质与内容》，载劳凯声主编《中国教育法制评论》(第9辑)，教育科学出版社2011年版，第166页。

条第三款关于学术自由的规定。

在宪法中没有规定选择教育场所这一基本权利的国家，学习自由又能否发源于学术自由呢？一般认为，大学生的学习自由和教师的教学自由在事实上具有相关性，学习自由被视为教学自由的“倒影”或“反面”。宪法既然保障大学教师可以在课堂上自由讲授其研究成果，也必须保护大学生可以自由地决定，去选择学习哪一位大学教师所提供的内容。

从我国《宪法》第四十七条关于公民科研自由的规定看，宪法并没有将学术自由权利的主体限定为大学教师，在理论上大学生也具有学术自由权。大学生基于学术自由基本权利的学习自由权在内容上包括：大学生为了学术上的自我实现，可依其个人需要及兴趣，自由选择所欲学习的科系、课程及讲师，在这些学习活动中可以自由发问并提出意见；大学生基于学术研究的目的，进行研读、分析资料或专题讨论等自我独立的活动。总之，大学生只有在以学术研究为目的的条件下，才享有为学术自由基本权利所保障的法益之一——学习自由权。

如果说，学术自由权的制度保障体现为大学自治的话，那么学习自由权在制度上也体现为学生自治。如果说大学自治最早诞生于巴黎大学这样的“教师型大学”的话，在历史上，同样出现过“学生型大学”，那就是意大利的博洛尼亚大学，它和巴黎大学一起构成中世纪大学的始祖。在这所大学里，学生可以不服从任何人的号令，并组成一个社团以保卫他们学习法律的权利。学生社团为教师制定规章，使教师不得不一切听命于学生。[①] 只不过，由于永久性大学校园的建立，教授成为城市公务人员，当地青年成为大学的主要生源，教授在大学中逐渐掌握了领导权，学生治校的历史就结束

① 单中惠主编：《外国大学教育问题史》，山东教育出版社 2006 年版，第 247 页。

了。不过，“学生社团”的形式被保留。“二战”后，西方学术界和社会公众普遍认为，“大学生是能够对个人行为和发展负责的成年人”。[①] 学生自治得到了一定的复兴，甚至出现了“学生是大学之主体说”，该说认为，学生与大学教授一样，是大学的主体存在。

从宪法角度看，学生自治一方面来源于大学生的学习自由权；另一方面，大学生作为大学的成员，学生自治也来源于大学自治。不过，无论是学习自由权还是大学自治，其宪法根源都是学术自由。因此，当大学生的学习自由权与学术自由发生冲突时，学习自由权只能退让。

三、学校制定校规要求晨读的合法性思考

如前所述，大学自治是学术自由这一基本权利的客观价值秩序功能的体现；大学生的学习自由是学术自由这一基本权利在大学生从事研究性学习活动时的要求，属于基本权利的防御权功能的范畴。两者都不属于宪法所直接规定的基本权利，都属于学术自由基本权利保护的法益，因此，在权利位阶上，也不存在谁天然高于谁的问题。

既然如此，为什么大学生天然地要服从校规呢？这是因为，大学生在学习过程中，研究性学习、以探究学术为目的的学习只占整个学习活动的一小部分，绝大部分学习活动并不是以学术研究为目的的。这些以获取知识为主要目的的活动自然要受大学自治的约束，也就是要受大学制定的校规的约束。

不过，更重要的原因却不止如此。如前所述，学校制定校规的行为从性质上并不是国家行政行为，而是一种大学的自我管理行为。在法律、法规、规章没有授予大学以国家行政职权的场合里，

---

① Audrey L. Rentz and Gerald L. Saddlemire, *Student Affairs Functions in Higher Education* (Springfield, Illinois: Charles C. Thomas Publisher, 1988), pp. 17-18.

大学因自我管理行为而与大学生发生的关系应属于民事法律范畴。

在民事领域、私人领域，无论工厂、企业或其他团体组织，为了形成秩序，都需要自我管理，制定自我管理的规则。假如企业基于自身需要，规定特定岗位员工工作时间为朝七晚三，能否因此认为企业侵犯了宪法规定的公民的人身自由这一基本权利呢？显然不能。这是因为：(1)这是劳资双方合意的结果；(2)宪法所规定的基本权利在民事领域一般并不直接适用。

传统宪法学理论认为，宪法所规定的基本权利所针对的对象是国家权力，因此宪法基本权利规范对私法领域无效力。进入现代宪法以后，上述无效力说逐渐式微，大多数西方学者开始认同宪法基本权利在私人领域应具有效力，但这种效力是直接的还是间接的，却存在争议。其中，间接效力说占主流地位，即宪法权利规范只能通过私法规范中的那些一般性条款或具有概括性的规定或法言法语才能发挥其效力。① 这种间接效力也就是基本权利的客观价值秩序功能的体现。

以人身自由权为例，是否所有限制公民人身自由的契约，都因违背宪法基本权利规范而无效呢？显然不是，必须在一定程度上承认私人间存在限制人权的情况；只有当出现明显的侵犯人权的现象时，国家才积极干预。②

以西北政法大学为例，《西北政法大学学生晨读管理办法》第二条规定："全校本专科一、二年级学生必须参加晨读。"第三条规定："学生以班级为单位，在教室或指定地点集中进行读书活动。"③2012

---

① 林来梵：《从宪法规范到规范宪法——规范宪法学的一种前言》，法律出版社2001年版，第100—102页。

② 胡锦光、韩大元：《中国宪法》，法律出版社2007年版，第197页。

③ 《西北政法大学学生晨读管理办法》，http：//wgyxy. nwupl. cn/news/39/2011415101017. htm，2013年5月5日访问。

年9月19日发布的《关于开展学生晨读工作的通知》第二条规定：晨读时间自2012年9月20日(星期四)起，每周一至周五早6：40—7：50。[①]

如果说要求大学生在特定时间走进特定教室上课并不侵犯学生的人身自由权的话，那么要求学生在指定时间到指定地点进行读书活动，就构成了对学生(公民)人身自由权利的明显侵犯，以至于不得不启动宪法的基本权利条款，必须由有关国家机关介入对制定校规的西北政法大学进行处罚，这多少显得有些荒诞。

从基本权利的间接效力看，人身自由这一基本权利要进入教育领域的话必须在《高等教育法》中找到可以援用的一般性条款，但是遍寻《高等教育法》，这样的条款并不存在。即使假设基本权利具有直接效力，要求晨读对大学生人身自由权的限制与德国“单身条款案”中劳动合同禁止女性护士结婚，否则解除聘用对婚姻自由的限制相比，在权利受限制的程度上，显然也不能等量齐观。[②]

总之，从人身自由这一基本权利出发，并不能推导出作为自治团体的大学要求学生晨读侵犯了学生人身自由基本权利的结论，还得从学术自由这一基本权利出发来判断大学要求学生晨读是否侵犯大学生的学习自由。

首先，大学生的学习自由权是否包含了不学习的自由？学习自由权来源于学术自由，而学术自由是指严谨且有计划地尝试对真理加以探究的自由。对真理进行探究的前提是具备一定的知识基础，在尚不具备这样的知识基础之前，就奢谈学术自由而拒绝学习，显然违背了学术自由权的本意。从基本权利的角度讲，尚未达到研究

---

① 《关于开展学生晨读工作的通知》，http：//www.zfxg.com/news/News_View.asp？NewsID=3104，2013年5月5日访问。

② 张红：《吕特案》，载张翔主编《德国宪法案例选释(第1辑)：基本权利总论》，法律出版社2012年版，第38页。

性学习水平，也不是在学术研究活动中的大学生的学习行为不受宪法基本权利意义上的学习自由权的保障。

其次，大学是否有权要求学生在特定的时间到一定的地点补充学习？大学制定校规要求学生晨读并没有取消大学生的学习自由：它对习惯晨读的学生并未造成太大不便，只是要求没有晨读习惯的学生在特定时间补充学习，是在其自主学习之外课以义务，虽然对学生的学习自由构成了一定限制，却属于大学自治权的范围。为了维持一定的学术质量，大学有权制定学习规则，督促学生学习。

最后，大学制定校规要求学生晨读是否超过了大学自治权应有的界限？任何权利的行使都不应当是恣意的，尤其是在大学与大学生之间这样力量对比明显失衡的双方之间，大学自治权具备“准公共权力”的特征，其行使应符合比例原则，包括妥当性原则、必要性原则和狭义比例原则。从妥当性原则上看，大一、大二学生一般不具备学术研究所必需的知识基础，脱离高考的“牢笼”骤然获得学习自由容易进入完全不学习的“过度自由”状态，大学制定校规敦促其学习，符合提高学术质量、保障学术自由的目的。从必要性原则看，敦促学习应采取对大学生学习自由损害最小的方法。从狭义比例原则看，对大学生权利的限制不应大于目标利益。必要性原则要求在敦促学生学习时应尽量避免对学习自由的过度损害，狭义比例原则要求晨读这样一种敦促学生学习的手段本身不能成为否定学生学习成果、学术水平进而剥夺其学术自由的依据。

从《西北政法大学学生晨读管理办法》的规定看，除了要求学生“必须”晨读外，对于不按照规定方式晨读但确实刻苦学习的学生并没有提供可替代的方案，显然是过度限制了学生的学习自由，违背了必要性原则。不过，笔者发现，《西北政法大学学生晨读管理办法》在执行过程中并没有如文件规定的那样刻板执行。如西北政法大学哲学与社会发展学院在敦促学生晨读的过程中发现，分别有两个学生不在规定时间地点晨读：一位是比要求的晨读时间早，习惯6：30—7：00在心仪的地方晨读；一位是习惯下午18：30—19：00“晨读”，因为下午记忆力好，且下午跑完步正好读书。哲学与社会发展学院调查确认后，予以特别允许，并在其《2011年晨读工作总结》中写道：“晨读应在遵循普遍规律的基础上，尊重特殊性，我们要的不是千篇一律，而是百花齐放。”该工作总结载入西北政法大学校党委学工部(学生处)编印的《2011年度晨读工作总结材料汇编》的第六部分“2011年晨读工作先进学院总结材料”的第一位，这说明该学院的做法得到了校方的认可。

《西北政法大学学生晨读管理办法》第八条规定：晨读考勤与课堂考核相同。无故一次不参加者，按旷课一课时计算。累计旷课达15学时以上者按照《西北政法大学学生违纪处分规定》相应条款处理。而《西北政法大学学生违纪处分规定》第九条规定，一学期内无故旷课累计达到下列学时的(以实际旷课学时数计算)，视其情节给予以下处分：(1)10—20学时的，给予警告处分；(2)21—35学时的，给予严重警告处分；(3)36—49学时的，给予记过处分；(4)50学时以上的，给予留校察看处分；(5)因旷课屡次受到纪律处分，经教育不改的，给予开除学籍处分。显而易见，如果有学生坚持不晨读，和晨读制度对抗的话，根据上述规定，最严重的可以给予留校察看处分；屡次受处分，经教育不改的，甚至可能被开除学籍。开除学籍意味着学生失去学术自由，以敦促学习为目的的晨读制度演变成了否定学生学习水平、学术能力的工具，显然违背了狭义比例原则。

不过，笔者调研发现，西北政法大学因不参加晨读而被给予校内处分的案例并不存在，各学院的通常做法是晨读出勤率低(比如低于60%)的取消评优资格。《高等教育法》第四十二条规定大学生具有获得公正评价的权利，大学依据校规对某些学生不予正面评价或者作出负面评价甚至处分，属于行使大学自治权范围，与大学生获得公正评价的权利并不冲突。因此，大学有权基于学生违反晨读规定作出不予评优的决定或者进行一定程度的处分，但是这类处分不能严重到剥夺学生学术自由——开除学籍的程度。

综合上述，制定校规要求学生晨读属于大学自治范围内的事项，大学有权采取类似的措施敦促学生学习。只是在敦促学生学习的方式上不应千篇一律，应允许学生在达到同样学习效果的前提下采取替代性措施，并不应仅仅由于学生不服从敦促学习的制度而处以开除学籍的处分。

需要补充的是，虽然制定校规敦促学生学习属于大学自治权范围，是否西北政法大学制定《西北政法大学学生晨读管理办法》的行为就完美无缺了呢？其实也不是，这里需要对校规进行说明。大学校规是一套以大学章程为核心的规范体系，大学生作为大学的组成人员，具有参与校规制定的权利和学生自治权。即便大学生不具备和教授同样的地位，能够参与大学的行政管理工作，但在涉及学生自身的问题上，学生也应具有参与决定权。以柏林洪堡大学为例，根据《柏林洪堡大学章程》第五条，校学术评议委员会在"教学、学习和考试的基本原则"等事项上享有决定权。第六条规定，在学术委员会下常设教学和学习委员会辅助学术评议委员会作出决议，而在教学和学习委员会中，学生代表应占一半委员的名额。[①] 这样的规定就充分地保障了大学生在教学和学习事项上的参与决定权。

根据教育部 2012 年 11 月 22 日发布的《全面推进依法治校实施纲要》的要求，学校要"切实落实师生主体地位"，依法保障师生的"参与权"，要"规范内部治理结构和权力运行规则，充分反映广大教职员工、学生的意愿"，"制定涉及学生利益的管理规定，要充分

---

① 彭斌：《柏林洪堡大学章程》，载湛中乐主编《大学章程精选》，中国法制出版社 2010 年版，第 657—658 页。

征求学生及其家长意见”。如果大学在制定要求学生晨读这样直接涉及学生利益的管理规定时，能够充分征求学生的意见、允许学生代表参与决定的话，其合法性和可接受性就能得到进一步的保证。当然，如果不是由校方制定规则，而是由学生团体或准学生团体制定规则，在当前我国高校普遍存在大学章程不健全、治理结构不完善的条件下，也不失为一条可行的办法。[①]

① 比如沈阳农业大学的晨读活动的实施方案和具体细则就是由该校大学生自律委员会制定的，可参见 http：//xsc. syau. edu. cn/zlw/DeptInfo. asp? DeptID＝05&Articleid＝200905200016&ChannelID＝11，2013 年 5 月 5 日访问。

第四章　教育惩戒权的法理基础重述[①]

2019年6月23日，《中共中央 国务院关于深化教育教学改革全面提高义务教育质量的意见》提出："制定实施细则，明确教师教育惩戒权。"对比《教育部政策法规司2019年工作要点》提出的"开展保障学校正当行使惩戒权、严格校规执行的理论研究与实践探索"，中央明显加快了制定实施细则的工作进度，预计该细则的起草将会提速。事实上，针对教育惩戒立法缺失带来的"不敢用"和滥施"体罚"的两极化现象，到2020年学界已经研究了17年之久[②]，在我国教育惩戒面临的问题，惩戒的种类，实施的条件、原则、对象、程序、监督和救济等方面都取得了较为丰硕的成果，介绍了英国、美国、韩国、日本和我国台湾地区的教育惩戒制度，形成了广泛的共识。当然，也仍然存在一些困惑，举其大端，如教育惩戒权究竟是职业权利还是国家权力？如果是国家权力，教师是否具有教育惩戒权？学校是否有权自主规定惩戒方式？由于教育惩戒涉及的内容与对象较为微观，质疑立法必要性的声音也依然存在。产生上述困惑的根源在于主流学说所共享的国家教育权理论范式，即认为教育惩戒权是国家教育权的延伸，教育惩戒行为属于内部行政行为。

教育惩戒权的国家教育权范式既与直觉相悖，也与法治现实不

---

① 管华：《教育惩戒权的法理基础重述》，《华东师范大学学报(教育科学版)》2020年第3期。

② 劳凯声教授主编的《变革社会中的教育权与受教育权：教育法学基本问题研究》出版于2003年，专章研究了"中小学教师惩戒权"，可谓开创之作。

符。理论是对制度的抽象，需要经常还原到现实生活中去。已有的法律体系是制定新法的基础，尤其实施细则大概率将以教育部规章的形式呈现。[①] 因此，本章的基本安排是：(1)教育惩戒权立法在国家立法、司法和行政三方面的制度基础；(2)剖析教育惩戒权的国家教育权范式内在的逻辑悖论，重新发掘出教育惩戒权的社会教育权范式；(3)从宪法教义学的视角出发，探寻教育惩戒权的宪法根基。

一、教育惩戒权立法的制度基础

(一)立法基础

在立法上，《教育法》《教师法》《义务教育法》《未成年人保护法》《预防未成年人犯罪法》都属于实施细则的上位法。

《教育法》第二十九条规定学校有自主管理，组织实施教育教学活动，对受教育者进行学籍管理、实施奖励或处分的权利。本条是教育惩戒权存在的首要依据，但该条的用词是“权利”，而非权力，所列举的各项内容均为学校自主管理的权利；本条的主语是学校，也有论者基于此否定教师的惩戒权。[②]《教育法》第三十条规定，学校有维护受教育者合法权益的义务。维护教学秩序、保障学生受教育权离不开惩戒，这使得教育惩戒权同时具备义务性。

《教师法》第三条规定教师是履行教育教学职责的专业人员。本条并未规定教师的身份是国家公职人员，即便2018年《中共中央 国务院关于全面深化新时代教师队伍建设改革的意见》提出“确立公办

---

① 2019年8月1日，教育部基础教育司司长吕玉刚表示，正在研究制定教师惩戒权具体的实施细则，将尽快出台。参见《教育部：教师惩戒权实施细则将尽快出台》，《中国青年报》2019年8月2日。

② 陈桂生：《一种教师越权的辩辞——“教师惩戒权”辟议》，《上海教育科研》2017年第4期。刘继萍：《论教师惩戒权之正当性及其异化》，《教育学术月刊》2009年第6期。

中小学教师作为国家公职人员特殊的法律地位”，一则尚未落实；二则即便实现，仍然存在大量非公立学校、非义务教育阶段教师。作为专业人员的教师不是国家公职人员，无法行使国家权力。《教师法》第七条规定教师享有进行教育教学活动、指导学生学习发展、评定学生品行和学业成绩的权利。本条是教师个体享有教育惩戒权的核心依据，但本条的措辞也是“权利”，所列举的各项内容也都属于教师的权利，而不是权力。第八条规定教师有制止侵害学生权益、批评抵制有害学生健康的现象的义务，本条也使得教师惩戒权兼具义务的特点。

《义务教育法》第二十七条规定，对违反管理制度的学生，学校应当批评教育。《未成年人保护法》第二十五条规定，对有严重不良行为的学生，学校和家长应配合加以管教。《预防未成年人犯罪法》第十七条规定，学校发现学生组织或参加实施不良行为的团伙时，应及时制止；第二十三条要求学校对有不良行为的学生加强教育管理；第二十四条要求教育行政部门和学校指导教师防治、矫正学生的不良行为；第三十五条规定，对有严重不良行为的学生，学校和家长应配合严加管教，也可以送工读学校；第四十七条规定，学校对因不满十六周岁而不予刑事处罚、免予刑事处罚的学生，或者被判处非监禁刑罚、被判处刑罚宣告缓刑、被假释的学生，应当采取有效的帮教措施。上述法律所称的“批评教育”“管教”“制止”“教育管理”“矫正”“严加管教”和“帮教”都是教育惩戒权的来源和形式，其中《预防未成年人犯罪法》第二十四条专门对教师提出了要求。这些规定均使教师惩戒权具有义务性质。

同时，《义务教育法》第二十九条、《教师法》第七条、《未成年人保护法》第二十一条要求教师尊重学生人格，不得体罚、变相体罚或侮辱人格尊严。

(二)司法基础

我国不实行三权分立，也不是判例法国家，但人民法院在司法审判中“参照”规章，即只有法院认为规章合法时才将其作为审判依据。因此，司法实践也构成实施条例的制度基础。

在刑事审判中，教师突破惩戒的限度，体罚学生并造成严重后果的，构成犯罪。如 2002 年教师张建平上课期间发现学生和同桌讲话，眼神警示无效后，脚踢学生左腰致脾脏破裂，手术摘除，被判故意伤害罪。① 教师在教育教学过程中不得侵犯学生的人身权。2013 年海南小学校长陈万鹏带小学生开房，被判故意强奸罪。2019 年 7 月，最高人民法院发布典型案例，教师张宝战自 2017 年至 2018 年 10 月间多次在教室猥亵 8 名 10 至 11 岁女学生，被判猥亵儿童罪。②

在民事审判中，教师体罚学生，无论是否构成犯罪，均应承担民事责任。根据《学生伤害事故处理办法》第九条，教师体罚或变相体罚学生的，学校应承担相应责任；第十四条，教师履职过程中有故意或重大过失造成伤害事故的，学校赔偿后可向教师追偿。学校管理不到位，履行保护未成年学生义务不力的，要承担民事责任。根据《民法总则》，8 岁以下为无民事行为能力人，8—18 岁为限制民事行为能力人。《侵权责任法》第三十九条规定，无民事行为能力人或限制民事行为能力人在校内受到人身损害的，学校未尽到管理职责的，应承担责任。学生基于受教育权受损提起民事诉讼的，如何处理，法院做法不一。1999 年湖南外语外贸学院学生 3 男 3 女同屋过夜，分别被勒令退学、开除学籍。学生起诉学校赔偿损失，法院认为属于内部管理行为，驳回起诉。③ 1999 年的“齐玉苓案”是受

① 徐兴旺、曾文革主编：《教育法案例评析》，对外经济贸易大学出版社 2010 年版，第 273 页。

② 最高人民法院：《张宝战猥亵儿童案》，https：//www.chinacourt.org/article/detail/2019/07/id/4203746.shtml，2023 年 11 月 27 日访问。

③ 徐兴旺、曾文革主编：《教育法案例评析》，对外经济贸易大学出版社 2010 年版，第 46 页。

教育权进入民事诉讼的标志性案件[①]，最高人民法院《关于以侵犯姓名权的手段侵犯宪法保护的公民受教育的基本权利是否应承担民事责任的批复》，支持了基于受教育权被侵害的民事赔偿请求。[②] 但2008年，该批复被最高人民法院宣布废止。此后，未见学生基于受教育权受损提出民事诉讼获得法院支持的案例。

在行政审判中，基于受教育权提起的行政诉讼是否受理，法院意见存在分歧，但关于学历学位、学校招录、开除学籍、勒令退学四类纠纷一般能得到法院受理。2015年《行政诉讼法》修改，暗示受教育权益被侵犯，可以提起行政诉讼。[③]

(三)行政基础

除了全国人大的立法、人民法院的典型案例，国务院制定的行政法规、国务院部门制定的规章和规范性文件，也是实施细则制定的规范基础。

国务院行政法规《教师资格条例》第十九条规定，侮辱学生影响恶劣的，由县级以上教育行政部门撤销教师资格。

教育部规章《小学管理规程》第十五条规定，小学对犯错误的学生应批评教育，错误严重的可以给予警告、严重警告或记过处分。

此外还存在大量规范性文件要求对违纪学生进行惩戒，但不得体罚。要求惩戒的，如《中小学班主任工作规定》第十六条明确了班主任对学生批评教育的权利；《中小学德育工作规程》第二十七条要求学校严肃校纪，对严重违反校纪，屡教不改的，应予批评教育或者纪律处分；《关于防治中小学生欺凌和暴力的指导意见》要求，对早期发现的轻微欺凌事件，应施以必要的教育、惩戒；对实施欺凌

① 此前也有学生因教育选择权受到侵害起诉学校获得支持的个案，如1995年程肯诉武汉大学附中案。

② 韩大元主编：《中国宪法事例研究(一)》，法律出版社2005年版，第2页。

③ 管华：《教育法治四十年：回顾与展望》，《法学评论》2018年第4期。

和暴力的中小学生要采取矫治措施。禁止体罚的规范性文件更多，如《中小学教师职业道德规范》《关于建立健全中小学师德建设长效机制的意见》《普通高中校长专业标准》《中等职业学校校长专业标准》《幼儿园园长专业标准》等。2013年最高人民法院、最高人民检察院、公安部、司法部联合发布的《关于依法惩治性侵害未成年人犯罪的意见》专门规定了教师对未成年人实施性侵害或其他侮辱行为，应该承担的法律责任。

总之，在国家立法上，学校和教师对违纪学生的惩戒既是权利也是义务。在司法上，教师体罚、强奸、猥亵学生适用故意伤害罪、强奸罪、猥亵儿童罪；侵犯学生人身权、财产权适用《侵权责任法》《民法总则》和《学生伤害事故处理办法》；受教育权诉讼按照行政诉讼处理。在行政上，禁止体罚但也要求惩戒。

二、国家教育权的延伸与悖论

依据法律规定，教育惩戒权既是学校的权利和义务，也是教师的权利和义务。由于在学校管理学生过程中，具有主体不对等性、管理活动的强制性、不以学生的意志为转移的特点，有学者认为，教师惩戒行为是带有鲜明强制性的行政行为，公私立学校在学生管理中都与学生构成准行政关系。[①] 也有学者指出，学校和教师教育权的本质，要么是国家教育权，要么是社会教育权，取决于是公立还是私立。[②] 可以推论，作者认为公立学校教师的教育权属于国家教育权。由于上述观点的广泛影响力，有关教育惩戒过程中学校、教师与学生关系的四种学说——行政关系说、准行政关系说、民事

---

① 劳凯声主编：《变革社会中的教育权与受教育权：教育法学基本问题研究》，教育科学出版社2003年版，第409—410页。

② 秦惠民：《走入教育法制的深处：论教育权的演变》，中国人民公安大学出版社1998年版，第170页。

关系说和行政兼民事关系说逐渐统一为行政关系说，教育惩戒权的性质是国家教育权的观点成为主流。[①] 如有学者认为，教师拥有国家赋予的管理控制权，有以社会代言人的身份对学生进行引导和矫正的权力。[②] 也有学者认为，学校惩戒权是国家教育权的具体化，具有典型的公法特征，不同于民事法律关系和特别权力关系。[③]

应当指出，教育惩戒权的国家教育权范式在初创阶段，立论都较为谨慎，被认为是准行政关系、社会代言人或国家教育权的具体化，并未明白得出教育惩戒行为是国家行政行为的结论。随着国家教育权范式的延伸，认为教育惩戒行为属于国家行政行为的观点逐渐占据主流地位。如有学者认为，教师是由法律授权，并代表学校行使包括惩戒权在内的国家教育权的特殊主体，惩戒行为属于具体行政行为。[④] 也有学者认为教育惩戒属于行政惩戒，行政惩戒是内部行政行为，因此，教育惩戒属于内部行政行为。[⑤] 更有甚者，有学者主张，为避免教师滥用惩戒权，应制定“权力清单”。[⑥] 还有学者认为，私立学校教师获得国家颁发的教师资格证书，就是获得了国家对其教育和管理职责的授权，是国家权力的延伸。[⑦]

必须承认，认定教育惩戒行为引起的法律关系属于行政法律关系具有很强的解释力。反之，如果认定为权利，师生平等，就会失

---

① 关于教育惩戒权的四种学说，可参见吴安新、余乐：《高校教师惩戒权的法理基础与合理行使》，《现代教育管理》2011 年第 1 期。

② 谭晓玉：《教育惩戒权的行使与未成年学生违纪的管理》，《青少年犯罪问题》2008 年第 4 期。

③ 余雅风、蔡海龙：《论学校惩戒权及其法律规制》，《教育学报》2009 年第 1 期。

④ 高杭：《教师惩戒权行使的行政法透视》，《高等教育研究》2013 年第 12 期。

⑤ 任海涛：《“教育惩戒”的概念界定》，《华东师范大学学报(教育科学版)》2019 年第 4 期。

⑥ 张莉、王光前：《论中小学教师惩戒行为的法律规制》，《福建师范大学学报(哲学社会科学版)》2017 年第 6 期。

⑦ 刘晓巍：《论教师惩戒权是一种权力及其实现》，《中国教育学刊》2019 年第 3 期。

去权威性；权利可以放弃，教师可能怠于履行义务；权利说有教师为自己利益实施惩戒之嫌。[①]

但是，将教育惩戒权认定为国家教育权，惩戒行为认定为国家行政行为，也面临不可克服的悖论：(1)所有国家立法在隐含教育惩戒权时，都用的是“权利”，并无授予国家权力的意图。(2)国家立法不仅认可学校是惩戒主体，也认可教师是惩戒主体，而行政行为只能以行政主体的名义作出，公职人员个人并不享有行政权。(3)行政行为要求对被处罚对象一视同仁，平等对待；教育惩戒的实施却要求照顾学生个体差异，因性别、年龄、身体状况、心理承受能力、情绪状态和家庭状况不同而不同。[②] 对于那些可以提出更高要求的学生，甚至可以采取十分严厉的惩戒措施。[③] (4)教育惩戒应具备可接受性和可撤销性。[④] 一般来说，行政行为具有单方性、强制性，并不过多考虑可接受性。更重要的是，行政行为一旦作出，即具备四种法律效力——公定力、确定力、拘束力和执行力，即假定合法、不得更改、双方遵守和强制实现的效力，但是教育惩戒行为既不具备天然合法的假定，又可以随时根据学生改过情况变更，学生也能够以转学的方式逃避惩戒。(5)行政行为引发纠纷一律适用行政诉讼，赔偿适用《国家赔偿法》；教育惩戒引发的纠纷，既有民事诉讼，也有行政诉讼，赔偿适用民事法律。(6)国家公职人员履行职务过程中的犯罪适用职务犯罪的规定，如滥用职权、玩忽职守；教育惩戒引发的犯罪适用的是一般的故意伤害、强奸、猥亵等罪名。(7)国家权力行使遵循“法无授权不可为”原则，要求所有惩戒方式必须由法律规定，但现实生活中学校和教师都不可避免

---

① 陈胜祥：《“教师惩戒权”的概念辨析》，《教师教育研究》2005 年第 1 期。

② 梁东荣：《教师惩戒权存在的合理性及实施初探》，《中国教育学刊》2003 年第 8 期。

③ 檀传宝：《论惩罚的教育意义及其实现》，《中国教育学刊》2004 年第 2 期。

④ 傅维利：《论教育中的惩罚》，《教育研究》2007 年第 10 期。

地会创造出一些惩戒形式。如学校自行创制的“绿色惩戒”校规，就得到了社会的广泛赞誉。[①] (8)民办非义务教育学校及其教师，也享有惩戒权，理解成国家教育权的延伸，难度较大。

综合上述，将教育惩戒行为认定为准行政行为，教育惩戒权认定为权力，取得了广泛共识；但进一步将其解释为国家行政行为、国家教育权却存在诸多困难，教育惩戒权的国家教育权范式解释力不足。

三、重新发现其教育社会权属性

教育法理论认为，存在三种教育权：国家教育权、社会教育权和家庭教育权。由于学校和教师的惩戒并未获得家长委托，中小学生入学也未导致监护权转移。因此，教育惩戒权不可能来源于家长教育权，对其性质的理论追问不得不转向社会教育权。社会教育权，即社会在教育方面的权力，为了厘清脉络，将其包含的权力、社会、社会权力、教育权力和社会教育权力等概念一一拆解开来讨论，早在 2003 年，劳凯声先生就提出“教育属于第三部门，学校属于介于政府和企业之间的社会组织”[②]的思想，在这个意义上，以下是对社会教育权的重新发现。

权力是一个关系范畴，表达一种支配与被支配的关系，意味着在一种社会关系里哪怕遇到反对也能贯彻自己意志的机会。[③] 教育惩戒权具有的支配性符合权力的特征。事实上，如果不施加任何强制，且不说惩戒，即便是教育，也无法展开。英国著名的“白狮街

---

① 《山东潍坊安丘景芝中学柔性治学 学生违规绿色惩戒》，《齐鲁晚报》2016 年 9 月 19 日。

② 劳凯声主编：《变革社会中的教育权与受教育权：教育法学基本问题研究》，教育科学出版社 2003 年版，前言第 5 页。

③ 马克斯·韦伯：《经济与社会(上卷)》，林荣远译，商务印书馆 1997 年版，第 81 页。

自由学校”实验证明了这一点，在完全自由的情况下，学生要么成为想控制别人的恶霸，要么任意破坏，结果就是一些学生什么都不学。①

社会又称“市民社会”或“民间社会”，是指与国家相对，并部分独立于国家的那些不能与国家相混淆或者不能为国家所淹没的社会生活领域。② 在马克思的用法中，社会与国家是不同层次的概念，法的关系和国家的形式根源于物质的生活关系，即“市民社会”。③ 马克思发现了一种前理性的客观关系，这种关系就是社会权力。④ 社会权力是根据自发分工产生的凌驾于个人之上的类力量，是一部分个体对另一部分个体所拥有的强制力，⑤ 它的政治表达就是政治（国家）权力。⑥ 社会权力先于国家权力产生，国家权力派生于社会权力并以公正的姿态表面上凌驾于社会权力。国家权力产生以后，社会权力并未消亡，仍然存在，体现为相对独立于国家的社会主体，以其所拥有的资源对社会与国家（政府）产生影响力和支配力。⑦ 社会资源包括物质资源和精神资源，社会权力就表现为社会组织在经济、政治、文化、道德和宗教等方面的权力。现代西方学者高德勒就把拥有文化资产、享有文化权力的新知识分子和科技精英称为

---

① 乔尔·斯普林格：《脑中之轮——教育哲学导论》，贾晨阳译，北京大学出版社 2005 年版，第 71—72 页。

② 查尔斯·泰勒：《市民社会的模式》，冯青虎译，载邓正来、J. C. 亚历山大编《国家与市民社会》，中央编译出版社 2002 年版，第 3 页。

③ 《马克思恩格斯选集》第 2 卷，人民出版社 1995 年版，第 82 页。

④ 潘乐：《〈莱茵报〉时期马克思的社会权力思想》，《中南大学学报（社会科学版）》2017 年第 5 期。

⑤ 王德峰：《社会权力的性质与起源——一个历史唯物主义的分析》，《哲学研究》2008 年第 7 期。

⑥ 刘建涛、杨静：《社会权力的起源、表现及消亡》，《南昌大学学报（人文社会科学版）》2019 年第 1 期。

⑦ 郭道晖：《社会权力：法治新模式与新动力》，《学习与探索》2009 年第 5 期。

“知本家”。①

教育权力是各主体在教育领域的支配力和强制力，由国家掌握，就是国家教育权；由社会掌握，就是社会教育权。国家教育权是一种法定权力，在法治国家，法无授权不可为；社会教育权是一种自然权力(权利)，社会将认为重要的教育权力(权利)上升为法律，要求政权机关和人民一起维护。国家教育权产生于社会教育权，并为社会教育权提供管理和服务。虽然都具有支配性，但国家教育权以国家暴力为基础，最终由军队、警察、法庭、监狱执行，体现为对违法者的镇压；社会教育权以文化传承和知识创新为使命，主要由学校和教师来完成，表现为受教育者对知识的接受和掌握。在现代社会，社会教育权是公民(非父母)或其他社会组织建立学校或教育机构对受教育者进行管理和施教的权力，也是一种权利和自由，法无禁止即可为；国家教育权是主权国家对其领土范围内的教育活动进行管理的权力，在我国主要表现为教育立法权、教育司法权、教育行政权和教育监察权，法无授权不可为。②

教育惩戒权是教育权力中体现强制性和支配性的部分，它也是一种自然权力。即便是原始部落，年长的部落成员发现幼年部落成员给自身或他人带来危险时，也会阻止、呵斥和责打。教育惩戒的目的不是惩戒，而是教育。在教育过程中，惩戒随时可能以千姿百态的形式发生，并因受惩戒者的悔改而随时终结。在这个意义上，教育惩戒的实质是教育而不是惩戒。教育惩戒行为本身是教育行为的一部分，具备专业性，一般不具备政治性；直接体现学校和教师的意志，并不是教育失败后突然出现的一截子国家意志。绝大多数

① 郭道晖：《论社会权力的存在形态》，《河南省政法管理干部学院学报》2009 年第 4 期。

② 管华：《儿童权利研究——义务教育阶段儿童的权利与保障》，法律出版社 2011 年版，第 102 页。

教育惩戒行为是极轻微的事实行为，[①] 不产生法律后果，也不能使法律关系产生、变更或消灭，不构成法律行为。与之类似，某些企业勒令业绩不佳的员工做俯卧撑、蛙跳，国家一般也并不干预。中国共产党对党员惩戒的四种形态，红脸出汗是常态，党纪轻处分、组织调整是大多数，党纪重处分、重大职务调整是少数，严重违纪涉嫌违法立案审查的是极少数。[②] 因为，法律不理琐事。[③] 只有当学校和教师过分侵越受教育者权益时，教育惩戒行为才构成法律行为，国家教育权才有介入管理的必要。《教育法》第二十九条规定学校有自主管理的权利，正是确认了学校作为社会组织的自治地位。

综合上述，将教育惩戒权的性质定位为社会教育权，既无损于其权威性、义务性和利他性，也更符合制度现实，包括国家立法的“权利”定位，全体教师均是惩戒权主体，因材施教，校规有权自主创制惩戒方式等，具有更强的解释力。

四、教育惩戒权的宪法教义学阐释

宪法教义学是对宪法典进行解释和体系化的学问，它假定宪法是一个无漏洞的体系，一切现实问题都可以在宪法中找到答案。[④] 从宪法教义学的视角出发，更容易洞见教育惩戒权的国家教育权范式隐含的价值悖谬。

在宪法上，社会教育权具有国家教育权所不具备的独特功能。欧洲宗教战争以后，政教分离成为宪法的基本原则。路德认为宗教

---

① 如现代的幼儿园、小学，老师对违反纪律的儿童经常采取扣小红花的方式；古代孔子的弟子冉求支持季康子的农田改革，孔子反对，就号召自己的弟子们“鸣鼓而攻之”，一起声讨他，参见《论语·先进》。

② 《中国共产党党内监督条例》第七条。

③ 王瑞君、吴睿佳：《法外的惩戒：“社会性制裁”概念辨析及其内涵证立》，《甘肃政法学院学报》2019 年第 2 期。

④ 管华：《我国大学地位的宪法根基》，《国家教育行政学院学报》2015 年第 2 期。

的本质是一种不可言传的内在体验，是不可能用武力解决的。他指出，异端是属灵的事；它不能被铁器击垮，不能被火焚烧，也不能被水淹没，唯靠神的话可以征服。[①] 国家本身并没有权力，把教师当作自己的机关，透过教师去传授国家认为正确的教育内容。马克思说："对于法律来说，除了我的行为之外，我是不存在的。"这意味着，思想不是法律的调整对象，思想自由或良心自由，本身就是无界限的和绝对的，并非国家教育权可以支配和管控的。国家教育权是对教育活动进行管理的权力，社会教育权是对受教育者进行管理和施教的权力；由于思想信仰自由的存在，国家并无直接施教、强制公民信奉某种思想的权力和可能。思想文化的传播、主流意识形态的形成，很大程度上是借助社会教育权来完成的。即便是在美国，联邦最高法院也通过贝塞尔学区诉弗瑞士案(Bethel School District No. 403 v. Fraser)确认，教师有义务向学生灌输文明的习惯和礼仪。如果将社会教育权完全抹杀，将学校和教师的教育惩戒权和国家权力直接连通，势必侵犯思想自由这一基本权利。近代欧洲的宗教战争、"二战"前德国纳粹的屠犹主义和日本的军国主义都给人类带来悲剧，可堪借鉴。

有学者认为，教师惩戒权源于我国《宪法》第十九条规定的国家教育权的授权。[②] 我国《宪法》第十九条规定："国家发展社会主义的教育事业，提高全国人民的科学文化水平。国家举办各种学校，普及初等义务教育，发展中等教育、职业教育和高等教育，并且发展学前教育。"本条位于宪法典的"总纲"，在理论上，该条款属于方针条款、基本权利的制度保障条款或宪法委托条款，是不具备法律约

---

① 马丁·路德：《关于世俗权力：对它的顺服应到什么程度?》，载[德]马丁·路德、[法]加尔文《论政府》，吴玲玲编译，贵州人民出版社 2004 年版，第 30 页。

② 叶桂仓：《试论教师惩戒权的权力性与规范》，《国家教育行政学院学报》2016 年第 4 期。

束力、不能向国家提出请求的原则性权利规范。[①] 纲领性条款针对国家规定的义务，只能由国家机关通过制定或执行规范来共同完成。[②] 这里的国家不能理解为公立学校，否则就会造成学校“举办各种学校”的结果，不符合同一律。[③] 事实上，我国的国家教育行政权在宪法上另有其来源，那就是《宪法》第八十九条第七项规定的国务院领导和管理教育工作的职权。如果说将第十九条理解为国家在教育领域的义务和职责并无不妥的话，进一步将其解释为教育惩戒权的来源则直接违背了宪法的精神。列宁有言：“宪法是一张写满人民权利的纸。”通说认为，宪法是保障人权的宪章，对抗暴政的终极武器，要求政府而非人民履行义务。因此，尽管我国《宪法》存在公民基本义务的条款，但因其始终缺乏稳固的理论基础，至今仍受到宪法学界的广泛质疑。[④] 如果认为教育惩戒权来源于《宪法》第十九条，这就将学生服从学校教师管理的义务提高到了公民宪法义务的高度，这是违背宪法精神的。如果依据《宪法》第十九条推断出教育惩戒权属于国家教育权的立论能够成立，与之相似，我国《宪法》第二十条规定了“国家发展医疗卫生事业”“保护人民健康”，是否也能推论医生对患者的管理权属于国家卫生权？这显然是荒谬的。

论者对教育惩戒权法律来源的追溯通常止步于《教育法》规定的学校自治权和《教师法》规定的教师职业权利，并小心翼翼地避开宪法和法律上关于儿童保护的条款，似乎教育惩戒权与儿童权利保护是此消彼长的关系。恰恰相反，儿童权利保护是教师惩戒权存在的

---

① 管华：《教育人权：国际标准与国家义务》，载齐延年主编《人权研究》第1卷，山东人民出版社2016年版，第68—98页。

② 谢立斌：《宪法社会权的体系性保障——以中德比较为视角》，《浙江社会科学》2014年第5期。

③ 李培传：《论立法》，中国法制出版社2013年版，第478页。

④ 王锴：《为公民基本义务辩护——基于德国学说的梳理》，《政治与法律》2015年第10期。

宪法依据之一。《宪法》第三十三条规定“国家尊重和保障人权”，第四十九条规定“儿童受国家的保护”“禁止虐待儿童”。前者确认了所有人包括儿童的人权主体地位，后者规定了儿童受特别保护的权利。① 儿童成为人权的主体而非对象，是资产阶级革命胜利之后的事，在国际上被正式确认得益于1989年联合国通过的《儿童权利公约》。在此之前，儿童往往被笼罩在家长权的阴影之下，不被看作完整的人。② 1899年杜威在《学校与社会》中明确提出了“儿童中心”的思想，人类对儿童的认识也从“小大人”“原罪论”发展到了“以儿童为中心”的阶段。③ 受教育权也被理解为“被协助学习权”，④ 学生始终是学习的主体。制定教育惩戒的实施细则固然要强调教师的权威，但更要警惕重谈“天地君亲师”的老调，重走特别权力关系的老路。毕竟，《宪法》直接规定了儿童受保护的权利，并未规定教师的权利，在权利位阶上，后者等而下之。在根本上，提高教师权威、维护校园秩序的合法性基础和终极目标都在于保障儿童的人身权、财产权，实现其受教育权，落实其受保护权。无论是将教育惩戒行为界定为内部行政行为，还是将学校和学生的关系定位为特别权力关系，都将危及儿童受宪法保护的权利；在这个权利意识高涨的时代，不具备可操作性。尤其是特别权力关系理论，无论是在其发源地德国还是在日本和我国台湾地区，均已是明日黄花，被时代所

---

① 《未成年人保护法》第三条规定，未成年人有受“优先保护”的权利，专章规定了“学校保护”。

② 如《十二铜表法》第四表第一条规定：“对畸形怪状的婴儿，应即杀之。”第二条规定：“家属终身在家长权的支配下。家长得监察之、殴打之、使作苦役，甚至出卖之或杀死之；纵使子孙担任了国家高级公职的亦同。”这里的“家属”当然包括儿童。管华：《儿童权利研究——义务教育阶段儿童的权利与保障》，法律出版社2011年版，第30页。

③ 同上书，第49—57页。

④ 胡锦光、任端平：《受教育权的宪法学思考》，载劳凯声主编《中国教育法制评论》（第1辑），教育科学出版社2002年版，第48页。

抛弃。

在宪法中，教育惩戒权有更直接的来源，那就是《宪法》第四十六条规定的受教育基本权利。一般认为，基本权利具有三种功能：防御权功能、受益权功能和客观价值秩序功能。[①] 基于此，受教育基本权利派生出三项子权利：受教育自由权、受教育社会权和受教育秩序权。由于受教育在本质上属于言论自由和思想自由的结合，[②] 受教育自由权是受教育基本权利的核心和首要内容，包括学生及其家长的选择自由和教师的教育教学自由等。[③] 即便我国《宪法》规定了公民受教育的义务，也指的是公民必须在义务教育阶段接受一定标准的教育，在该阶段结束时达到规定的教育目标，[④] 并未取消教育选择自由和教师的教育教学自由。将教师基于教育教学自由所开展的教学活动认定为体现国家暴力、受法律严格控制的国家行政行为违背了教育的本质。爱因斯坦指出，在教师的工作领域，他应该像位艺术家。雅斯贝尔斯说："真正的教育，是一棵树摇动另一棵树，一片云推动另一片云，一个灵魂唤醒另一个灵魂。"教育惩戒是教育教学行为的一部分，教育惩戒权来源于教育教学自由，是受教育基本权利派生出来的二级子权利，这才是其宪法地位。正因为如此，国家立法应对学校和教师关于教育惩戒形式的创造保持足够尊

---

① 张翔：《基本权利的规范建构》，高等教育出版社 2008 年版，第 39—45 页。

② 莱昂·狄骥：《宪法学教程》，王文利等译，辽海出版社、春风文艺出版社 1999 年版，第 199 页。

③ 管华：《再论受教育权的性质与内容》，载劳凯声主编《中国教育法制评论》(第 9 辑)，教育科学出版社 2011 年版，第 172 页。

④ 申素平、陈梓健：《权利还是义务：义务教育阶段受教育权性质的再解读》，《北京大学教育评论》2018 年第 2 期。

重：校纪、班规设立的娱乐式、反思式、服务式、交换式惩戒形式，[①] 只要是师生共同制定的，没有超越法律的限度，就是合法的；甚至即便没有校规明文规定，只要在通常规则下应当被惩戒也可以惩戒，因为学校和教师不可能把所有学生的越轨行为都制定成书面规则。[②]

由此可见，因为儿童受特别保护，惩戒也是教育自由所必需，国家制定教育惩戒实施细则的实质就是对教育惩戒过程中学生权益受损可能产生的法律责任的豁免，为教育惩戒提供阻却违法性的依据。[③]只要教育惩戒符合实施细则和校纪、班规的规定，即便后续产生了过激事件，学校和教师也不承担法律责任。因为只有严格处理违纪行为，才能避免破窗效应，动摇班级伦理，最终损害学生的受教育权；[④] 才能避免学生由违反校纪、班规发展到从事《预防未成年人犯罪法》所规定的不良行为和严重不良行为，最终发展到犯罪。[⑤]又因为教育惩戒可能异化成辱骂和体罚，惩戒实施细则在给予学校和教师自主空间的同时，也应严格规定惩戒权行使的主体、原则、条件、程序、幅度、监督、救济以及超过法定限度侵犯学生权益应承担的法律责任，以实现对学生权利的保护。

---

① 现实生活中存在的惩戒方式远远超出学者的想象。一是允许学生自主选择受惩戒的形式；二是注重教育性，脱稿演讲、表演节目、介绍父母、帮助他人、安全提醒、制作板报、体育锻炼、相互检讨、家长陪读、模拟法庭辩论、放弃看电视、不准参加社团等都被当成惩戒的形式。参见郑立平：《班级管理金点子》，《班主任之友》2007 年第 11 期；张锐鑫：《一部"学生教育惩戒法"使教师教育方法成焦点》，《洛阳日报》2013 年 3 月 13 日。

② Charlie J. Russo, *The law of Public Education*（NY：Foundation Press，2018），pp. 1028-1029.

③ 贺国荣：《刑法视角下的中小学教师惩戒权》，《社科纵横》2015 年第 7 期；沈玉忠：《教师惩戒权的限界设定及责任分析》，《商丘师范学院学报》2009 年第 4 期。

④ 吴维煊：《教师惩戒权应受到法律保护》，《中国教育学刊》2015 年第 8 期。

⑤ 王瑞山：《城市本地籍未成年人犯罪生成及遏制实证分析》，《华东师范大学学报（哲学社会科学版）》2019 年第 4 期。

总之，理论应以制度现实为依据。教育惩戒权的国家教育权范式遭遇不可解决的悖论，需要重新发现其社会教育权范式。研究发现，教育惩戒权的社会教育权范式既不损失国家教育权范式的优点，又能避免那些悖论，具有更强的解释力。更重要的是，从宪法教义学的视角看，教育惩戒权的宪法依据不是《宪法》第十九条，而是第四十九条、第三十三条，更直接的依据是第四十六条规定的受教育基本权利，是由该权利派生出来的子权利。教育惩戒实施细则的起草应在这一理论背景下展开。

第五章　《学前教育法草案》逐利限制条款的合宪性解释[①]

2020年9月7日，《中华人民共和国学前教育法草案（征求意见稿）》（以下简称《草案》）向社会公布。2018年《中共中央 国务院关于学前教育深化改革规范发展的若干意见》（以下简称《意见》）之“（二十四）遏制过度逐利行为”的主要内容在《草案》关于“逐利限制”的第二十七条中得到了延续。该条如下：

社会资本不得通过兼并收购、受托经营、加盟连锁、利用可变利益实体、协议控制等方式控制公办幼儿园、非营利性民办幼儿园。

幼儿园不得直接或者间接作为企业资产上市。上市公司及其控股股东不得通过资本市场融资投资营利性幼儿园，不得通过发行股份或者支付现金等方式购买营利性幼儿园资产。

第二十七条第一款可称为“禁止可变利益实体条款”，第二款可称为“禁止上市条款”。自《关于学前教育深化改革规范发展的若干意见》发布以来，“逐利限制”是否合法乃至是否合宪，在民间和媒体上都引发了讨论。囿于法学和教育学的专业壁垒，沟通二者的研究并不多。因此，本章拟做如下安排：（1）禁止“可变利益实体”的原因分析；（2）“禁止上市条款”的合宪性分析。

---

① 管华：《〈学前教育法草案〉逐利限制条款的合宪性解释》，《湖南师范大学教育科学学报》2020年第6期。

一、禁止“可变利益实体”控制公办和非营利性民办园的理由

“可变利益实体”译自英文“variable interest entity(VIE)”，既指中国企业赴境外上市的一种融资模式，也指这种融资模式下国内的实际运营公司。其特点是海外上市主体并不持有境内企业的股份，而是通过国内全资子公司(WFOE)与国内实际运营公司签署一系列合同，实现对国内运营公司的利润的转移和控制，即“协议控制”。截至2014年，在美上市的中国企业202家中，84家采取了这种模式。① 截至2018年，24家国内教育企业境外上市，只有两家未采用VIE模式。② 据估计，我国学前教育市场规模约为3800亿元。③

内地企业纷纷采取VIE方式赴美国、香港上市的原因在于：(1)达不到国内上市条件，亟须融资。(2)避开国家对外商投资的限制。据国家发展和改革委员会、商务部发布的《外商投资准入特别管理措施(负面清单)(2020年版)》，学前教育属于限制外商投资领域。(3)避税。“协议控制”通过表外协议隐藏了企业财务信息，破坏了税收监管的信息基础。④

“可变利益实体”或“协议控制”在我国是否合法，在《外商投资法》通过以后，仍无定论。2015年的《外国投资法(草案征求意见稿)》第十一条曾规定，受外国投资者控制的境内企业，视同外国投资者。但2019年正式通过的《外商投资法》删除了以上内容，只在第二条规定：“本法所称外商投资，是指外国的自然人、企业或者其

---

① 刘纪鹏、林蔚然：《VIE模式双重道德风险及监管建议》，《证券市场导报》2015年10期。

② 潘奇、董圣足：《VIE架构在教育领域的应用、问题及其对策》，《教育发展研究》2018年第5期。

③ 陈启、殷平：《教育产业创新发展的法律参考》，《中关村》2019年第6期。

④ 邢天添、任怡：《海外上市VIE结构企业的税收监管问题》，《税务研究》2015年第7期。

他组织(以下称外国投资者)直接或者间接在中国境内进行的投资活动。”“协议控制”是否属于外国间接投资，尚不明确。2010 年，河北宝生钢铁公司签署的 VIE 协议被河北省政府认定为以合法手段掩盖非法目的，被予以撤销。在亚兴公司诉安博教育案中，最高人民法院基于安博公司股东为中国公民，认定安博公司为内资企业，非外资企业；亚兴公司以双方签订的 VIE 协议以合法的形式掩盖境外上市的目的、违反国家禁止外资进入“义务教育”的规定为由主张合同无效，亦未获得法院支持。① 法院的判决有其理由：《合同法》第五十二条第五项规定，违反法律、行政法规的强制性规定的合同无效。《最高人民法院关于适用〈中华人民共和国合同法〉若干问题的解释(二)》第十四条将该“强制性规定”解释为“效力性强制性规定”，而不包括管理性强制性规定。② VIE 规避了中国政府对内资企业海外上市的监管和外资企业进入特定行业的限制，存在税收套利空间，但执法部门很少向其提出挑战。主流观点和监管部门一般都认为 VIE 违法，但由于并不严格执法，所以尚处于灰色地带。

《草案》第二十七条第一款对于是否可以通过 VIE 控制营利性民办园态度暧昧，只规定不得控制公办园和非营利性民办园。其理由在于：根据《草案》第十八条，利用财政经费、国有资产、集体资产举办的幼儿园属于公办园；根据第二十六条，上述资产不得用于举办营利性幼儿园，即公办园只能办成非营利性幼儿园。公办园和非营利性民办幼儿园都不允许举办者取得办学结余。如果允许“协议控制”，就有可能通过协议转移学校的全部办学结余，使《民办教育

---

① 《长沙亚兴置业发展有限公司与北京师大安博教育科技有限责任公司合同纠纷二审民事判决书(2015)民二终字第 117 号》。

② 《民法典》第一百五十三条：违反法律、行政法规的强制性规定的民事法律行为无效。但是，该强制性规定不导致该民事法律行为无效的除外。这是将最高人民法院的司法解释吸收进了《民法典》。

促进法》规定的营利性和非营利性分类管理、“非营利性民办学校的举办者不得取得办学收益”等规定成为一纸空文。

美中不足的是，《草案》第八章“法律责任”部分并未规定社会资本控制公办园、非营利性民办园的法律责任。

二、“禁止上市条款”的合宪性分析

“禁止上市条款”在宪法上涉及两大基本权利，一是《宪法》第十三条规定的财产权，二是《宪法》第四十九条规定的儿童受保护权。这两项基本权利均体现于普通法律。《民法典》第一百二十五条规定：“民事主体依法享有股权和其他投资性权利。”这意味着幼儿园举办者有权将出资分为股份，达到《公司法》规定条件的，经批准就能够上市。这可能是《草案》未通过前，民间认为《意见》违法的理由之一。《未成年人保护法》第三条规定未成年人享有“受保护权”，“国家根据未成年人身心发展特点给予特殊、优先保护”。本条既规定了儿童的受保护权，也规定了“儿童优先”的立法、司法原则。[1]在世界范围内，营利性学前教育公司上市并不是常态，已经产生了一些负面效果。禁止民办营利性幼儿园上市或者被上市公司投资，应该是出于这方面的考虑。

《学前教育法》作为全国人大立法，可以与已制定的法律不一致。如《民办教育促进法》第二条规定：“国家机构以外的社会组织或者个人，利用非国家财政性经费，面向社会举办学校及其他教育机构的活动，适用本法。”这是将所有利用“非国家财政性经费”的学校和教育机构，界定为“民办教育”。《草案》第十八条不仅将“利用

---

① 《未成年人保护法》是我国为了批准实施《儿童权利公约》而制定的。其“未成年人”的范围等于《儿童权利公约》中“儿童”的范围，其“儿童优先”原则，近于公约中“儿童最大利益”原则。参见管华：《儿童权利研究——义务教育阶段儿童的权利与保障》，法律出版社 2011 年版，第 63 页。

财政经费”举办的幼儿园认定为公办园，还将“军队、国有企业、人民团体、高等学校等事业单位、街道和村集体等集体经济组织等”“利用国有资产、集体资产举办的幼儿园”认定为公办园，扩大了公办园的范围。还在第二十六条规定公办园不得转制，不得举办或参与举办营利性民办园。根据“特别法优于一般法”的原则，《学前教育法》关于民办园有特别规定的，不再适用《民办教育促进法》的相关规定。与《民法典》的关系虽也可类似处理，但《学前教育法》大概率将由全国人大常委会通过，而《民法典》是由全国人大通过的，在理论上，全国人大常委会制定的法律效力低于全国人大制定的法律。因此，有必要分析“禁止上市条款”的合宪性。若该条款能通过合宪性审查，其与《民法典》的关系采取“特别法优于一般法”的原则，也不违背宪法秩序所要求的统一性。

基本权利限制的合宪性审查一般采取三阶段模式：首先确认涉及哪项基本权利的保护范围，其次该基本权利是否真正受到了干涉，最后干涉是否具有合宪性理由，即违宪阻却事由。[①]

“禁止上市条款”可能落入“财产权”这一基本权利的保护范围。《宪法》第十六条和第十七条分别规定了国有企业和集体经济组织的自主经营和经济活动的自主权，唯独没有规定非公有制经济的经营自主权。但《行政诉讼法》第十二条、《行政复议法》第六条均明确使用了“经营自主权”，将其作为提起行政诉讼或行政复议的重要事由。《宪法》第十三条规定“公民的合法私有财产不受侵犯”。在主体上，本条规定的主体是“公民”。幼儿园的举办者多为法人，法人是否能够成为宪法上的基本权利主体，在理论上有争议。通说认为，法人无法享有自然人肉体、精神心理等方面的基本权利，但能享有

① 张翔：《基本权利限制问题的思考框架》，《法学家》2008 年第 1 期；赵宏：《性教育课程案》，载张翔主编：《德国宪法案例选释（第 1 辑）：基本权利总论》，法律出版社 2012 年版，第 224 页。

经济自由权、财产权、平等权、请求权等基本权利。[①] 在指向上，宪法上的财产权与民法上的财产权有所不同，主要是私人针对公权力的侵害而享有的财产权利。[②] 在范围上，现代宪法上的财产权不仅包括物权、债权、继承权等传统民事权利，也包括股权、知识产权等新型权利，甚至包括网络虚拟财产和个人信息，以至于“任何具有财产价值的私权”。[③] 上市既是公民对股权的处分，也属于营业自由的一部分。在近代，营业自由是市民和工商阶层与封建主、教会和行会进行长期的艰苦斗争之后才得来的。[④]《中华民国临时约法》第六条第三项规定“人民有保有财产及营业之自由”。法国宪法未规定营业自由，但其被行政法院认定为公众自由基本权利的一部分。[⑤] 我国现行《宪法》虽未明文规定营业自由，但营业自由既属于第十五条“国家实行社会主义市场经济”条款的制度保障，也能落入财产权的保障范围。古典自由主义财产权的焦点就在于允许个体去进行营业上的自由竞争。[⑥] 因此，上市的权利应当属于宪法财产权的保护范围。

“禁止上市条款”直接限制了公民、法人的股权和营业自由。《草案》第七十一条规定了“逐利责任”，违反该条款将面临处罚。因此，可以认定财产权受到了干涉。

对财产权的限制是否具备合宪性理由？显而易见的理由是“儿童优先”原则，为了保障学前儿童的受保护权，对法人的财产权进行一定的限制是正当的。当今世界，财产权绝对的观念趋于式微。在合宪性审查上，美国联邦最高法院形成了对精神自由和经济自由

---

① 胡锦光、韩大元：《中国宪法》，法律出版社 2007 年版，第 181 页。

② 林来梵：《美国宪法判例中的财产权保护》，《浙江社会科学》2003 年第 5 期。

③ 张翔：《宪法释义学》，法律出版社 2013 年版，第 173 页。

④ 肖海军：《论营业权入宪》，《法律科学》2005 年第 2 期。

⑤ 王红霞、周建平：《经营自由的价值意蕴与制度逻辑》，《人民法治》2016 年第 5 期。

⑥ 薛军：《“民法—宪法”关系的演变与民法的转型》，《中国法学》2010 年第 1 期。

的双重标准，对后者实施更宽松的审查。在关系到个人生存的财产和关系到企业经济活动的财产之间，对财产权的制约主要限于后者。[①] 按照美国式的"合理性审查基准"，对经济性基本权利的限制，只要行为具有正当目的，手段与目的有关联即可。德国联邦宪法法院在适用比例原则的过程中，也形成了不同的标准：在经济领域只有当立法措施明显不当时，才加以否定；在估计对公益的危险时，立法者有较大的判断空间，即使危险还远未发生，也不禁止立法者采取预防措施。[②] 美国、德国的合宪性审查标准可以作为对"禁止上市条款"的合宪性分析的参考标准。

限制营利性幼儿园发展乃至上市，大概有以下几方面理由。

1. 坚持学前教育的公共产品属性。学前教育不仅仅是私人产品，也是公共产品。[③] 我国《民办教育促进法》规定，不论营利性还是非营利性民办教育，都"属于公益性事业"。

2. 反对过度市场化。学前教育的市场假设是错误的，具体说来：(1)早教市场是垄断竞争型市场。因受制于支付能力、距离和为孩子们维持稳定性的需要，家长选择自由不过是"妄想"。[④] 地理位置是家长的首要考虑因素，不同地区之间竞争关系微弱，并不存在一个全国性的市场。[⑤] (2)信息不对称。学前教育属于"信任品"，事先无法比较，事后难以验证。园方有很强的动力进行虚假宣传。[⑥]

---

① 韩大元、林来梵、郑贤君：《宪法学专题研究》，中国人民大学出版社 2008 年版，第 402—422 页。

② 何永红：《基本权利限制的宪法审查》，法律出版社 2009 年版，第 27、30、36 页。

③ 李立国：《教育产业化的思想根源探析》，《中国高教研究》2006 年第 5 期。

④ Helen Penn, "The business of childcare in Europe," *European Early Childhood Education Research Journal* 22, no. 4(2014): 432-456.

⑤ 陈欢：《英格兰政府干预早期保教市场的历史研究(1948—2018)》，博士学位论文，东北师范大学，2019 年，第 43、277 页。

⑥ 崔世泉、袁连生、田志磊：《政府在学前教育发展中的作用——来自经济学理论和实践经验的分析》，《学前教育研究》2011 年第 5 期。

不仅幼儿不具备评价教育质量的能力，家长同样不具备。家园共谋的特色课程消费、家长和从业者对儿童学习的错误理解，只会迫使儿童成为学习的机器，而不是童年的主人。[①] 不少家长认为收费高、装修好就是高质量，需求侧的融资模式会导致价格失控。[②] (3)营利性教育机构在学前教育领域生存空间不大。只有在有强大的公共供给和严格规制的系统中，营利性学前教育机构才最有可能发挥有益作用。[③] 但在严格规制下，营利性学前教育机构很少能生存下来，因为很难挣到钱。[④] 瑞典对保教的监管水平较低，但学前教育质量较高，原因就在于营利性机构占比较低。[⑤]

3. 避免重蹈学前教育被上市公司主导的覆辙。世界最大的学前教育上市公司 ABC learning 一度占据澳大利亚 30%的市场份额，业务扩展到美国、英国、新西兰、菲律宾和印度尼西亚。其从蓬勃发展到轰然倒塌的实践证明：(1)高质量托幼服务与股东利益之间存在冲突，主要在于利润最大化的短期压力。上市公司维持高利润只能不断并购，小规模民办园无法与上市公司竞争，只要在部分区域形成垄断，家长就别无选择。一旦上市公司破产，政府不得不承担孩子上学的义务。[⑥] (2)上市公司的教育质量更低。付给教师的工资

---

① 陈欢：《英格兰政府干预早期保教市场的历史研究(1948—2018)》，博士学位论文，东北师范大学，2019 年，第 44 页；另见王海英：《常识的颠覆 学前教育市场化改革的社会学研究》，广西师范大学出版社 2010 年版，第 153 页。

② Eva Lloyd and Helen Penn, "Childcare markets in an age of austerity," *European Early Childhood Education Research Journal* 22, no. 3(2014): 386-396.

③ Ibid.

④ Helen Penn, "The business of childcare in Europe," *European Early Childhood Education Research Journal* 22, no. 4(2014): 432-456.

⑤ 许倩倩：《境外营利性学前教育研究进展与反思》，《外国教育研究》2018 年第 10 期。

⑥ Senate Standing Committees on Education and Employment, *Provision of childcare*(Canberra: Commonwealth of Australia, 2009), pp. 20, 24, 25, 27, 31.

占收入的比例比非营利性组织更少。[①] 教师更没有时间与儿童建立关系，可能更少为孩子提供充足食物，更不愿意自己的孩子进入上市公司下属的幼儿园。[②] 结果是政府持续投入，价格持续上涨，服务“去专业化”。[③]

4. 避免学前教育过度产业化。美国营利性大学迅猛发展以后，这些大学大多被 40 多家上市公司所控制，[④] 出现了质量较低、学费较高的现象。[⑤] 在我国，教育产业化在民间曾引起激烈的争议。在分类管理落地之前，民办高校均无法进入资本市场。隐性教育板块多呈现先优后劣的业绩发展趋势。[⑥] 与高等教育相比，学龄前儿童更加缺乏判断能力、更容易受伤害，即便允许营利性教育机构上市，也不应从学前领域开始。由此可见，“禁止上市条款”无论按照美国式的“合理性审查基准”，还是按照德国式的“可支持性审查”标准，都能通过合宪性审查。

总之，全国人大基于与《民办教育促进法》衔接的需要，有权规定“禁止可变利益实体条款”；以全国人大立法的形式限制财产权、“禁止上市”，既符合法律保留原则，也体现了对儿童的“优先保护”。

---

① Senate Standing Committees on Education and Employment, *Provision of child care*(Canberra: Commonwealth of Australia, 2009), p. 21.

② 员春蕊：《澳大利亚联邦政府学前教育质量保障发展研究(1983—2014)》，博士学位论文，东北师范大学，2015 年，第 110 页。

③ 许倩倩：《澳大利亚学前教育市场化改革：背景、历程与镜鉴》，《学前教育研究》2000 年第 4 期。

④ 乔治·凯勒：《前言》，载理查德·鲁克《高等教育公司：营利性大学的崛起》，于培文译，北京大学出版社 2006 年版，第 1 页。

⑤ 周详：《美国营利性高等教育的困局及其对教育立法的启示》，《中国高教研究》2016 年第 6 期。

⑥ 高晓杰：《美国营利性私立高等教育与资本市场》，广东高等教育出版社 2008 年版，第 252 页。

第四篇　立法论

第一章　学前教育立法应处理好十大关系[①]

2018年9月28日，由教育部政策法规司主办、西北政法大学教育立法研究基地承办的“学前教育立法论坛”在西北政法大学召开。王大泉副司长在会议总结时指出，这次会议达成了很多共识：一是在立法宗旨上，应以保护儿童权利为中心；二是在年龄范围上，多数专家包括园长希望把0—3岁纳入调整范畴，提供一些服务；三是不希望把学前教育纳入强制教育，但不影响其公共教育属性；四是立法原则应强调公益性、普惠性，注重道德、身体和素质的培养。同时，仍然存在很多需要继续研究的问题。在会议成果的基础上，结合已有研究和西北政法大学教育立法研究基地在2018年7—9月开展的“学前教育立法百所幼儿园调研”，笔者提出学前教育立法应处理好的十大关系：(1)速度与质量的关系；(2)需求与供给的关系；(3)中央与地方的关系；(4)教育部门与其他部门的关系；(5)公办与民办的关系；(6)去小学化与幼小衔接的关系；(7)编制与待遇的关系；(8)家长与园所的关系；(9)促进与监管的关系；(10)汉族与少数民族的关系。

一、速度与质量

速度与质量的关系是指学前教育事业发展的速度与学前教育质量提高的关系。据《教育部等四部门关于实施第三期学前教育行动

---

① 管华：《学前教育立法应处理好十大关系》，《湖南师范大学教育科学学报》2019年第1期。

计划的意见》(教基〔2017〕3号):经过前两期三年行动计划,2016年全国学前三年毛入园率达到77.4%。2017年,该数据达到79.6%。与2009年相比,毛入园率提高了近29%,平均每年提高3.6%。我们调研发现:全国29个省、自治区、直辖市(不包括北京、重庆和港澳台地区)139所幼儿园中,全部入园的有92所,基本入园的有40所,部分入园的有7所,经加权平均,入园率达到93.9%。显而易见,经过各级政府和教育主管部门近八年的努力,我国学前教育事业发展取得了重大成就。

在此基础上,有专家提出,学前教育的主要矛盾将由总量不足的短缺性矛盾,转换为结构性的矛盾,要通过立法规范学前教育事业的发展,提高保教质量。还有学者提出,2018年《关于全面深化新时代教师队伍建设改革的意见》提出的"突出保教融合"在立法中应有所体现。当前,学前教育保教质量总体上不高是学界的共识,[①]教育部《学前教育专题评估报告有关情况介绍》也指出"提升保教质量任务依然艰巨"。面对学前教育量的扩张,专家们自然而然地提出来,学前教育立法应注重质的提高,提高学前教育的质量。

笔者认同学前教育质量的提高非常必要,但考虑到学前教育历史欠账太多、短板太短,不宜在国家立法中规定过高的质量标准。保教质量标准至少包括园所设施、师生比和教师学历三方面。2016年发布的《幼儿园建设标准》对室外游戏场地、集中绿地,幼儿活动用房、服务用房、附属用房均进行了规定。但调研发现:农村幼儿园、城市郊区幼儿园、边疆幼儿园,直接以民房或者园长居所作为

① 袁秋红:《我国民办学前教育十年发展态势、存在问题及政策建议》,《教育科学》2017年第1期;虞永平、刘颖:《学前教育体制机制的主要问题及改革思路》,《学前教育研究》2017年第12期。

园所，无室外活动场地、无集中绿地、无办公室的现象较为常见。[①] 2013 年发布的《幼儿园教职工配备标准(暂行)》要求全日制幼儿园保教人员和幼儿比为 1∶7—1∶9。但调研发现：保教人员和幼儿比 1∶10 以上的占 52%。教师最低学历为中专占 27%，还有 6%的幼儿园教师最低学历为初中。

学前教育质量较低的现状当然不应长期持续下去，但是现有的建设标准、教职工配备标准多是示范性标准，不具备法律约束力，在农村、城乡接合部和边疆地区很难实现。《学前教育法》制定出来以后，要在全国适用，必须考虑到农村和边远地区的现实条件，应起到“保基本、兜底线”的作用，不宜将示范性标准直接法律化。在美国，所有学前项目均以扩大教育机会为主，还没有上升到提高质量的阶段。[②] 在我国，也不宜提出过高的标准，比如不宜将中央刚刚提出的、准备逐步实现的“保教融合”规定于法律中。在一些幼儿园尚未实现“两教一保”、相当部分教师未获得教师资格的条件下，把“保教融合”直接入法，间接提高了保育员的准入门槛，削弱了法律的可操作性。

类似于消灭贫困，最后的贫困最难战胜。学前教育的普及面临同样的问题，农村和贫困地区是关键，立法时必须把握好速度和质量的关系，因地制宜，避免提出过高的质量标准。

二、需求与供给

尽管在西部农村连片特困区，还存在“总体性入园难”，比如在某省民族县和特困县，仍然存在学前三年毛入园率低于 30%，无幼

---

① 参见“学前教育立法百所幼儿园调研”志愿者孙晨坤、李静茹、朱羽昕、莫春梅、黄琳晶的调研报告。

② 赵海利：《美国政府学前教育投入的特点、趋势与启示》，《教育研究》2016 年第 5 期。

儿园的乡镇达32.95%的情况。[①] 但在绝大多数地方，呈现的是“结构性入园难”，即入好园难。存在以下几类需求：(1)富裕阶层涌向高端民办幼儿园，月缴纳各种费用达万元甚至更多。(2)城区工薪阶层热捧公办优质幼儿园，未放暑假即开始预约、天不亮就排队报名，甚至现场抽签入学。(3)在农村，部分家长不愿意交学费，认为幼儿园教师就是带孩子的，[②] 家里有老人帮忙，不让孩子入园。因为家长是双职工或者干脆图省事，送孩子入园的也很常见。

对于高端需求，应当主要由市场提供，但面对群众日益增长的有质量的学前教育的需求，尤其是“二孩”政策放开后，如何依照《教育法》“构建覆盖城乡，特别是农村的学前教育公共服务体系”，便成为政府不得不面对的课题。在农村和城乡接合部，由于存在价格洼地，民办园缺乏办园意愿，[③] 存在“劣币驱逐良币”的现象。低收入家长对价格非常敏感，忽视教育质量，大量未经审批的家庭幼儿园牺牲质量、恶性竞争。[④]

为了保证学龄前儿童的受教育权，提高保教质量，在理论界一直有实行学前一年甚至三年免费的建议，也有一些地方试点。但是在实践中，遭遇了不少困难：一是高端民办园免费，财政难以支撑；二是公办园本来收费就低，再免费则增加教育不公平；三是西部某省实施免费以后，民众获得感不多，财政却已经难以为继了。随着我国宏观经济增长放缓，公共服务均等化对财政支出需求的增

① 郑明：《“学前教育三年行动计划”成效分析与对策建议》，《学前教育研究》2014年第8期。

② 调研发现，某乡中心幼儿园十名教师都是小学老师转岗的，园长表示：“说句不好听的，他们就是看孩子。”

③ 吕武：《县域城乡一体化学前教育公共服务体系构建的路径分析》，《教育与经济》2016年第5期。

④ 丁秀棠：《“普惠性”目标定位下民办学前教育的现状与发展》，《学前教育研究》2013年第3期。

加，无差别的免费不再是政策选项。2018年8月27日，《国务院办公厅关于进一步调整优化结构提高教育经费使用效益的意见》(国办发〔2018〕82号)指出："坚持实行九年义务教育制度，严禁随意扩大免费教育政策实施范围。"

因此，针对低收入家庭子女、农民工随迁子女、孤儿、残障儿童等处境不利于接受基本学前教育儿童，"精准靶向"免收保教费，扩大普惠性学前教育资源，满足群众有质量的学前教育需求应是立法的意图之一。

三、中央与地方

改革开放40余年，学前教育的性质经历了从福利到人权的转变。改革开放之前，实行"单位"制，学前教育属于单位福利的一部分，教育公平问题并不突出。改革开放以后，尤其是1998年国企改革进入深水区，出现了下岗潮，职工子女也被从单位里抛出来。2003年《关于幼儿教育改革与发展的指导意见》发布后，学前教育出现了明显的社会化转向，实际上主要由市场提供。2015年《教育法》修改，则将学前教育定位为"公共服务"。既然是公共服务，就应当服从宪法上"公民在法律面前一律平等"的要求，在这个意义上，平等接受学前教育成为一项基本人权。

我国学前教育生均经费从2009年的921元提升至2016年的8626元，但与发达国家相比，仍有很大差距。[①] 学前教育投入主要由地方负责，以县为主，东西差距、城乡差距较大。据测算，2013年学前教育生均经费投入北京是广西的10.49倍，生均预算内经费上海是河南的12.57倍，农村幼儿园生均预算内经费上海是河南的

---

① 《2017年中国教育经费及学前教育经费支出情况统计分析》，http://www.chyxx.com/industry/201708/553387.html，2018年10月3日访问。

96.25倍。[①] 与之相比，2012年美国学前教育投入中，联邦政府、州政府和地方政府投入比例分别为22%、43%和35%。[②] 美国是联邦制国家，依其宪法，教育是州的"保留权力"，州相当于一国。我国是单一制国家，任何公民权利状况的极端不平等，中央政府都有责任予以改善。[③]

在2016年《国务院关于推进中央与地方财政事权和支出责任划分改革的指导意见》和2018年《基本公共服务领域中央与地方共同财政事权和支出责任划分改革方案》这两个中央与地方事权财权划分的基础性文件中，均未出现"学前教育"。尽管2010年《国务院关于当前发展学前教育的若干意见》发布后，随着三期学前三年行动计划的实施，中央财政八年来连续投入了1100多亿元支持学前教育事业。但是如果不通过法律规定中央政府应承担的财政责任，中央对学前教育的投入就难以制度化，甚至会出现反复。

落实《宪法》"发展学前教育"和《教育法》"制定学前教育标准"的要求，制定全国适用的《学前教育法》也是中央的义务，需要全国人大立法。为了发展学前教育事业，各地纷纷制定了关于学前教育的地方性法规、规章。但是学前教育的性质与管理体制、教师及其他教育工作者的资质、地方政府发展学前教育的职责等由全国人大立法更合适。[④]

在地方各级政府承担的学前教育经费中，省级政府承担的比例

---

① 赵彦俊、刘敏慧：《学前教育生均经费投入的区域差异分析》，《学前教育研究》2017年第8期。

② 赵海利：《美国政府学前教育投入的特点、趋势与启示》，《教育研究》2016年第5期。

③ 管华：《义务教育阶段受教育权保障之道》，载劳凯声、余雅风主编《中国教育法制评论》(第12辑)，教育科学出版社2014年版。

④ 吴遵民、黄欣、屈璐：《我国学前教育立法的若干思考》，《复旦教育论坛》2018年第1期。

过小，县乡财政压力较大，尤其是欠发达地区县级政府财政压力过大。[①] 因此，应明确省级政府的统筹责任，促进区域内学前教育均衡发展。

四、教育部门与其他部门

研究教育问题，常常会聚焦教育行政部门。其实根据《宪法》和《地方各级人民代表大会和地方各级人民政府组织法》，教育是地方各级人民政府执行国民经济和社会发展计划、管理区域经济之后的第三项重要职责，“国十条”也提出“坚持政府主导”。因此，各级人民政府是发展学前教育事业的第一责任主体。在已制定的九部省级地方性法规中，北京、江苏、安徽、吉林、云南、浙江要求“将学前教育纳入本地区国民经济和社会发展计划”，[②] 天津、上海、安徽、吉林、云南、浙江要求“将学前教育经费列入同级财政预算”。[③] 国家立法可吸收地方经验，要求各级政府将学前教育纳入国民经济和社会发展计划、经费列入财政预算。

在幼儿园设立许可上，存在教育、工商、民政部门多头审批的现象，但工商、民政部门不具备监管能力，应归口由教育部门统一审批。教育部门负责保育教育的业务指导、幼儿园教师和其他教育工作者的培训。对于违法违规办学的幼儿园，教育部门缺乏行政处罚手段如罚款，缺乏行政强制措施如查封、冻结，需要责令停止办

---

① 郑明：《“学前教育三年行动计划”成效分析与对策建议》，《学前教育研究》2014 年第 8 期。

② 《北京市学前教育条例》第八条，《江苏省学前教育条例》《安徽省学前教育条例》《云南省学前教育条例》均在第五条，《吉林省学前教育条例》《浙江省学前教育条例》均在第六条。

③ 《天津市学前教育条例》第二十七条、《上海市学前教育条例》第三十九条、《安徽省学前教育条例》第四十条、《吉林省学前教育条例》第十二条、《云南省学前教育条例》第七条、《浙江省学前教育条例》第三十九条。

学的，需要公安部门配合执法。制定《学前教育法》，应赋予教育部门行政处罚权和强制执行权，才能保证执法效果。

与学前教育最相关的，除教育部门之外，就是卫生部门。1956年发布的《关于托儿所幼儿园几个问题的联合通知》明确“托儿所统一由卫生部门领导，幼儿园统一由教育部门领导”。1981年，卫生部颁布《三岁前小儿教养大纲(草案)》。1989年，国务院颁布《幼儿园管理条例》，将幼儿园招生对象限于3周岁以上。在现行制度框架中，0—3岁由卫生部门主管，3—6岁由教育部门主管。针对当前保教分离的现状，不少研究者基于经验比较和现实需要提出保教融合，统归一个政府部门管理的建议。[①] 该建议面临现实难题：一是制度成本比较高，部门间协调难度大。[②] 二是教育部门在学前教育管理方面的机构设置、人员编制本来就存在缺口，接手存在困难。三是2018年机构改革，“国家卫生和计划生育委员会”改成了“国家卫生健康委员会”，具备监管“公共卫生”的职能，原从事计生业务的人员也具备一定的健康卫生知识。仍然维持卫生部门主管0—3岁的托幼机构的现状，也不失为一条可行的路径。

在解决“入园难”问题、扩大学前教育资源方面，首要的是规划、国土和建设部门。规划部门应将幼儿园建设纳入城乡建设规划，预留建设用地；土地部门应采取划拨或出让方式保证配套幼儿园用地；建设部门不予审批未按照规定配套建设幼儿园的建设项目，这就从源头上解决了园所不足问题。

---

① 胡福贞、覃莉、宋蓉：《当代发达国家学前教育保教政策演变及启示》，《教育科学》2016年第6期；许倩倩：《欧盟学前教育政策动向及启示》，《全球教育展望》2016年第3期；郑益乐：《英国学前教育改革的成功经验及启示》，《教育探索》2016年第4期；徐瑛：《台湾学前教育立法及启示》，硕士学位论文，陕西师范大学，2013年。

② 管华：《教育法治四十年：回顾与展望》，《法学评论》2018年第4期。

五、公办与民办

我国幼儿园办园性质较为复杂，有政府机关出资运营的幼儿园，有国有企业、事业单位、村集体出资运营的幼儿园，还有民间资本出资运营的幼儿园，传统上第一、二类均被称为公办园。[①] 据《全国教育事业发展统计公报》：2003 年至 2017 年，民办园占幼儿园总数的比例从 2003 年的 47.68%上升到 2011 年的 69.18%，然后逐渐回落到 2017 年的 62.9%；在园幼儿占比从 2003 年的 23.96%逐年上升到 2017 年的 55.92%。2003—2017 年，新增入园幼儿 2600 万人，其中公办新增约 500 万人，民办新增 2000 多万人。由于财力不足，到 2020 年，要达到公办园/学位占比 50%的目标颇为吃力。

一段时间以来，学前教育财政投入主要流向机关办的示范性幼儿园。[②] 一部分公办幼儿园由机关或企事业单位负责建设，并承担有编制的教师工资，更多的公办园和民办园一样，依靠保教费，自收自支。我们调研了 62 所公办园，政府完全没有投入的达 11 所。某县教育局局长表示，将新建城区、乡镇、农村幼儿园 13 所，即使全部建成，也会面临配套设备器材跟不上的窘境。可以预计，民办园将长期支撑起学前教育的半壁江山。在学前教育作为公共服务的时代，实现教育公平将成为首要政策取向：一方面是保证优质公共教育资源公平分配，另一方面是扩大普惠性教育资源。只要是普惠性幼儿园，无论性质为何，都应平等获得政府补贴。

除少数高端民办园外，大部分民办园的特点是数量多、规模小、质量低，其中不达标的和未注册的多，安全事故发生率相对较高。调研发现，某县 50 多家民办园，获得审批的只有一家。某幼儿

---

① 根据《民办教育促进法》，只有第一类属于公办教育，后两者均属于民办教育。

② 宋立会：《我国学前教育的法律规制》，《河北法学》2016 年第 12 期。

园成立了22年之久，因规模小、场地不达标，一直无法取得办学许可。这类幼儿园量大面广，由于满足了群众需求，并不能简单取缔。这也是上文提到幼儿园准入标准不宜过高的原因。

如何对待尚未登记的幼儿园？个别地方对幼儿园开办不干涉、运营不检查，也有地方只给达标幼儿园补贴，不达标不补贴。要扩大学前教育资源，提高保教质量，对尚未达标的低收费园，应采取政府扶持促其达标的办法。经过一段时间的建设，仍无法达标的，可以建设成“看护点”。“看护点”标准也达不到，才能考虑取缔。

2016年修改的《民办促进法》解决了民办园统一由教育部门审批的问题，同时要求民办园必须选择“营利性”或“非营利性”之一：选择营利性质，将面对近20%的税费；选择非营利性，须降低收费，保教质量难以提高。有学者调查发现，52%的举办者倾向于选择营利性办园。[①] 无论是营利性幼儿园遭遇经营危机，还是非营利性幼儿园基于利益考虑退出，都会成为扩大学前教育资源的障碍。因此，如何落实民办非营利性幼儿园与公办幼儿园的同等待遇，对营利性幼儿园实行税费减免，是促进学前教育事业发展最现实的支持。

六、去小学化与幼小衔接

对儿童而言，学习、生活、游戏是三位一体的。[②] 儿童心理学发现，儿童的发展是有阶段性的，从一个阶段到下一个阶段过渡的速率是由大脑等神经生理系统发育中相应阶段过渡的速率决定的，

---

① 王海英：《分类改革背景下促进民办幼儿园良性发展的政策建议》，《人民教育》2017年第24期。

② 管华：《儿童权利研究——义务教育阶段儿童权利与保障》，法律出版社2011年版，第82页。

外部条件不能影响发展阶段的次序、时间或速率。[①] 对学龄前儿童施以小学教育对其发育有害无益。2018 年 7 月 4 日，《教育部办公厅关于开展幼儿园“小学化”专项治理工作的通知》从课程内容、教育方式和教育环境三方面对何为“小学化”进行了界定。但是，仅仅禁止幼儿园“小学化”远远不够，校外培训机构以“学前班”“幼小衔接”之名进行的小学内容的培训开展得如火如荼，导致北京有的幼儿园大班幼儿流失率达 80%。[②] 因此，《学前教育法》的调整对象不能仅限于托儿所、幼儿园，校外培训机构也应被纳入调整范围，教育部门应负有监管的职责。

我们调研的 140 所幼儿园中，77 所有“小学化”倾向，占 55%；其中，民办园 78 所，明确无“小学化”的 29 所，占 37%。某园长表示“全县幼儿园没有不‘小学化’的”。部分家长把“小学化”视为“主流”和“刚需”。“小学化”倾向较为严重的原因有：一是家长不希望孩子“输在起跑线”，以“会背几首诗、会写几个字、会多少拼音、会多少算术题”作为幼儿园的评价标准，存在攀比心理。二是部分优质小学入学有面试，有的有读写算的要求。三是部分小学一年级进度快，幼儿园不学跟不上。四是不少幼儿园教师是从小学、初中转岗而来，只会进行“小学化”的教学。五是部分幼儿园抓住家长的心理开展教学和宣传，“小学化”是招生利器。访谈的部分园长和大班老师清楚地认识到：幼儿应当在游戏中学习生活自理、语言表达、空间知觉、社交沟通等基础能力，学习数字认知、早期阅读、节奏感知等基本技能，但付诸实施阻力很大。如何区别小学化与幼小衔接并不容易，某政府网站甚至出现私立幼儿园幼小衔接班的宣传。

---

① 刘晓东：《儿童教育新论》，凤凰出版传媒集团、江苏教育出版社 2008 年版，第 104—106 页。

② 《大班与学前班：冰火两重天》，《民生周刊》2018 年第 18 期。

支持幼小衔接的观点主要有：(1)幼儿需要一个从大班向小学一年级的过渡，养成学习、握笔、集中注意力的习惯，从幼儿园一节课30分钟适应小学一节课40分钟。(2)东西部教育差距过大，西部农村幼儿的素质教育、均衡发展无法与东部城市相比，知识传授更应该“从娃娃抓起”。在北欧，重视游戏的幼儿教育也遭遇到“入学准备”的挑战，呈现融合趋势。[①] 在美国，孩子5岁进入大班(Kindergarten)，它是美国K-12学制的开端，属于义务教育，不属于学前教育(Preschool)。在Kindergarten，幼儿会学习到数学、语言、社会等课程。

综上，《学前教育法》应明确规定学龄前儿童的游戏权，禁止小学一年级超进度教学，但对于大班的幼儿，也应允许安排一定的幼小衔接课程。

七、编制与待遇

据《全国教育事业发展统计公报》：2003—2016年，幼儿园师生比从1∶28.26上升到1∶17.66，2017年教职工与幼儿比达到了1∶10.97。2010—2016年，园长和教师每年增长20万人左右，2017年教职工增长了37.5万人。教职工补充力度很大，但是与《幼儿园教职工配备标准(暂行)》的要求(保教人员与幼儿比1∶7—1∶9，教职工与幼儿比1∶5—1∶7)相比，还存在较大差距。

幼师发展面临一系列问题：(1)收入低。调研发现，幼师工资在2000元以下的占65.2%。80%的民办园未为幼师缴纳“三金”。[②] (2)学历低。学历为高中/中专的占47%，学历为初中的占6%，甚

① 李敏谊、郭宴欢、陈肖琪：《北欧国家幼儿教育和保育政策话语的新变迁》，《比较教育研究》2018年第5期。

② 赵阳、马明阳：《我国学前教育立法问题探析》，《陕西教育学院学报》2011年第4期。

至还有小学学历的。(3)持证率低。2016 年浙江部分市、区没有教师资格证的幼儿园教师接近四成。① (4)评职称难。无独立职称系列，名额基本分配给了公办园，民办园幼师参评渠道不畅。② (5)劳动强度大。身兼“教师”和“保姆”双重角色，高负荷工作时间长，下班后还要和家长交流。(6)社会认可度低。很多家长认为幼师就是保姆或“托管”，“无非就带着小孩子们唱歌跳舞做游戏的花架子，还要时刻提防老师打骂”。(7)流动性大。某县直幼儿园人事主管称：“很多人干不了两个月就辞职，流向了培训机构。”总体来说，幼儿教师的“教师”身份尚未获得法律承认。③

为了解决幼师发展面临的困难，不少学者提出将学前教育教师纳入编制管理，与义务教育教师同等待遇。但此类建议并不可行：(1)60％以上的民办园教师无法纳入编制。(2)国有企业、事业单位正在进行聘任制度改革，不可能把编制给非主营业务的幼儿园。(3)2013 年以来，中央政府强调“财政供养人员只减不增”。④ 有地方政府 26 年未给过幼儿园编制。(4)幼儿教师入职条件较中小学教师低，不应该享受同等待遇。

可以采取政府购买保教服务岗，全员推行聘任制的办法。⑤ 县级政府在取得幼儿教师资格的人员中统一招聘幼儿教师，分配到公办园和普惠性民办园，基本工资、五险一金和培训费用由财政保

---

① 祁占勇、康含笑：《学前教育阶段虐童行为治理的法律透视》，《中国教育学刊》2018 年第 3 期。

② 李少梅：《政府主导下的我国农村学前教育发展研究》，博士学位论文，陕西师范大学，2013 年。

③ 管华、王君妍：《国外学前教育立法的启示》，《陕西师范大学学报》2017 年第 6 期。

④ 2018 年《中共中央 国务院关于全面深化新时代教师队伍建设改革的意见》同样要求“在现有编制总量内”“有条件的地方出台公办幼儿园人员配备规范”。

⑤ 侯玉娜：《以“三大改革创新”破解学前教育普惠健康发展难题》，《教育与经济》2018 年第 1 期。

障，奖金由所在幼儿园承担。为幼儿教师设置单独的职称序列，不分园所性质，平等参加职称评聘。保育员、炊事员、保安及其他后勤岗位服务人员，采取向社会购买服务的方式解决。

八、家长与园所

现实存在三类家长：一类是忽视，不少农村学龄前儿童的父母长期在外打工，和孩子甚至几年见不上面，把孩子交由祖辈照顾；一类是推卸，认为教育是幼儿园的责任，甚至质问老师怎么不带孩子去小学报名；一类是过分关注，期待过高，不教授小学知识就投诉、转园，对园所和老师高度不信任。①

在幼儿教育过程中，父母始终是第一责任人。学前阶段，即便家长独享教育权也是可行的。② 正如康德指出的：基于繁殖的事实，父母就产生了教育子女的责任。③《儿童权利公约》也确认父母或监护人"对儿童的养育和发展负有首要责任"。对于忽视幼儿教育的家长，可以借鉴《老年人权益保障法》，规定"与学龄前儿童分开居住的父母或者其他监护人，应当经常看望学龄前儿童"，促其履行亲职义务。事实上，义务教育免费以后，部分家长因为没有投入，就降低了对子女受教育的关注度，家庭教育被弱化。

父母对园所实施的保育教育活动有参与的权利和义务。"父母参与学校事务有助于孩子在校表现。不同的家庭，有的给学校带进

---

① 调研发现：某高端幼儿园连厕所都装了监控。另一幼儿园家长看到孩子独自玩耍，老师认为专注是好事，妈妈看到监控竟然哭了，觉得孩子没人管，被孤立了。

② 陈鹏：《我国学前教育立法的现实诉求和基本问题观照》，《陕西师范大学学报》2017 年第 6 期。

③ 法学教材编辑部《西方法律思想史》编写组编：《西方法律思想史资料选编》，北京大学出版社 1983 年版，第 414 页。

来资源，有的带进来麻烦。”[①]美国制定一系列法律规定幼儿家长参与制订教育计划，监督教育实施，为家长提供儿童发展培训。[②] 韩国学前教育保教费用由家长委员会和园所共同决定，并不需要经过审批。《学前教育法》应规定家长或监护人有接受儿童发展培训的义务，不参加培训的，不免除保教费或加收保教费。

九、促进与监管

促进学前教育发展的措施有很多，比如普惠性民办幼儿园由政府划拨土地、购买保教岗位、与公办园具有同等的法律地位等。但是，学前教育市场同样需要加强监管：(1)幼儿园虐童、“喂药”事件一次次挑战家长的心理底线。(2)大量无证幼儿园、“底店式”幼儿园、“家庭式”幼儿园存在安全隐患。(3)各地园所评级复杂，亟待规范。[③] (4)高收费幼儿园提供的课程是否适合幼儿，需加强监管。[④]

《学前教育法》应明确规定“未经教育主管部门批准和学龄前儿童家长或监护人同意，学前教育机构及其工作人员不得擅自为学龄前儿童群体性服用药品、注射药剂或开展其他医疗活动”。加强教育部门学前教育监管力量建设，摸清区域内园所底数，支持不达标，但群众确有需要的幼儿园、看护所、托儿所建设，经过一段过

---

① 罗伯特·帕特南：《我们的孩子》，田雷译，中国政法大学出版社 2017 年版，第 190、206 页。

② 吴琼、张莹莹：《家长参与幼儿园教育：美国的经验及其启示》，《教育理论与实践》2016 年第 29 期。

③ 调研发现，有的地方评估繁多，如“幼儿园分类评定”“幼儿园分类定级动态评估”“幼儿园办园行为督导评估”，增加园所负担。有的等级不一，如“甲级园”和“省二级”，群众难分优劣。

④ 访谈到一位沈阳的家长：某双语幼儿园每月收费 4500 元，但学习一年后，孩子连字母都不会读。

渡期仍然无法达标的，坚决取缔。规定学前教育机构设立、变更和终止的条件与程序，完善年检、保教内容和安全管理制度。建立民间资本的准入机制，将存在虐童行为的资本集团及其高级领导人列入黑名单，限制乃至禁止进入学前教育行业。制定学前教育质量国家标准，形成全国统一的学前教育质量评估机制。[①] 对评估结果进行公示，避免因为信息不对称形成次品市场。[②] 制定普惠性幼儿园收费标准，加强对高收费幼儿园的价格监管。加大对违法行为的打击力度，规定危害儿童安全、侵犯儿童权益的刑事责任、行政责任和民事责任。

十、汉族与少数民族

中央高度重视边疆少数民族儿童入园问题，如西藏已经普及了三年学前教育。[③] 我们调研了西藏、青海、宁夏、新疆、内蒙古、广西等边疆民族地区的 13 所幼儿园，既有每学期学费 900 元的普惠性幼儿园，也有适应高端需求每月学费 4400 元的幼儿园。还有的地区已经普及学前免费教育，计划到 2020 年全面普及学前三年免费教育。[④] 总的来说，家长对保教服务满意度较高。

调研也发现，少数民族地区双语师资明显不足。由于家长受教育程度较低，在学前教育阶段推广普通话存在一定困难。《教育法》2015 年修正案要求，民族自治地方以少数民族学生为主的学校及其

① 王声平、杨晓萍：《构建学前教育质量保障体系的国际经验对我国的启示》，《外国中小学教育》2017 年第 5 期。

② 洪秀敏、马群：《澳大利亚学前教育保教财政资助体系改革的动因、进展与特色》，《外国教育研究》2017 年第 1 期。

③ 周娅、张振改：《我国学前教育政策工具选择的演变分析》，《学前教育研究》2017 年第 1 期。

④ 《新疆维吾尔自治区教育事业发展"十三五"规划》，http://www.cjs.gov.cn/xwzx/zcgwj/820615.htm，2020 年 10 月 23 日访问。

他教育机构，使用国家通用语言文字和本民族或者当地民族通用的语言文字实施双语教育，国家为实施双语教育提供条件和支持。加快民族地区学前教育阶段双语师资培训，便成为当务之急。

总之，《学前教育法》的制定将填补我国在学前阶段国家法律的空白，将在未来 30 年甚至更长时间发生法律效力。作为中央立法，要为学前教育事业发展所需的基本原则、基本制度奠基，发挥维护学龄前儿童的受教育权、受保护权，扩大学前教育资源，规范学前教育机构的保教行为，维护幼儿教师和其他教育工作者的合法权益，促进民办学前教育健康发展的重要作用。在立法过程中，始终存在是用“法律去裁剪现实”还是用“现实去裁剪法律”的争议。立法是为了解决社会问题的，但也要警惕“立法万能主义”。希望一部法律解决学前教育领域的所有问题，或者提出过高的教育标准，恐怕是不现实的。毕竟，马克思说过：“立法者应该把自己看作一个自然科学家。他不是在创造法律，也不是在发明法律，而仅是在表述法律。”

第二章　警惕福利陷阱　促进事业发展[①]

——论“学前教育法”的立法目的

立法目的是立法的指导思想和问题意识，即耗费极其稀缺的立法资源究竟为解决什么社会问题。[②] 在理论上，法律包含三重价值，人权是其终极价值，公平正义是其核心价值，维护自由与秩序之间的平衡是其基本价值。[③] 就《学前教育法》而言，维护和保障学前儿童的受教育权和受保护权是其终极价值，促进教育公平是其核心价值，形成学前教育法律秩序、保障教育选择自由是其基本价值。具体到所要解决的社会问题表现为：入园难，仍有近 20％的学前儿童没有入园；[④] 入园贵，调研发现，每学期学费 3000 元以上的接近 40％；师资数量短缺，超过半数幼儿园师生比在 1∶10 以上；师资质量不高，只有中专学历的近三分之一；[⑤] 无证园、不达标园仍占相当比例，[⑥]

---

① 管华：《警惕福利陷阱　促进事业发展 ——论“学前教育法”的立法目的》，《中国教育学刊》2019 年第 10 期。

② 2010 年—2019 年 6 月，全国人大及其常委会共召开会议 72 次，讨论教育立法的只有 3 次，可见教育立法挤进全国人大或其常委会议程的难度。历次会议议程见“中国人大网”。

③ 李龙：《现代法理学》，人民法院出版社 2003 年版，第 127 页。

④ 2018 年全国教育事业统计数据显示，学前教育毛入学率为 81.7％。

⑤ 管华：《学前教育立法应处理好十大关系》，《湖南师范大学教育科学学报》2019 年第 1 期，第 11—17 页。

⑥ 洪秀敏、张明珠：《全面二孩政策下山西省学前教育发展的成效、困境与突围：基于山西省学前教育二期三年行动计划实施效果的调查》，《山西师范大学学报(社会科学版)》2018 年第 1 期，第 107—113 页。

设施、场地不足问题较为突出。[①] 简言之，人民对优质公平的学前教育的需要与学前教育事业发展不平衡、不充分之间的矛盾就是学前教育立法要解决的首要问题。但在立法过程中，也要避免提出过高的教育质量标准，导致财政支出压力过大，堕入福利陷阱。[②]

一、警惕因立法导致学前教育事业发展停滞或反复

通过立法促进教育事业发展是我国教育法治建设的成功经验之一，也是其首要价值取向。[③] 但揆诸中外，因为立法导致事业倒退的均有其例。

美国的研究发现：教师资质和师生比的提高会导致看护价格上升，供给减少，不利于学前教育事业的发展。师生比中孩子每增加一个，看护价格就会降低 9%—20%，在密西西比和华盛顿特区，价格就降低 446—2078 美元/年；师生比中孩子每减少一个，就有约 10%的儿童看护中心退出市场。要求主班老师拥有高中学历，会提高看护价格 25%—46%。教师受教育年限每提高一年，看护中心数量就减少 3.2%—3.8%。[④]

我国制定的《校车安全管理条例》遭遇类似情况。由于 2011 年 11 月发生于甘肃正宁县、12 月发生于江苏丰县的两起重大校车事故，国务院 2012 年 3 月就通过了《校车安全管理条例》，有关部门修改了《专用校车安全技术条件》。该条例的出台有效应对了舆情，但

---

① 调研发现，新疆喀什市某村公办幼儿园，为扩展幼儿的运动空间，园长自己用推土机建造沙池。民办园用民房做园舍，没有户外活动场地的并不少见。

② 关于福利陷阱，参见黄少安、陈言、李睿：《福利刚性、公共支出结构与福利陷阱》，《中国社会科学》2018 年第 1 期。

③ 李连宁：《教育法治的回顾与展望》，《中国高教研究》2019 年第 3 期，第 30—31 页。

④ R. Bourne, "The Regressive Effects of Child-Care Regulations: More Strenuous Requirements Raise Child-Care Prices but Have Little Apparent Effect on Quality," *Regulation* 41, no. 3(2018): 8-10.

并未解决实际问题。校车事故依然多发，伤亡情况并未缓解。国家在技术上提高了校车的强制性标准，抬高了准入门槛，甚至动用了刑罚手段。2015 年通过的《刑法修正案(九)》规定校车超载超速构成危险驾驶罪，也处理过违法案例。① 但由于没有解决资金问题，均价 20 万元以上的校车学童消费不起，非法运营的“校车”依然存在，超载每天仍在上演。② 达标校车的销量自 2013 年以后逐年下滑。

学前教育是我国教育事业发展中的短板，十九大要求“办好学前教育”，2019 年政府工作报告提出“多渠道扩大学前教育供给，加快发展多种形式的婴幼儿照护服务”。在中央高度重视、社会强烈关注的背景下，如果无视民办园占半壁江山、无证园大量存在、财政无力承担全部学前教育成本的现实，立法提出过高的标准，很容易出现事与愿违的结局。

二、允许不同种类的学前教育机构的存在

现有关于学前教育的省级法规和规章，包括北京、天津、江苏、安徽、吉林、云南、浙江、辽宁和山东，③ 所指的学前教育，基本是 3—6 周岁儿童的保育教育，学前教育机构主要限于幼儿园。只有《北京市学前教育条例》提到了“3 周岁以下婴幼儿的早期教育”和“家庭看护”。国家卫计委调查发现，0—3 岁婴幼儿入托率仅为 4.1%，69.7%的家长希望将孩子送往专业的托育机构，“入托无门”已成为婴幼儿家长的心病。④ 入托难导致女性退出就业市场，加

---

① 江苏宿迁市宿城区法院判决，使用面包车超载接送儿童的幼儿园园长和司机犯危险驾驶罪。参见马超：《园长下令幼儿园用黑校车超载 400%》，《法制日报》2016 年 4 月 17 日。

② 李卓、李媛：《〈校车安全管理条例〉的实施效果调查：以九台市部分农村学校为例》，《现代中小学教育》2014 年第 5 期，第 92—94 页。

③ 其中，山东是省政府制定的规章，其他均为地方性法规。

④ 《全面二孩时代托育机构门槛高　六成家庭希望孩子 2 岁入托》，http://dy.163.com/v2/article/detail/DPOCMOMM0518U9U9.html，2019 年 6 月 25 日访问。

剧了女性就业歧视，也降低了女性生育意愿。[①] 国际经验表明，入托率越高，生育水平越高。2018 年我国出生率降至 10.94‰，创 1949 年以来新低。[②] 0—3 岁儿童的托育已成为重大民生问题，2019 年政府工作报告也提出“支持社会力量兴办托育服务机构”。从国家立法角度看，由于全国人大立法任务繁重，单独为 0—3 岁幼儿保育立法，并不现实。因此，必须借助这次《学前教育法》制定的机会，对幼儿保育教育加以规范，即不能将《学前教育法》的调整对象限于幼儿园，还要包括托儿所。

2010 年《国务院关于当前发展学前教育的若干意见》(简称“国十条”)提出，为幼儿和家长提供“灵活多样、多种层次的学前教育服务”。2018 年《中共中央 国务院关于学前教育深化改革规范发展的若干意见》(以下简称“2018 年中央《意见》”)提出“不同区域、不同类型城市分类解决学前教育发展问题”。

在学前教育机构的类型上，不能限于正式的幼儿园、托儿所，还要包括小规模幼儿园、单位或社区内部互助式托幼机构和家庭托管中心等多种形式。2017 年，笔者到吉林省教育厅调研，有关负责同志介绍：“相当数量的民办园不符合幼儿园设置标准和管理办法规定，处于无证运营状态。教育部门排查‘黑园’做了大量工作，但由于巨大的市场需求，效果不明显。”为解决“黑园”问题，2015 年吉林制定了《吉林省民办幼儿园设置标准(试行)》，要求在 3 年内完成整改。但 2018 年底，媒体报道，长春仍然新出现大量“黑园”。一位基层教育工作人员坦言：“如果不适当降低标准，一半的幼儿园都

---

① 岳经纶、范昕：《中国儿童照顾政策体系：回顾、反思与重构》，《中国社会科学》2018 年第 9 期，第 93—112、207 页。

② 任泽平、熊柴、周哲：《中国生育报告：2019》，https：//www.toutiao.com/i6696590152388575752，2019 年 6 月 25 日访问。

是‘黑园’。”[①]吉林的情况并非个例，调研发现，民办园规模小、数量多。山东临朐县50多家民办园只有1家获得了审批。农村幼儿园难以达到消防要求。[②] 在师生比上，教育部《幼儿园教职工配备标准（暂行）》规定的教职工与幼儿比例的合格标准是1∶5—1∶7。但广东核定的教职工与幼儿比是1∶7—1∶10，安徽、江苏核定的师生比是1∶15和1∶16。[③]

城市无证园、不达标园广泛存在，农村和贫困地区家长不愿或也无力承担学费。2018年11月28日，教育部基础教育司司长吕玉刚明确表示："学前教育纳入义务教育还不具备现实条件。"在教育部门制定的正式或示范性幼儿园办园标准过高，政府财力又不足，无法为全国学前儿童免费提供的情况下，为了解决无证园问题，多地（如安徽、西安、昆山）出台了看护点建设管理意见，但都是过渡性的办法，需要国家立法明确多种形式的学前教育机构的合法性。必须在正式的幼儿园（托儿所）之外，允许企业事业、街道社区、村集体和社会团体举办单位内设幼儿园，允许看护点和家庭托管的存在。国家对内设幼儿园、小规模幼儿园、看护点和家庭托管设置较低的许可标准，统一登记，加强监管。微型化、家庭化、社区化也是发达国家，如美国、英国、澳大利亚，发展学前教育事业的惯常

---

① 任梦岩：《吉林制定新幼儿园标准致"黑园"泛滥　教育部门：严格执行有难处》，http://china.cnr.cn/xwwgf/20181209/t20181209_524444417.shtml，2019年6月25日访问。

② 西北政法大学教育立法研究基地2018年开展的"学前教育立法百所幼儿园调研"，志愿者冯佳颖、马铃、黄琳晶的调研报告。

③ 教育部：《教育部办公厅关于各地出台公办幼儿园教职工编制标准情况的通报（教师厅〔2017〕5号）》，http://www.moe.gov.cn/srcsite/A10/s7030/201707/t20170721_309827.html，2019年6月25日访问。

做法。[1] 从20世纪90年代开始，家庭日托就成为澳大利亚学前教育服务的主要类型之一，甚至被认为是在乡村和偏远地区提供保教服务的最佳模式。[2] 在美国，我们探访了家庭日托中心和儿童学习中心，那里接收的大多数是贫困儿童，由政府补贴学费，受政府日常监管，其建筑条件、师资力量、教具玩具、保教活动都与教育部门主办的园所有较大差距。

三、允许民办普惠性营利性学前教育机构存在

2018年中央《意见》要求，各省2019年底之前完成小区配套幼儿园的专项治理，配套园不得办成营利性幼儿园。2019年1月，《国务院办公厅关于开展城镇小区配套幼儿园治理工作的通知》再次明确小区配套园移交后，应办成公办园或普惠性民办园，不得办成营利性幼儿园。为了落实中央精神，各省制定了专项治理方案，通过移交收回、补建新建等方式形成一大批普惠性非营利性幼儿园。但能否以该通知为依据，提出“普惠性民办园应属于非营利性幼儿园”呢？[3]

普惠性幼儿园的概念首次出现于“国十条”，其特征是“面向大众、收费较低”，理论和实践中增加了质量可靠的要求。非营利性的概念出现于2016年修改的《民办教育促进法》，首次将民办学校分为营利性和非营利性两类，非营利性学校的举办者不得取得办学收益，终止时财产继续用于非营利性办学。非营利性学校的举办者既失去了利润分配权，也失去了财产所有权，实质是“捐资办学”。随

① 周采：《国外学前教育的主要发展趋势综述》，《外国教育研究》1999年第5期，第52—54页。

② 员春蕊：《澳大利亚联邦政府学前教育质量保障发展研究（1983—2014）》，博士学位论文，东北师范大学，2015年，第14页。

③ 申素平、周航：《学前教育立法亟待厘清的几个问题》，《中国教育学刊》2019年第4期，第44—47页。

着《民办教育促进法》的实施，5.7 万所普惠性民办园将面临选择，究竟是登记为非营利性幼儿园还是登记为营利性幼儿园。[①] 根据《民办教育促进法》，选择登记为营利性幼儿园也是举办者的权利，但园所是否因此失去普惠性幼儿园的资格呢？

北京、天津、河南、陕西、广西、重庆六地的普惠性幼儿园认定标准要求园所应为非营利性质。《辽宁省学前教育条例》规定普惠性民办幼儿园是指非营利性民办园。其他省级单位并不要求普惠性幼儿园必须属于非营利性质，《浙江省学前教育条例》第五十一条更是将非营利性民办幼儿园、普惠性民办幼儿园视为并列关系。普惠性幼儿园的认定和管理方式是：举办者提出申请，政府审核通过；举办者承诺提供相对低价的保教服务，政府给予补助或奖励；如果举办者认为政府补贴不足以弥补降价带来的损失，可以申请退出。在法律上，无论双方是否签署协议或承诺书，该行为的性质都属于行政合同，政府购买的是保教服务，而不是民办园的产权，奖补的金额也远达不到购买产权的对价。在这个意义上，财政对普惠性幼儿园的投入既不是公私合营，也不是赎买，更不存在所谓私立幼儿园退出历史舞台的问题。如果政府强制要求普惠性幼儿园登记为非营利性幼儿园，会导致部分普惠性幼儿园退出与政府的合同关系，甚至退出办园，导致供给减少。因此，《北京市普惠性幼儿园认定与管理办法(试行)》规定："在本办法出台前已认定为普惠性幼儿园的，在参与新办法评估前维持原有认定。"

不仅如此，现有的普惠性幼儿园制度并未真正实现入园机会平等：(1)部分公办园，尤其是机关、军队和高校附属园都存在入学门槛，虽是公办，却不面向大众。2018 年，我们调研了 139 所幼儿园，25 所入园存在条件限制，包括公务员子女、教职工子女、军人

---

① 魏聪、王海英、林榕等：《普惠性民办幼儿园与非营利性民办幼儿园的关系辨析及路径选择》，《学前教育研究》2019 年第 3 期，第 54—70 页。

子女、本地户口或学区居民等。所以，中央鼓励支持上述公办性质的幼儿园提供普惠性服务。(2)也没有惠及最弱势儿童。更需要关心的幼儿如贫困儿童、农民工子女，往往聚集于无证园(甚至得不到保教机会)。这类园所条件差，举办者依靠办园所得糊口，不可能办成非营利性质的，却最需要政府支持。无证园、家庭托管因为达不到正式幼儿园的标准而得不到财政支持，这是当前普惠性幼儿园认定、奖补制度的盲点。只有将这类民办学前教育机构纳入政府监管和财政资助的范围，允许取得办园收益，才是真正的普惠。

允许普惠性学前教育机构适当营利，也是基于现实的无奈之举。中央要求，2020 年，普惠性幼儿园覆盖率(公办园和普惠性民办园在园幼儿占比)达到 80%。但截至 2017 年，我国公办园覆盖率不到 45%。调查发现，民办园举办者 52%选择倾向于营利性办园。[①] 还有近 10%的缺口，需要非营利性民办园补足。2016 年《全国人民代表大会常务委员会关于修改〈中华人民共和国民办教育促进法〉的决定》指出，本决定公布前设立的民办学校，选择登记为非营利性民办学校的，办学终止时，应根据出资者申请，给予补偿或奖励。各地政府的财力和补偿奖励制度的细化规定，将成为影响民办园举办者是否选择非营利性质的重要因素。如果地方政府没有财力，举办者没有意愿，强制办成非营利性幼儿园只会导致举办者退出，造成学前教育事业发展的停滞或倒退，与中央一再要求的扩大供给背道而驰。只要制度设计合理，也不会造成财政资金流失，比如补助弱势儿童家长教育券，由家长在小规模幼儿园与普惠性幼儿园之间选择。

---

① 王海英：《分类改革背景下促进民办幼儿园良性发展的政策建议》，《人民教育》2017 年第 24 期，第 44—46 页。

四、将促进学前教育事业发展的政策法律化

与法律相比，政策仅具有指导性，没有强制性；一旦失去领导的高度关注，往往不能如期实现甚至可能落空。如“国十条”要求2010年颁布《幼儿教师专业标准》和《3—6岁儿童学习与发展指南》，实际上，这两份文件都是2012年颁布的；要求将城镇小区配套幼儿园办成公办幼儿园或委托办成普惠性民办幼儿园，从2019年各省专项治理的实践看，该要求没有得到落实。2010年以来，对于如何促进学前教育事业发展，中央制定了大量政策，其中普遍适用、长期稳定和需要强制实施的内容宜上升为国家立法。

1. 把学前教育纳入经济社会发展规划和财政预算

根据宪法和《地方各级人民代表大会和地方各级人民政府组织法》，全国人大和地方各级人大每年都要听取、审议、批准本行政区域内的国民经济和社会发展计划及其执行情况的报告。将学前教育纳入规划内容，能够保证事业发展遵循法治轨道、持续健康发展，避免大起大落。[①] 已制定的9部省级地方性法规规章中，6部作出了这样的规定，分别是北京、江苏、安徽、吉林、云南、浙江。

2003年我国学前教育经费支出只占教育经费支出总额的1.17%、GDP的0.05%；2017年，学前教育经费达到教育经费总支出的7.65%、GDP的0.39%。学前教育经费投入增长是各类教育中增长最快的，尽管与美国、英国、法国、德国相比仍有差距，但正在缩小。从地方立法看：江苏要求财政性学前教育经费占同级财政性教育经费的比例不低于5%，吉林要求不低于3%，浙江要求县级不低于5%；天津要求占合理比例，云南要求在合理比例上逐

① 新中国前三十年，学前教育大起大落。1994—2003年，入园率十年滑坡。2003年以后，尤其是2011年以来，呈现高速发展。参见罗若飞：《供需均衡视角下我国学前教育供给制度发展研究》，博士学位论文，西南交通大学，2015年，第25页。

年提高。[1] 因此，无论国家立法是否规定一个固定的经费投入比例，都应将学前教育经费纳入年度财政预算。

2. 对普惠性非营利性民办园用地实行划拨优惠

大量无证园存在，并非政府不作为，多是因为其建筑面积不达标。根据国家《幼儿园建设标准》，办园规模为三个班的全日制幼儿园，人均使用面积应达到 6.19—7.84 平方米。根据《山东省幼儿园办园条件标准》，室外地面游戏场地人均不得少于 4 平方米，绿化用地人均不得少于 2 平方米。家庭式、底店式学前教育机构不可能达到这一标准，但也有不少园所接近这一标准或者只有某一项不达标，亟须政府支持。根据《土地法》第五十四条，公益事业用地可以以划拨方式取得。《教育法》第八条规定："教育活动必须符合国家和社会公共利益"，是否说明所有学前教育事业都属于公益事业呢？当然不是，《义务教育法》第二条规定，义务教育"是国家必须予以保障的公益性事业"。《教育法》2015 年修正案，将不得"以营利为目的举办学校及其他教育机构"修改为"以财政性经费、捐赠资产举办或者参与举办的学校及其他教育机构不得设立为营利性教育机构"，这是认可了营利性教育机构的存在。2016 年修改的《民办教育促进法》对民办学校实行分类管理，区分为营利性和非营利性两种。显然，只有非营利性学前教育机构用地才符合《土地法》规定的"公益事业"标准。

十八大以来，中央高度重视国有土地的使用管理，要求扩大有偿使用范围。但 2018 年中央《意见》仍然要求，县级政府在土地划拨等方面对幼儿园予以优惠和支持。《民办教育促进法实施条例（修订草案）（送审稿）》也提出，非营利性民办学校新建、扩建，地方政府

---

[1] 分别是《江苏省学前教育条例》第三十九条，《吉林省学前教育条例》第十二条，《浙江省学前教育条例》第三十九条，《天津市学前教育条例》第二十七条，《云南省学前教育条例》第七条。

应与公办学校同等对待，以划拨土地方式予以支持；对营利性学校，也可以采取“长期租赁、先租后让、租让结合”的方式供地，在土地 出让金和租金上，应适当优惠并允许分期付款。因此，在土地供给上，立法应明确普惠性非营利性民办学前教育机构享受土地划拨优惠，这是引导普惠性民办园选择登记为非营利性质的有力措施之一。对于普惠性营利性学前教育机构，可以附条件长期租赁国有土地。

3. 对普惠性非营利性民办园同等学历教师同工同酬

要求编制内外幼师同工同酬的呼声很高，但学前教育机构从业人员包括大量非教育教学人员，如保育员、保洁员、保安员等。我国《教师法》集中规定了教师制度：第三条规定了教师的工作职责和法律地位，即“履行教育教学职责的专业人员”；第十一条规定了取得幼儿教师资格的学历条件——具备幼儿师范学校及以上学历。根据《教师资格条例》，具备相应学历或者通过教师资格考试的人，可以申请教师资格，通过教育主管部门审查后，获得教师资格证书。因此，只有具备教师资格、履行教育教学职责的工作人员才是《教师法》意义上的教师。2011 年实行招教考试和学前免费师范生培养制度后进入工作岗位的带编制教师，其学历为大专以上，工资很难与幼儿师范学校学历的教师拉平。有必要立法，将幼师最低学历提高到学前教育专业专科以上，其他专业本科以上。对于普惠性非营利性民办园，大专以上学历、取得教师资格、履行教育教学职责的教师实行编制内外同工同酬。上述园所经成本核算后，编制外教师工资与编制内教师仍有差距的，由地方财政补齐。

4. 明确规定税收优惠

2003 年制定的《民办教育促进法》就规定“民办学校享受国家规定的税收优惠政策”，但这里的“税收优惠政策”至今没有出台。立法就是要在矛盾的焦点上“砍一刀”[①]，中央《关于全面推进依法治国

---

① 习近平：《在十八届中央政治局第四次集体学习时的讲话》，载中共中央文献研究室编《习近平关于全面依法治国论述摘编》，中央文献出版社 2015 年版，第 44 页。

若干重大问题的决定》要求，立法“不能久拖不决”。建议《学前教育法》直接规定：对普惠性非营利性民办园免税，普惠性营利性民办园按规定税率减半征收。

5. 立法设定行政许可

2018年中央《意见》要求，配套园与首期建设的居民区“同步规划、同步设计、同步建设、同步验收、同步交付使用”，未按规定配套建设幼儿园的小区规划不予审批；对存在缓建、缩建、停建、不建和建而不交等问题的，在整改到位之前，不得办理竣工验收。无论是不予审批还是不得办理竣工验收，实质都属于行政许可。由国家立法设定行政许可，辅以法律责任规定，能有效落实全面深化改革委员会的部署。

6. 赋予主管部门行政强制权

面对量大面广的无证园、家庭托管，即便立法允许看护点、家庭托管的存在，将仍然有一定比例的“黑园”亟待取缔。但我国现行教育法律体系并无行政强制的规定。[①] 建议立法授予教育主管部门采取查封、扣押、冻结等强制措施和划拨等强制执行方式的权力，避免出现劣币驱逐良币的局面。

总之，在这个中央最关心、家庭最关注、资金最踌躇的时间节点上，[②] 坚持立法促进学前教育事业发展，为农村地区、脱贫攻坚地区、城乡接合部、城中村学前儿童提供保教机会，应允许小规模幼儿园、看护点、家庭托管存在；在财政无法将这类学前教育从业者的收入包起来的情况下，应允许他们获得办学收益；通过立法将促进学前教育事业发展的政策法律化，亦是题中应有之义。

---

① 管华：《教育法治四十年：回顾与展望》，《法学评论》2018年第4期，第35—44页。

② 管华：《“学前教育立法”专栏主持人语》，《湖南师范大学教育科学学报》2018年第3期，第1页。

第三章 立德树人的《教师法》保障①

一、立德树人：新时代教师的应有担当

党的十八大报告首次提出“把立德树人作为教育的根本任务”，十九大报告要求“落实立德树人根本任务”，十九届四中全会要求“完善立德树人体制机制”“加强师德师风建设”。2019 年 12 月 16 日，教育部等七部门印发《关于加强和改进新时代师德师风建设的意见》，提出“把立德树人的成效作为检验学校一切工作的根本标准，把师德师风作为评价教师队伍素质的第一标准”。2015 年《教育法》修改，第六条增加一款“教育应当立德树人”。从政策到法律，“立德树人”成为我国教育事业发展的根本任务和评价标准。事实上，强调立德树人是中外教育的通例。在我国古代，儒家学问的本质是伦理学，道德文章是连在一起的。如王阳明龙场悟道后制定的《教条示龙场诸生》，其四条要义就是立志、勤学、改过、责善。曾国藩认为教师所传之“道”，就是修己治人之道，并说“若读书不能体贴到身上……只算得识字之牧猪奴耳”。② 在国际上，《世界人权宣言》《经济社会文化权利公约》《儿童权利公约》规定的首要教育目

---

① 管华：《立德树人的〈教师法〉保障》，《中国教育学刊》2020 年第 4 期。本文系国家社科基金重大研究专项项目“中华优秀传统文化传承发展的立法对策研究”（项目编号：18VHJ009）研究成果；西北政法大学“党内法规研究”青年学术创新团队计划资助项目研究成果；教育部政策法规司项目“终身学习法立法研究”（项目编号：JYBZFS2019010）研究成果。

② 曾国藩：《曾国藩家书（上）》，檀作文译注，中华书局 2017 年版，第 123 页。

的就是充分发展人的“personality”，即人格、性格或个性。《残疾人权利公约》要求培养人对多样性的尊重。《儿童权利公约》全面规定了教育目的，可以概括为培养人对各文明、各种人和自然的尊重。①

为了完成立德树人的任务，社会对教师提出了相对其他职业更高的要求。我国传统中教师是道的代表、德的担当，韩愈甚至将仅传授知识的人排除在教师之外。1763 年普鲁士国王颁布的《全国学校规程》要求：“教师应当是儿童的表率，不可将自己每日教导的成果毁于生活中的坏榜样。”1918 年蔡元培在北大教师中创办进德会，提出“不嫖、不赌、不纳妾、不做官、不做议员、不饮酒、不吸烟、不食肉”八条戒律。1979 年，美国联邦最高法院在“安柏诉诺威克”案中指出，“教师是学生行为的榜样，对他们的看法和价值观施加了微妙而重要的影响”，支持解聘行为不端、道德堕落的教师。②

新时代党中央对教师提出了新要求。习近平总书记指出：教师不能只做传授书本知识的教书匠，而要成为塑造学生品格、品行、品位的“大先生”；要带头弘扬社会主义道德和中华传统美德，以自己的模范行为影响和带动学生；做一个高尚的人、纯粹的人、脱离了低级趣味的人，应该是每一个老师的不懈追求和行为常态。立德树人的要求凸显了教师职务的公务性。习近平总书记强调，高等教育要“为人民服务，为中国共产党治国理政服务，为巩固和发展中国特色社会主义制度服务，为改革开放和社会主义现代化建设服务”。《中共中央 国务院关于全面深化新时代教师队伍建设改革的意见》要求教师“做学生锤炼品格、学习知识、创新思维、奉献祖国的引路人”；公办中小学教师要强化国家责任、政治责任、社会责任

---

① 管华：《教育人权：国际标准与国家义务》，载齐延平主编《人权研究》第 1 卷，山东人民出版社 2016 年版，第 68—98 页。

② Charlie J. Russo, *Reutter's The Law of Public Education*（NY：Foundation Press, 2009）, p. 775.

和教育责任。《新时代公民道德建设实施纲要》要求学校“把社会主义核心价值观和道德规范有效传授给学生”。

当前，完成立德树人任务面临着诸多新挑战。在教师方面：体罚学生和不敢管同时存在；课内不讲课外讲和行政干预过多导致职业倦怠同时存在；部分教师学术不端；极少数教师收受学生或其家长礼品、礼金，甚至性侵(性骚扰)学生。在学生及其家长方面：由于强调以学生为中心和儿童的最大利益，学生成绩不好，往往不首先从学生自身找原因而是觉得老师没教好；学生及其家长无视教育教学秩序，随意殴打伤害教师的恶性案件时有发生。2018 年，第十三届全国人大常委会立法规划将《教师法》的修改列为“需要加紧工作、条件成熟时提请审议的法律草案”。2018 年中共中央印发《社会主义核心价值观融入法治建设立法修法规划》，提出：“加强道德领域突出问题专项立法，把一些基本道德要求及时上升为法律规范。”可以预期，如何营造立德树人的环境将是本次《教师法》修改的核心内容。

从已有对《教师法》的研究看，关于教师的法律地位、聘用制度、申诉制度，《教师法》的不足与滞后已取得较为丰富的研究成果，关于教师资格、教师的权利和义务、教育惩戒和法律责任也开展了初步的研究。从学界对师德的研究看，基于外在规范、个体德性、美好生活和专业发展探究教师道德均取得了一些研究成果，在师德的理论研究、师德与教师成长以及教师伦理学方面出现了一些著作。但从修改《教师法》、强化法律对道德建设的促进作用、为立德树人提供制度保障的角度研究的成果较少。尤其是新时代网络课程大行其道，各种教育 App(应用程序)层出不穷，何谓《教师法》所指的“教师”都陷入混沌。为此，以下拟从三方面探讨《教师法》对立德树人的保障：(1)哪些教师负有立德树人的职责，属于《教师法》意义上的教师；(2)为了保证教师履行立德树人职责，需要立法赋予教师哪些权利；(3)为了完成立德树人任务，立法需要明确教师哪些义务。

二、责任主体：承担立德树人职责的教师范围

1993年《教师法》颁布，至今26年，除2009年的一次技术性修正外，未曾修改。其中存在大量落后于时代的条款，连最基本的范畴“教师”，也发生了翻天覆地的变化。1995年《国家教委关于〈中华人民共和国教师法〉若干问题的实施意见》明确了《教师法》的适用范围，即政府办的学校的教师，少(青)年宫等校外教育机构的教师，省、市、县中小学教研室的教研员，学校中具备教师资格、担负教育教学工作的管理人员或其他技术人员。20余年来，不仅出现了民办学校教师、大学生家教，还出现了大量民办培训机构的教师和从事网络教学的教师，甚至还有传授“快速把妹”的PUA培训导师。修改《教师法》，明确哪些属于法律意义上的“教师”，应承担立德树人职责，成为需要解决的首要问题。

揆诸历史，我国长期存在以教职谋生，以入仕为志业的“非职业化”教师。[①] 中国共产党自成立以来，既是道德担当又是知识来源，是一种非职业的教育组织。职业化的教师是国家制度型构的结果，制度决定着什么人可以成为教师、教师职业是否为专业。[②] 教师教育制度的建立结束了任何有知识的人都可以兼任教师的历史，提高了教师职业的准入资格。[③] 可以从内涵、外延和形式三方面来界定《教育法》意义上的“教师”。

---

① 张伟：《层序社会中的师者——传统教师社会身份研究》，社会科学文献出版社2016年版，第87页。

② 王安全：《西部农村地区教师结构变迁研究》，中国社会科学出版社2014年版，第107页。

③ 车丽娜：《教师文化的嬗变与建设》，中国社会科学出版社2015年版，第89页。

在内涵上，《教师法》所调整的教师是职业化的教师，即以教育教学作为主要生活来源的从业者。偶尔开讲的理论或实务专家、个体行动补贴生活的大学生家教、“三人行必有我师”中的业余客串者、主题教育中的党政领导都不属于职业教师。

在外延上，《教师法》所调整的教师限于讲授国家规定或认可的课程的教师。无论是在政府办的学校、民办学校、培训机构还是网络授课，只要讲授的是取得国家承认的学业证书、毕业证书、职业资格或其他资质证书所必需的课程内容，就是国家规定或认可的课程。外国人讲授上述课程的，也属于《教师法》所规定的教师。讲授小学生可视化编程、高考志愿填报、留学申请辅导等尚无国家法律或政策规范的“课程”的教师，不属于《教师法》调整的范围。这是因为，现代教师是国家法律创造出来的专门职业，必须反映国家意志，为国家意识形态代言。在我国，教师必须“成为先进思想文化的传播者、党执政的坚定支持者、学生健康成长的指导者”“把社会主义核心价值观和道德规范有效传授给学生”“把公民道德建设的内容和要求体现到各学科教育中”。即凡是讲授国家规定或认可的课程的教师都应承担立德树人义务，都属于《教师法》的调整对象。至于传授“把妹”技术的 PUA 导师涉嫌玩弄异性，不是法律保护的职业。

在形式上，《教师法》所调整的教师必须取得教师资格。教师制度是国家教育制度的一部分，教师的入职资格、所讲授的课程内容以及学生接受教育之后取得的学习成果都被国家制度化了。取得教师资格是教师的形式要件，代表国家对其职业资格的认可。在我国，教师制度是中国特色社会主义教育制度的一部分，教师是促进治理能力现代化在教育领域的依靠力量，坚持党对教育事业的领导，坚持马克思主义意识形态的指导，提升文化自信，实现立德树人都离不开教师。无论是政府办学校、民办学校、培训机构还是网络授课的教师，只要讲授国家规定或认可的课程，学生意在通过国家考试或学习资质，取得国家对学习成果的认可，都必须取得教师资格、承担立德树人任务。这有助于消灭校外培训机构师资良莠不齐、个别课程黄段子充斥的现象。

三、赋权增能：为教师履职提供条件

教师履行立德树人职责的前提是全社会尊重教师，形成履职的土壤和条件。习近平在致广大教师的信中说，要“使教师成为最受社会尊重的职业”。我国尊师的传统源远流长。《太公家教》曰：“弟子事师，敬同于父”“一日为师，终身为父”。甚至出现了专门规定学生如何侍奉先生的“学生守则”——《弟子职》。隋唐实行科举制度以后，作为教师的学官被赋予了空前地位，被制度型构成一种特殊的显贵。[①] 随着现代化的发展，教师身上的神圣光环日益剥落：识字率的普及，人人皆可为师，教师不再是知识权威；学术世界和生活世界分离，共享意义体系的崩溃，教师不再是道德权威；师士分立，知识不再与权力直接兑换，失去了政治加持；乡村教师生活困窘，教授的收入也比不上实业者和银行家，失去了经济优势。师道理想与现实之间的巨大差距，使得部分教师耻于称自己是教师；更出现了为迎合大众趣味对教师的妖魔化，“狼师”“禽兽教师”“眼镜蛇教师”等媒体加诸教师的“桂冠”，影响了教师的形象和社会地位。尽管如此，社会对教师的道德期待没有变，好教师对自身职业理想的追求没有变，那就是要做经师与人师合一的“大先生”。福禄贝尔说：“教育之道无他，唯爱与榜样而已。”教师作为社会的代表，履行着对学生社会化的责任，是学生的榜样。为了保障教师能够承担得起立德树人的职责，必须维护制度正义，实现教师权利义务的恰当

---

① 阎光才：《教师“身份”的制度与文化根源及当下危机》，《北京师范大学学报(社会科学版)》2006 年第 4 期，第 12—17 页。

分配。[①]

（一）提高教师的政治地位

明确公办中小学教师公务员身份。2018年《中共中央 国务院关于全面深化新时代教师队伍建设改革的意见》提出“确立公办中小学教师作为国家公职人员特殊的法律地位”。在全国27个已制定实施意见的省级单位中，20个同样明确了这一点。[②] 但“国家公职人员”并非法定概念，《教师法》修改应与整个国家现有法律体系用语保持一致。可供选择的一是《刑法》中的“国家工作人员”，二是《公务员法》所称的“公务员”。根据《刑法》，前者是指国家机关、国有公司、企业、事业单位、人民团体中从事公务的人员和国家机关、国有公司、企业、事业单位委派到非国有公司、企业、事业单位、社会团体从事公务的人员，以及其他依照法律从事公务的人员。依据《全国法院审理经济犯罪案件工作座谈会纪要》，“从事公务”是指代表国家机关、国有公司、企业、事业单位、人民团体等履行组织、领导、监督、管理等职责，“公务”主要表现为与职权相联系的公共事务以及监督、管理国有财产的职务活动；不具备职权的劳务和技术工作，一般不认为是公务。教师的教书育人工作不属于传统认为的公务，不宜套用“国家工作人员”的概念。从教师职业的公共性出发论证教师应具有公务员身份是学界的主流意见。[③] 有学者从德国、日本、美国公立学校教师的法律身份以及我国台湾地区最终将公立学校教师确立为特别职的公务员的历程出发，支持了这一意见，并依据《公务员法》第十四条“可以增设其他职位类别”的规定提出增设

---

① 赵敏：《教师制度伦理研究》，社会科学文献出版社2016年版，第12—13、168页。

② 教育部：《中共中央 国务院关于全面深化新时代教师队伍建设改革的意见》，http://www.moe.gov.cn/jyb_xwfb/xw_zt/moe_357/jyzt_2018n/2018_zt03/，2020年3月30日访问。

③ 余雅风、劳凯声：《科学认识教师职业特性 构建教师职业法律制度》，《教育研究》2015年第36卷第12期，第36—42页。

公立学校教师为教育公务员。[①] 也有学者基于该条提出应明确教师为"专业技术类公务员"并实行聘用制。[②] 为了完成立德树人、塑造灵魂、塑造生命、塑造新人的时代重任，为了彻底解决拖欠教师工资的现象，实现教师的职业保障，为了保障法律对公办中小学教师工作内容的落实，《教师法》修改，将公办中小学教师纳入公务员序列具有必要性和可行性。相应地，如果教师是专业人员，其职业道德更多应由其自治；一旦公办中小学教师身份确定为公务员，不仅收入得到保障、社会地位提升，而且必须遵守已有公务员、党员领导干部的职业道德要求和未来主管部门对教师职业道德规范的要求，更有利于教师完成立德树人任务。

(二)提高教师的职业地位

通过修改《教师法》赋予教师以下几种职业权利。

1. 教育教学自由

有论者基于《教师法》第七条规定的"进行教育教学活动"的权利和第八条规定的"完成教育教学工作任务"的义务，认为教育教学既是权利也是义务。这可能是一种误会，因为教育教学自由指的是教师在教学内容、方法上的选择权，并不包括不承担教学任务的自由。教师作为一种专业，其内涵就是教会学生学习、育人和服务。[③] 专业自主权带来的创造性赋予教师以尊严。现实学校情境中的"检查—应付"模式暴露了学校对教师专业领域的过多干预，教师在职

---

① 申素平：《对我国公立学校教师法律地位的思考》，《高等教育研究》2008 年第 9 期，第 54—58 页。

② 程雁雷、廖伟伟：《教师权利义务体系的重构——以教师法律地位为视角》，《国家教育行政学院学报》2006 年第 6 期，第 18—25 页。

③ 朱旭东：《论教师专业发展的理论模型建构》，《教育研究》2014 年第 35 卷第 6 期，第 81—90 页。

业生活中降格为制度权威的“代理人”。[①] 但如果剥夺教育教学自由，“把教学变成一种服从而缺乏创意与经验的专业”，“以心育心、以德育德、以人格育人格”都将无从谈起。

2. 与教育教学无关事项的拒绝权

无锡市新光幼儿园参与扫黑除恶、江洲小学教师罗明委拒绝下乡扶贫被纪委监委调查、湘西女教师李田田反映检查过多影响教学被约谈都引起了舆论高度关注。2019 年 12 月 16 日，中共中央办公厅、国务院办公厅《关于减轻中小学教师负担进一步营造教育教学良好环境的若干意见》要求：各专项任务“一般不得影响正常教育教学”。为了形成长效机制，应赋予教师对影响正常教育教学事务的拒绝权；对涉及学校和教师的检查考核评比实行清单式管理。赋予教师与教育教学无关事项的拒绝权有利于教师集中精力研究教学、研究学生，从“育分”转向“育人”。

3. 教育惩戒权

尼采在《道德的谱系》中论述了道德与残酷的关系，“只有那些从来不曾停止刺痛身心的东西才会永远留在记忆里”。[②] 夸美纽斯坚持犯错的人应受惩罚，目的是使他们不要再犯。马卡连柯认为，合理的惩罚制度是必要的，有助于形成学生坚强的性格和战胜引诱的能力。[③] 我国法律要求教师对学生履行“批评教育”“管教”“矫正”和“帮教”的义务，但却没有规定履行上述义务可采取的形式；同时法

① 蔡辰梅：《教师职业生活中的自我认同危机》，中国社会科学出版社 2016 年版，第 146、165 页。

② 尼格尔·塔布斯：《教师的哲学》，王红艳等译，山东教育出版社 2014 年版，第 60 页。

③ 檀传宝：《论惩罚的教育意义及其实现》，《中国教育学刊》2004 年第 2 期，第 23—26 页。

律严禁教师体罚学生。[①] 现实生活中，安徽铜陵教师周安员因惩戒学生被家长羞辱自杀，长春教师为保护学生将其从变电箱拉下造成软组织挫伤遭家长打骂，多起学生被教师批评后跳楼。公立义务教育学校既不能开除学生，又不能严厉批评，近乎陷入无政府状态。严师是立德树人的组织保证。2019 年 11 月 22 日，教育部发布了《中小学教师实施教育惩戒规则(征求意见稿)》。即便该规章生效，依然无法解决教师正常履行教书育人职责无过错，但客观上发生学生意外伤害不承担责任的问题。这是因为在校园伤害事故处理中的上位法是《侵权责任法》，规章规定教师教育惩戒法律责任豁免，仍然需要《教师法》的依据。因此，应修改《教师法》，赋予教师教育惩戒权。

(三)提高教师的社会地位

马克思说，资产阶级抹去了一切向来受人尊崇和令人敬畏的职业的神圣光环，把一切都淹没在利己主义的冰水里。现代社会一般公民之间的关系是自由关系，一个人贡献时间或服务，另一个人用金钱与之交换。但师生关系却无法遵循上述规则，社会要求教师对学生付出无差别的爱。《关于加强和改进新时代师德师风建设的意见》提出要“传承中华优秀师道传统”，用 5 年时间使“师道尊严进一步提振”。《教育法》《义务教育法》和《教师法》都规定了“全社会应当尊重教师”，《教育法》和《高等教育法》还规定学生要“尊敬师长”。但学生及其家长殴打、侮辱、伤害教师甚至暴打教师致死的案件时有发生。为了提高教师的社会地位，《教师法》应规定教师有“受尊重权”，具体内容包括：(1)家长一般应尊重教师的教育教学安排，教育学生改正不良行为，配合学校对校园安全事故的处理；(2)鼓励学生在升国旗仪式后和课前向教师敬礼；(3)支持鼓励行业企业

① 管华：《教育惩戒权的法理基础重述》，《华东师范大学学报(教育科学版)》2020 年第 3 期，第 18—26 页。

在向社会公众提供服务时“教师优先”；(4)发布《新闻信息报道中的禁用词和慎用词》时考虑营造尊师重教氛围的需要，禁止使用“狼师”“禽兽教师”之类的用语；(5)在“法律责任”中规定对侮辱、伤害教师构成违法或犯罪的一律从重或加重处理；(6)凡是殴打伤害教师的中小学生，一律由学校申请转入专门学校。

四、严格责任：维护师德底线

将道德融于法律并非理所当然。现代法治基于对国家权力无限扩张的恐惧，基于对集体意识形态被执政当局用作达成欲求结果的手段的预防，在道德和法律之间画出了一道深深的鸿沟，用以保护公民确受保障的私域，这是整个西方法治思想的主流。但是道德与法律之间并非毫无关联。早在1878年，耶利内克就完成了从法律和道德相互对立到法律从属于道德的转化。法律是最低限度的伦理。[①]“二战”后对法西斯的审判，使得自然法学派得以复兴，并成为当代世界法学理论与实践的总体背景，即法律和道德属于不同的行为规范，但实质性的法律依然存在，其目的就在于强化和确使人们遵守一个健全社会所必不可少的道德规则。[②] 我国传统的文化是伦理文化，传统的法制是伦理法。近代以来，西风东渐，我国也走上了法律与道德分治的道路，这有利于人权和自由的保障，但也出现了法律规定与道德情理相冲突的现象。[③] 西方哲人认识到：自由主义把最高的善放到了没有公共意义的私人领域，使得所有的文化传统失去意义，堕落为虚无主义。如果多数人都认为道德是骗人的，政治

---

① 罗斯科·庞德：《法律与道德》，陈林林译，中国政法大学出版社2003年版，第147页。

② 博登海默：《法理学：法律哲学与法律方法》，中国政法大学出版社1999年版，第400页。

③ 龙大轩：《新时代“德法合治”方略的哲理思考》，《中国法学》2019年第1期，第64—81页。

社会必然瓦解，这种现代性下“伦理是不可能的”。[①] 自由主义法治思想对传统中国文化的现代转型是一服解毒剂，但若服用过量，难免重蹈覆辙。中国注定要走一条和西方不同的法治现代化道路，那就是中国特色社会主义法治道路，其基本原则之一就是“依法治国和以德治国相结合”。因此，习近平指出“法律是成文的道德，道德是内心的法律”“要运用法治手段解决道德领域突出问题”。十九届四中全会决定要求“以法治体现道德理念”“强化法律对道德建设的促进作用”。

在师德领域，中小学教师猥亵、强奸未成年学生，大学教授骚扰、诱奸大学生、研究生；个别教师课堂上不讲重要内容课外班收费才讲；抄袭剽窃屡禁不止的情况时有发生。部分是因为法无明文禁止，这类伤天害理、见利忘义的行为迟迟得不到有效遏制。美国对师德的要求也许超过我们的想象：有教师作为啦啦队赞助人和学生喝啤酒被开除，有教师允许儿子和同学在家里饮酒之后发生交通事故被开除，有教师发表极端贬低学生的言论被开除，有教师和15岁学生发生性关系被开除，有教师网上求性伴、发裸照被开除。[②] 正如施塔姆勒所言，我们是通过法律寻求正义的。但是为了通过法律实现正义，我们必须阐明时代的理想。[③] 当然，并非所有的师德要求都适合制定为法律。传统文化和大众媒体对教师的赞颂把教师塑造得近乎圣人：“燃烧自己，照亮别人”“春蚕到死丝方尽，蜡炬成灰泪始干”“牺牲自己和家庭，一心扑在工作上”“长期拿出钱物补

---

① 甘阳：《政治哲人施特劳斯：古典保守主义政治哲学的复兴》，载列奥·施特劳斯《自然权利与历史》，彭刚译，生活·读书·新知三联书店2003年版，第50—51、63—64页。

② Charlie J. Russo, *Reutter's The Law of Public Education*(NY: Foundation Press, 2009), p. 775.

③ 罗斯科·庞德：《法律与道德》，陈林林译，中国政法大学出版社2003年版，第151页。

贴学生”。这样的道德要求显然超出了正常职业的标准。富勒把道德分为愿望的道德和义务的道德，前者是人类所能达到的最高境界，后者是形成一个有序社会的基本规则。[①]《教师法》所规定的师德既包括愿望的道德，如“忠诚于人民的教育事业”“为人师表”“关心、爱护全体学生”，也包括义务的道德，如不得“体罚学生”。类似于党组织对党员的要求，师德义务责任的法律化也应区分原则与规则、高标与底线、思想和行为，只针对违反规则、突破底线、外化为实际行为的失德行为规定法律责任。[②]

(一)强化师德教育

非师范专业学生申请教师资格必须接受狭义的教师教育，修满包括教师职业道德在内的课程学分。《教师教育振兴行动计划(2018—2022年)》提出：“将师德教育贯穿教师教育全过程，作为师范生培养和教师培训课程的必修模块。”但是对于非师范生而言，职前教师教育却是缺失的。教师的根本任务在于育人，促进学生精神世界的丰富，需要对知识进行多层次、创造性的开发、转换与复合才能完成。[③] 如果不经历狭义的教师教育，掌握基本的教育学、心理学、课程论、教育政策与法律知识和教育研究方法，育人将无从谈起。广东深圳南山外国语学校招聘20名教师，几乎清一色清北毕业，既不要求师范专业，也不要求实际教学经验。名校毕业不代表师德达标，北大博导冯仁杰劈腿数十人不就是最新的例证？中小学教师是真正的复合型人才，必须接受专业学科教育和教师专业教育。发达国家如美国、英国、法国、日本的教师教育采取综合性大学和教育学院联合培养的形式，即获得学科学位后，必须经过1—2

---

① 富勒：《法律的道德性》，郑戈译，商务印书馆2005年版，第8页。

② 管华：《党内法规制定技术规范论纲》，《中国法学》2019年第6期，第118—138页。

③ 叶澜：《改善教师生存发展环境 提升教师发展自觉》，《中国教育报》2007年9月15日。

年甚至3年的教育学专业培训，取得教育学研究生资格才能申请教师资格。[①] 联合国教科文组织《关于教师地位之建议书》也要求储备教师课程应包括“哲学、心理学、社会学中适用于教育方面的知识”。即便我国不具备要求教师入职前接受1—2年教师教育培训的条件，要求计划从事教师职业的非师范类大学生辅修一定学分的包括师德教育在内的教师教育课程是完全必要的。为了强化师德教育，应在教师新入职和定期更新资格证书时增加师德宣誓环节。

(二)细化师德义务

师德是中央和教育主管部门长期高度关注的问题，出台了大量规范性文件，如2008年修订的《中小学教师职业道德规范》、2011年修订的《高等学校教师职业道德规范》、2013年《教育部关于建立健全中小学师德建设长效机制的意见》、2014年《教育部关于建立健全高校师德建设长效机制的意见》《严禁教师违规收受学生及家长礼品礼金等行为的规定》、2015年《严禁中小学校和在职中小学教师有偿补课的规定》、2018年修订的《中小学教师违反职业道德行为处理办法》以及当年年底印发的《新时代高校教师职业行为十项准则》《新时代中小学教师职业行为十项准则》《新时代幼儿园教师职业行为十项准则》。此外，传统上公立大中小学教师属于事业单位工作人员，《事业单位人事管理条例》尤其是《事业单位工作人员处分暂行规定》也对他们适用。部分党员教师及学校负责人还适用《中国共产党纪律处分条例》《中国共产党问责条例》。

上述党内法规、行政法规、部门规章和规范性文件存在大量和师德有关的规定，构成教师的师德义务。修改《教师法》，需要把较为成熟的师德义务规定于法律并实现与党内法规的衔接，主要包括：(1)不得发表有损党中央权威、违背党的路线方针政策的言论。

---

① 徐今雅：《发达国家学士后教师教育及对我国的启示》，《浙江师范大学学报(社会科学版)》2008年第3期，第75—78页。

教育“不问政治”是资产阶级伪善的说法。党和教育工作者的基本任务是培养和教育劳动群众。要培养出一支教育大军，它应该同党和党的思想保持紧密联系，贯彻党的精神。[①]（2)不得组织或参加旨在损害国家利益的集会、游行、示威。(3)不得泄露国家机密和学生及其家长个人隐私。(4)不得违规接受学生及家长的礼品或礼金，参加由学生及家长付费的宴请、旅游或娱乐休闲活动或利用家长资源谋取私利。(5)不得侮辱体罚学生。(6)不得与学生发生不正当关系或对学生实施猥亵、性骚扰。(7)不得抄袭剽窃他人学术成果。(8)不得在工作中徇私舞弊、弄虚作假。(9)中小学教师不得组织参与有偿补课。(10)高校教师不得要求学生从事与教学、科研、社会服务无关的事宜。(11)中小学教师在教育教学活动中遇到突发事件、面临危险时，有保护未成年学生的义务。此外，公办中小学教师，作为特殊的国家公职人员，有依据《公务员法》服从教育部门交流决定的义务。各级政府所做的教师均衡配置的行政行为就有了法律依据。[②] 对于教师违反师德义务的行为，可以在《教师法》“法律责任”部分规定对应的行政、民事和刑事责任。

总之，正如耶林所言“目的是全部法律的创造者”。为立德树人提供制度保障，需要修改《教师法》：只要讲授国家规定或认可的课程，就必须取得教师资格并履行立德树人职责。为教师履职赋权增能，规定师德义务为立德树人托底。

---

① 文学国主编：《马克思恩格斯列宁斯大林论教育》，中国社会科学出版社 2016 年版，第 166、379 页。

② 陈鹏：《义务教育教师均衡配置的法理探源与法律重构》，《陕西师范大学学报(哲学社会科学版)》2010 年第 39 卷第 1 期，第 160—164 页。

第四章　教师法修改应明示：体罚适用治安处罚[①]

2021年12月20日，《中华人民共和国教师法（修订草案）（征求意见稿）》（以下简称《教师法（征求意见稿）》）结束向社会征求意见。据统计，共反馈意见2013条，工资福利、职称评聘和非教学事务是反映最多的三方面。涉及体罚的意见18条，集中在如何界定体罚或变相体罚、如何区分体罚与教育惩戒，其中2条建议提出应以是否造成伤害结果为标准，建议“增加适当的体罚”和“将任何体罚、变相体罚行为均列入严重违法行为”的意见各1条。[②] 据《舆情盘点：2021年教育类网络舆情热点事件汇总分析》，2021年教育舆情共20件，与学生人身安全相关的7件，直接涉及体罚或变相体罚的4件。[③] 由此可见，教师体罚学生始终是舆论关注的焦点。

2021年3月1日，《中小学教育惩戒规则（试行）》开始实施。8月中旬，自媒体出现大量“官宣：9月10日起，教师体罚学生将合法化”的谣言，举报平台不得不辟谣。大风起于青蘋之末，2019年山东五莲二中女教师用课本抽打学生被教体局追加处分引起广泛关注，最终有关部门取消追加处分，并依其意愿调入当地最好的“省

---

① 管华：《教师法修改应明示：体罚适用治安处罚》，《湖南师范大学教育科学学报》2022年第3期。

② 陕西师范大学教育立法研究基地：《关于〈中华人民共和国教师法（修订草案）（征求意见稿）〉公开征求意见情况的报告》。

③ 《舆情盘点：2021年教育类网络舆情热点事件汇总分析》，http：//www.uuwatch.com/newsDetail? nid=762，2022年3月18日访问。

级规范化学校”五连一中。尽管《中小学教育惩戒规则(试行)》第十二条明确规定：击打、针扎这种造成身体痛苦的体罚和间接伤害身体、心理的变相体罚不属于教育惩戒，但主流媒体在宣传《中小学教育惩戒规则(试行)》时，还常用“将戒尺还给教师”的说法。教师韩某体罚学生致轻微伤，公安机关作出拘留、罚款的处罚，韩某起诉到法院，法院判决撤销治安行政处罚。该判决在网络广泛传播，并获“全国法院系统 2021 年度优秀案例分析评选活动”三等奖。凡此种种，似乎体罚又要回来了。

习近平总书记在全国教育大会上强调：“对教师队伍中存在的问题，要坚决依法依纪予以严惩。”在看望参加政协会议的医药卫生界、教育界委员时习近平总书记强调：“对打着教育旗号侵害群众利益的行为，要紧盯不放，坚决改到位、改彻底。”但个别地方在处理教师体罚学生时的做法与习近平总书记的要求还有很大差距。2021 年教育部曝光贵州余庆某中学多名教师体罚学生，当地通报中出现了“惩戒性体罚”的说法，模糊了体罚与惩戒的界限。2020 年云南昭通某中学教师酒后接通学生家长电话，扇学生耳光给家长听，当地主管部门回应说“老师没动手，家长自己编的”，与之后的官方通报不符。

《中国儿童发展纲要(2021—2030 年)》提出“预防和制止针对儿童一切形式的暴力”。但 2020 年《最高人民检察院关于加强新时代未成年人检察工作的意见》指出“未成年人保护有法不依、执法不严等问题较为普遍”。教师体罚学生是针对儿童的暴力的重要一支，但大多数网民态度模糊。① 在中国裁判文书网检索，认为教师体罚学生，不应受治安处罚的 5 例，应受治安处罚的 10 例。在中国知网，以“体罚”为关键词进行“篇名”检索，1998—2020 年发表在 CSSCI 期

---

① 吴陈兵等：《法制、良知与常理的交织与困顿》，《湖南师范大学教育科学学报》2016 年第 4 期。

刊上的论文共 42 篇，涉及教师体罚学生的法律责任的有 3 篇。蔡海龙分析了教师体罚学生的侵权责任；褚宏启和方益权分析了教师体罚学生的行政、民事和刑事责任。其中褚文明确指出，根据《治安管理处罚条例》，教师体罚学生的行政责任包括治安管理机关的行政处罚。[①]

《教师法(征求意见稿)》第五十二条规定“严重侵害学生合法权益，体罚或者变相体罚学生造成人身伤害等严重后果的”，给予处分或解聘、撤销教师资格，五年内不得申请教师资格，情节严重的终身不得申请教师资格，构成犯罪的追究刑事责任。与现行《教师法》《教师资格条例》相比，增加了体罚学生撤销教师资格和从业禁止的条款，部分解决了司法适用中的问题。2019 年教师许某对其班上 25 名学生进行体罚被教体局撤销教师资格。许某不服，向法院起诉。法院认为，《教师法》第三十七条分别规定了“体罚”和“侮辱”，《教师资格条例》第十九条只规定了“侮辱学生，影响恶劣的”撤销教师资格，并无体罚学生撤销教师资格的规定，因此认定教体局适用法律错误，判决撤销。[②]《教师法(征求意见稿)》规定，体罚学生的可以撤销其教师资格，弥补了法律的漏洞，但依然没有解决教师体罚学生是否受治安处罚的问题。

不仅如此，《教师法(征求意见稿)》第十三条规定“公办中小学教师是国家公职人员”。据 2005 年国务院法制办的函，行政机关工作人员执行职务时的侵权行为，不应当给予治安管理处罚。[③] 作为“国家公职人员”的教师，是否受治安处罚，更成了在理论和实践中

---

① 蔡海龙：《学校体罚及其侵权责任研究》，《首都师范大学学报(社会科学版)》2010 年第 6 期；方益权、杨建：《变相体罚及其法律责任》，《教育科学研究》2009 年第 10 期；褚宏启：《体罚行为法律责任》，《中国教育学刊》1998 年第 6 期。

② 《安徽省宿州市埇桥区人民法院行政判决书(2020)皖 1302 行初 234 号》。

③ 参见《国务院法制办公室对〈关于对国家行政机关工作人员执行职务过程中的违法行为能否给予治安处罚的请示〉的复函》。

需要辨析的问题。如果不受治安处罚，为了全面禁止体罚，应如何完善教师体罚学生的责任制度？因此，本章的基本安排是：(1)分析2021年媒体关于教师体罚学生的报道，发现教师体罚学生的特点；(2)从立法和司法角度探究体罚禁而不止的原因；(3)从宪法和法律体系出发，指出韩某类案判决为什么是错误的；(4)讨论《教师法(征求意见稿)》关于教师身份的制度设计与体罚责任制度的可能选择。

一、2021年教师体罚学生年度报告

运用Python语言设计爬虫程序搜索2021年包含关键词“体罚”的新闻报道，共得到495条结果。剔除重复，剩余57条数据。剔除1条公司体罚员工、1条学生斗殴、2条查证不属实的数据，2021年媒体关于教师体罚学生的报道共53例，呈以下特点：

从地域分布看，31个省、自治区、直辖市，只有天津、上海、重庆、甘肃、青海、新疆、福建、江苏等8地无教师体罚学生的报道。山东、山西各5例，江西4例，河南、海南、贵州、辽宁、河北、浙江各3例，黑龙江、广东、广西、四川、陕西、安徽、云南各2例，湖南、西藏、内蒙古、吉林、湖北、宁夏、北京各1例。

从被体罚的学生看，幼儿被体罚的12例，小学生被体罚的14例，初中生被体罚的17例，高中生被体罚的4例(含中职1例)，大学生被体罚的2例(均为高职)。另有午托或托管班体罚学生的3例，不确定初中还是高中的1例。

从体罚方式看，媒体报道了体罚方式的45例，其中用铁棍、钢管、木棒、PVC管、教鞭、尺子、板檫等殴打的15例，打耳光或掌掴的13例，拖曳4例，脚踹3例，罚蹲起2例，牙签扎、板凳砸、热水烫、拽头发、俯卧撑、揪耳朵、平板支撑、连打带拧各1例。多种方式轮番体罚的16例。酒后体罚学生的2例。学生体罚学

生的 2 例。

从体罚人数看，媒体报道了人数的 44 例，教师一人体罚学生多人的 16 例，其中一人体罚 54 人、40 人、30 人、25 人、数十人的各 1 例。教师一人体罚学生一人的 22 例。教师多人体罚学生一人的 2 例。教师多人体罚学生多人的 3 例。教师教唆全班同学体罚学生多人的 1 例。

从引发体罚的原因看，媒体报道了原因的 21 例：因违反规定或指令遭体罚的 8 例，分别为带手机进校、带零食进宿舍、未戴红领巾、未拿体育器材、不停哭泣、用错本子、天热不愿上体育课、要回家。因学习遭体罚的 5 例，分别是未按要求完成作业、不会背课文或乘法口诀、数学题没带单位、未达到规定分数、没改错题。违反课堂纪律的 4 例，如上课讲小话、捂耳朵。早恋、言语冲突或喝酒打架的各 2 例。

从造成的伤害看，报道了伤害后果的 21 例：导致学生自杀的 2 例，造成学生轻伤的 3 例，终身残疾的 1 例，造成轻微伤的 2 例 5 人，耳膜穿孔的 1 例，全班都有伤痕的 1 例(54 人)，中度抑郁 1 例，一周后仍有可见伤疤的 1 例，软组织挫伤的 4 例，红肿淤血或淤青的 4 例，下肢无法弯曲的 1 例。

从对教师的处理看，报道了处理结果的 40 例：被刑事拘留或逮捕的 4 例，被治安拘留罚款的 6 例，被开除、辞退或解聘的 11 例，被降级、撤销教师资格的 1 例，被扣工资或绩效的 3 例，处记过或警告的 5 例，被调离教师岗位、取消评优资格、列入黑名单、停职反省、批评教育的各 2 例。25%的报道未见处理结果。报道了对学校或负责人处理的 19 例：对学校通报批评、取消评优资格、停园整顿、年审暂缓通过的各 2 例，撤销或停止营业的各 1 例；对学校负责人诫勉谈话的 5 例，停职检查或调查的 2 例，约谈、免职的各 1 例。

报道显示，体罚过程中校长或其他教师在场的9例。校长称“打死我负责”的1例。教师一人体罚，其他教师递工具的1例。事后提出“赔偿50万元，不追究刑事责任，也不追究学校”的1例。多名教师殴打幼儿，幼儿园要求所有家长签署谅解书的1例。威胁幼儿不准告状、保守秘密的2例。体罚学生，得知家长将来校后，称“任何人来了我都不怕!”的1例。事后威胁家长的1例。体罚一人并当众辱骂学生和家长的1例，一次体罚多人并当众辱骂家长的1例。学生遭体罚跳楼，四小时后才报警送医的1例。另外，学生斗殴致颅内出血，学校要求不报警不送医的1例。

总之，从地域上看，31个省、自治区、直辖市中，23个存在体罚，占74%。从学段看，明确属于幼儿被体罚的占23%，小学生被体罚的占26%，初中生被体罚的占32%，高中生被体罚的占7%，大学生被体罚的占4%。幼儿到初中学段绝大多数学生在14岁以下，处低幼阶段，占总量的81%。从手段看，运用工具体罚的占40%，用手脚体罚的占51%，多种方式并用的占35%。从人数看，一次体罚多人的占45%，接近一半。从原因看，因违反学校规定、课堂纪律或教师指令的占57%，因未完成学习任务的占23%，其他原因的占19%。无论是违反规定还是学习原因，都是极细微的小过。从后果看，导致学生自杀的占10%，确定造成轻伤的占14%，终身残疾的占5%，轻微伤的占10%，可能造成轻伤或轻微伤的占5%，造成伤害但确定未达到轻微伤的占42%。造成轻微伤及以上伤害的占58%，由于我国《人体损伤程度鉴定标准》规定的“轻微伤”门槛较高，对未成年人即便未达到“轻微伤”也可能造成严重后果。从对教师的处理看，受到批评教育、警告、记过、降级、停职反省、取消评优资格、调离教师岗位、扣工资或绩效的占45%，被开除的占28%，被治安处罚的占15%，涉及刑事责任的占10%。75%是由教育系统内部处理的。从在场教师人数看，确定校长或其他教师在场的占16%，多名教师共同体罚的占10%。

由此可见，2021年媒体报道的教师体罚学生事件具有地域广泛、年龄低幼、手段多样、对象复数、诱因细微、伤害较重、处理封闭等特点。如果放宽时段，则每隔一段时间就有教师体罚学生的视频引爆网络，师生互殴、教师围殴、虐待幼儿、教唆学生体罚、侮辱学生致自杀，等等，不一而足。个别地方连年引发舆情：2020年，云南昭通教师酒后扇学生耳光给家长听，当地教育局称“教师不是神”；2021年，云南昭通教师酒后扇学生耳光，学生自杀。尼布尔指出，社会道德失范的主要原因不在于个人修养，而在于制度的正当性出了问题。当体罚屡屡发生，难以禁止，就是系统问题而非偶发问题。[①]

二、教师体罚学生禁而不止的法律原因

我国《教师法》《义务教育法》《未成年人保护法》等多部法律，《幼儿园管理条例》《中小学教育惩戒规则(试行)》《教育行政处罚暂行实施办法》等法规规章，《中小学教师职业道德规范》《中小学教师违反职业道德行为处理办法》《新时代中小学教师职业行为十项准则》等规范性文件，无不禁止体罚。2021年，中国全面建成小康社会。《教育部2022年工作要点》要求“加快教育高质量发展”“办好人民满意的教育”。为什么体罚这种教师对学生的虐待和校园暴力却禁而不止呢？是升学的压力使师生关系演变成了警察与小偷的关系？[②] 是缺乏管理手段，国家、社会和家庭达成了剥削儿童的共谋？[③] 绝

---

① 赵敏：《教师制度伦理研究》，社会科学文献出版社2016年版，第12页。

② 蔡辰梅：《教师职业生活中的自我认同危机》，中国社会科学出版社2016年版，第132、176页。

③ 徐昕：《为什么禁而不止——体罚与规训的法经济学视角》，《山东社会科学》2004年第12期。

大多数教师明知体罚的违法性，体罚尤其是一次体罚多人或者产生较严重后果的体罚往往是情绪失控的结果。人类只有在潜意识中明白冲动行事不会导致严重后果时，才会放纵本能。考察我国关于教师体罚学生的立法与司法实际，验证了这一猜测。

立法上，《教师法》和《义务教育法实施细则》没有规定教师“首次体罚”学生的法律责任，没有规定加重处罚的情节和视而不见的法律责任。

1.《教师法》未规定教师首次体罚学生的法律责任。《教师法》第八条规定了教师有“尊重学生人格”“制止有害于学生的行为或者其他侵犯学生合法权益的行为”的义务。《义务教育法》第二十九条、《未成年人保护法》第二十七条也有类似规定。但《教师法》第三十七条规定体罚学生的责任时，规定的是“体罚学生，经教育不改的”，由学校(教育机构)或教育部门处分或解聘；构成犯罪的，追究刑事责任。也就是说，首次体罚学生或多次体罚学生但没有经过教育的教师，不承担法律责任。这赋予了教师体罚学生的“首次免责权”，比《治安管理处罚法》对未成年人的照顾更多。《治安管理处罚法》第二十一条规定：“已满十六周岁不满十八周岁，初次违反治安管理”应当拘留的，不执行拘留。即 16—18 周岁的未成年人违反《治安管理处罚法》的，公安机关作出拘留决定但不执行。教师首次体罚学生，学校连处分的决定都无权作出。

2.《义务教育法实施细则》对体罚学生尚未造成严重后果的未规定法律责任。《义务教育法实施细则》第四十二条规定，“体罚学生情节严重的”，给予行政处分、治安处罚或追究刑事责任。该条对情节不太严重的体罚未作出规定。《义务教育法实施细则》所说的“情节严重”一般是指造成了“伤害”，在法律上，伤害包括重伤、轻伤和轻微伤。《治安管理处罚法》第四十三条规定，“殴打他人的，或者故意伤害他人身体的”，拘留并处罚款；情节较轻的，处拘留或罚款。这里的“殴打”指的是公然打人，造成他人肉体的暂时痛苦，一般不会受伤。[①]“故意伤害”要求伤害后果达到“轻微伤”，是否构成“轻微伤”，以《人体损伤程度鉴定标准》为准。

事实上，能够认定为“轻微伤”的伤情比普通人理解的“轻微”要严重得多。例如，根据《人体损伤程度鉴定标准》，头皮擦伤面积 $5.0cm^2$ 以上、面部皮肤擦伤面积 $2.0cm^2$ 以上、体表擦伤面积 $20.0cm^2$ 以上、面部Ⅰ度烧烫伤面积 $10.0cm^2$ 以上、颈部划伤长度5.0cm以上、牙齿脱落或者缺损、外伤性鼓膜穿孔、眼球损伤影响视力、外伤性血尿、会阴部软组织挫伤、鼻骨骨折、肋骨骨折、足骨骨折、掌骨或者指骨骨折，才构成轻微伤。正因为轻微伤认定门槛较高，原《治安管理处罚条例》第二十二条规定的“殴打他人，造成轻微伤害的”才处罚，被《治安管理处罚法》中的“‘殴打’或者‘伤害’均应受治安处罚”取代。反观《教师法》，只有“情节严重”才处罚，意味着如果未达到轻微伤，不受处分或处罚。值得注意的是，《义务教育法实施细则》已于2008年被《国务院关于废止部分行政法规的决定》废止，唯一明示教师体罚学生应受治安处罚的行政法规失去法律效力。《教师法(征求意见稿)》第五十二条规定，“体罚或者变相体罚学生造成人身伤害等严重后果的”承担法律责任，对教师造成学生“暂时的肉体疼痛或者轻微的神经刺激”的体罚行为同样未作出规定。[②]

3.《教师法》未规定教师体罚学生应从重处罚的情节和其他教师不制止体罚的法律责任。《治安管理处罚法》第四十三条规定，殴打不满十四周岁的人、多次殴打或一次殴打多人的，从重处罚。从2021年媒体报道的体罚事件看，体罚不满十四周岁的占近81%，一

---

① 《中华人民共和国治安管理处罚法注释本》，法律出版社2011年版，第31页；本书编写组编著：《治安管理处罚法适用要点与实例》，法律出版社2012年版，第93页。

② 关于殴打的界定，参见张明楷：《故意伤害罪探疑》，《中国法学》2001年第3期。

次体罚多人的占45%。如此肆无忌惮，与法律上没有明示体罚不满十四周岁的未成年人、多次体罚和一次体罚多人应从重处罚不无关系。《教师法》规定了教师“制止有害于学生的行为”的义务，却未规定相应的法律责任，这导致其他教师看到学生被体罚不制止、不报告，甚至提供工具。2020年九部门联合发布的《关于建立侵害未成年人案件强制报告制度的意见(试行)》第十六条也只是规定负有报告义务的单位和个人未履行职责，“造成严重后果的”才承担法律责任。

在司法上，由于教师体罚学生是否应当受治安管理处罚存在争议，此处先分析教师体罚学生构成犯罪承担刑事责任的情况。在中国裁判文书网选择“刑事案件”，在“全文”搜索“教师”“体罚”，共检索到法律文书83篇，其中41篇涉及教师体罚学生，涉及过失致人重伤或死亡罪、故意伤害罪、虐待被看护人罪和猥亵罪四类罪名。[①]

构成过失致人重伤或死亡罪6例。班主任罗某将学生黄某1等8人从网吧找回后，用橡胶棍体罚8人，致黄某1脾脏破裂，属重伤二级，法院因其主观恶性较小，免予刑事处罚。[②] 教师陈某脚踢学生徐某致其重伤，被判有期徒刑六个月，缓刑一年。[③] 班主任刘某让学生杨某3半蹲5日，致形成血栓，属重伤二级，被判有期徒刑一年，缓刑一年。[④] 教师张某欲踢学生陈某甲屁股，因其躲闪踢中腹部，致脾脏破裂后切除，属重伤，被判有期徒刑八个月。[⑤] 教师胡某踢学生许某致其摔倒后再踢，许某后脑着地致颅脑损伤，经

---

① 《中华人民共和国治安管理处罚法注释本》，法律出版社2011年版，第31页；本书编写组编著：《治安管理处罚法适用要点与实例》，法律出版社2012年版，第93页。

② 《云南省富宁县人民法院刑事判决书(2016)云2628刑初190号》。

③ 《重庆市黔江区人民法院刑事判决书(2019)渝0114刑初101号》。

④ 《河南省唐河县人民法院刑事判决书(2018)豫1328刑初201号》。

⑤ 《湖北省高级人民法院刑事附带民事裁定书(2014)鄂刑监一抗字第00003号》。

抢救无效死亡，被判有期徒刑一年零六个月。[①] 班主任尹某踢打残障学生邹某，致其摔倒，头部碰到饮水机，经抢救无效死亡，被判有期徒刑五年。[②]

构成故意伤害罪的 11 例。班主任冯某手按学生殷某左肩致其摔伤，构成十级伤残，法院判决免于刑事处罚。[③] 教师李某脚踢刘某 1 胳膊致骨折，构成轻伤二级，法院判决免于刑事处罚。[④] 教师李某推搡学生致其头部撞到墙上，构成轻伤一级，被判有期徒刑一年，缓刑一年。[⑤] 班主任赵某体罚学生，造成轻伤二级，被判有期徒刑一年，缓刑一年。[⑥] 教师陆某体罚学生彭某，彭某不服，陆某将彭某打成重伤，被判有期徒刑三年，缓刑三年。[⑦] 教师邱某、袁某体罚学生李某，李某不服，二人共同殴打李某致其轻伤，被判拘役四个月。[⑧] 教师姬某体罚学生致轻伤，被判有期徒刑十一个月。[⑨] 教师陈某打伤学生孙某头部，致重伤二级，被判有期徒刑二年十一个月。[⑩] 矫正学校教师卢某、程某抽打、用手铐铐住学生刘某 1 暴晒致其死亡，法院分别判处有期徒刑十一年、十年。[⑪] 罗某未经批准成立青少年特训学校，采取长时间高位戴手铐、限制饮水饮食、禁止休息及殴打等方式致李某 3 死亡，被判有期徒刑十五年。[⑫] 经欧

---

① 《湖北省武穴市人民法院刑事判决书(1999)武刑再字第 1 号》。

② 《云南省曲靖市中级人民法院刑事附带民事判决书(2016)云 03 刑初 113 号》。

③ 《河南省潢川县人民法院刑事附带民事判决书(2014)潢刑初字 00092 号》。

④ 《甘肃省敦煌市人民法院刑事判决书(2019)甘 0982 刑初 220 号》。

⑤ 《辽宁省沈阳市中级人民法院刑事判决书(2018)辽 01 刑终 635 号》。

⑥ 《河南省社旗县人民法院刑事判决书(2016)豫 1327 刑初 39 号》。

⑦ 《贵州省盘县人民法院刑事判决书(2014)黔盘刑初字第 684 号》。

⑧ 《广东省汕头市龙湖区人民法院刑事判决书(2014)汕龙法刑初字第 111 号》。

⑨ 《山西省晋城市中级人民法院刑事附带民事裁定书(2018)晋 05 刑终 330 号》。

⑩ 《安徽省五河县人民法院刑事附带民事判决书(2014)五刑初字第 00193 号》。

⑪ 《湖南省高级人民法院刑事裁定书(2019)湘刑终 367 号》。

⑫ 《安徽省高级人民法院刑事附带民事裁定书(2018)皖刑终 353 号》。

瑞教学部负责人刘某同意，教官石某等人体罚未成年人邹某致其死亡，二人被判处无期徒刑，其他参与殴打的教官被判处有期徒刑八至十五年不等。[①]

涉及虐待被看护人罪的17例。学生张某起诉教师宋某殴打多名学生，造成其多部位损伤，要求追究宋某刑事责任。法院认为教师不属于虐待被监护、看护人罪的适格主体，驳回上诉。[②] 幼儿教师孙某1多次对多名幼童持针管进行威胁、吓唬，四名幼儿有疑似针刺疤痕，多名幼儿心灵极度恐惧，被判构成虐待被看护人罪，免予刑事处罚。[③] 保育员王某以脱衣服、泼凉水等方式对刁某等四名幼儿实施虐待，被判有期徒刑一年，缓刑一年。[④] 小学教师李某体罚学生王某致轻伤一级，被判有期徒刑一年，缓刑一年。[⑤] 午托教师洪某采用揪耳朵、扇耳光、拉拽、罚站等方式，多次对被看护8人进行体罚，被判拘役四个月。[⑥] 幼儿教师刘某多次体罚李某1，在其他幼儿面前脱李某1裤子，拖曳另两名幼儿，被判有期徒刑六个月。[⑦] 幼儿教师方某多次对多名幼儿实施殴打和体罚，被判有期徒刑七个月。[⑧] 幼儿教师刘某用敲打、拖曳、长时间罚站等方式殴打、虐待十余名幼儿，被判有期徒刑十个月。[⑨] 教官黄某等三人殴打学生熊某致轻伤，吴某、袁某致轻微伤，被判有期徒刑十个月至八个

---

① 《重庆市高级人民法院刑事裁定书(2017)渝刑终4号》。

② 《内蒙古自治区赤峰市中级人民法院刑事附带民事裁定书(2016)内04刑终212号》。

③ 《甘肃省兰州市中级人民法院刑事附带民事裁定书(2019)甘01刑终217号》。

④ 《河北省邯郸市邯山区人民法院刑事判决书(2020)冀0402刑初110号》。

⑤ 《河南省禹州市人民法院刑事判决书(2020)豫1081刑初485号》。

⑥ 《广东省深圳市南山区人民法院刑事判决书(2019)粤0305刑初517号》。

⑦ 《绥中县人民法院刑事判决书(2021)辽1421刑初380号》。

⑧ 《福建省福州市鼓楼区人民法院刑事判决书(2020)闽0102刑初23号》。

⑨ 《江苏省徐州经济技术开发区人民法院刑事判决书(2019)苏0391刑初42号》。

月不等。[1] 幼儿教师王某多次拖曳、脚踢两幼儿，被判有期徒刑一年。[2] 幼儿教师王某多次拖曳、击打、脚踢两名幼儿，被判有期徒刑一年。[3] 幼儿教师陈某多次针扎，用手、梳子打脸和打屁股等方式，体罚七名幼儿，被判有期徒刑一年。[4] 幼儿教师步某等三人多次推搡、拉拽、拍打多名被看护幼童，被判有期徒刑一年六个月至一年四个月不等。[5] 幼儿教师夏某针扎、推搡五名幼儿，致幼儿不同程度受伤，被判有期徒刑一年六个月。[6] 教师李某岩殴打、刺激于某致其跳楼后重伤，被判有期徒刑二年二个月。[7] 宏鹰公司负责人刘某，明知教官多次殴打、体罚多名未成年学生而不制止，并参与殴打多名未成年学生，被判有期徒刑二年三个月。[8] 此外，山西晋中法院公示一起二审判决，小学语文老师长期体罚学生，构成虐待看护人罪，该判决书未上网。

涉及猥亵罪的 7 例。教师夏某涉嫌多次抚摸女学生的胸部、屁股等敏感部位，在校外被六年级学生围堵打骂，视频传到网络。一审法院认为构成猥亵儿童罪，判处有期徒刑四年。[9] 二审法院认为证据不足，发回重审。[10] 教师朵某 1 对多名学生强行搂抱、亲吻、摸屁股，构成强制猥亵罪，被判有期徒刑三年。[11] 教师樊某对班上六名女生强制猥亵十六次，构成强制猥亵罪，被判有期徒刑三年六

---

① 《四川省宜宾市叙州区人民法院刑事判决书(2020)川 1521 刑初 74 号》。

② 《江苏省南京市中级人民法院刑事裁定书(2018)苏 01 刑终 563 号》。

③ 《江苏省南京市栖霞区人民法院刑事判决书(2018)苏 0113 刑初 109 号》。

④ 《安徽省淮北市中级人民法院刑事裁定书(2019)皖 06 刑终 144 号》。

⑤ 《天津市武清区人民法院刑事判决书(2020)津 0114 刑初 206 号》。

⑥ 《岫岩满族自治县人民法院刑事判决书(2018)辽 0323 刑初 289 号》。

⑦ 《吉林省四平市中级人民法院刑事裁定书(2019)吉 03 刑终 96 号》。

⑧ 《重庆市巴南区人民法院刑事判决书(2019)渝 0113 刑初 743 号》。

⑨ 《山东省莘县人民法院刑事判决书(2016)鲁 1522 刑初 237 号》。

⑩ 《山东省聊城市中级人民法院刑事裁定书(2017)鲁 15 刑终 166 号》。

⑪ 《青海省民和回族土族自治县人民法院刑事判决书(2019)青 0222 刑初 135 号》。

个月。[①] 教师李某借矫正女生坐姿之机多次触摸多名五年级女生胸部，一审法院经延期审理，认定构成猥亵儿童罪，判处有期徒刑六年。[②] 上诉法院认为事实不清，发回重审。法院重审认定构成猥亵儿童罪，判处有期徒刑六年。[③] 一年级教师刘某在教室内讲台等处乘学生问作业之机，将手伸进女学生裤子内，摸、拧女学生屁股、阴部等敏感部位，法院经重审，认定构成猥亵儿童罪，判处有期徒刑七年。[④] 小学教师李某多次以将手伸进多名未成年男孩衣裤内抠摸生殖器等方式实施猥亵，被判有期徒刑九年。[⑤] 小学教师王某在教室、寝室先后对多名儿童进行猥亵，经两次延期审理，被判猥亵儿童罪，处有期徒刑十年。[⑥]

据《最高人民法院关于人民法院在互联网公布裁判文书的规定》，“中国裁判文书网是全国法院公布裁判文书的统一平台”。检索得到的法律文书具有一定的全面性和代表性。在 6 例过失致人重伤或死亡罪中，免于处罚的 1 例，适用缓刑 2 例，有期徒刑八个月、一年零六个月、五年各 1 例。判处实刑的比例只有 50%。构成故意伤害罪的 11 例，均取最高刑期，免于刑事处罚的 2 例，适用缓刑的 3 例，判处拘役四个月、有期徒刑十一个月、有期徒刑二年十一个月、有期徒刑十一年、有期徒刑十五年、无期徒刑的各 1 例。判处实刑的比例占 55%。可能涉及虐待被看护人罪的 17 例，认为教师不是适格主体的 1 例，免于处罚的 1 例，缓刑的 2 例，判处拘役四个月至有期徒刑二年三个月的 12 例，另有 1 例未上网，判处实刑的占 75%。涉及猥亵罪的 7 例，除 1 例发回重审外，其余 6 例判决书

① 《江西省泰和县人民法院刑事判决书(2019)赣 0826 刑初 174 号》。

② 《福建省厦门市翔安区人民法院刑事判决书(2015)翔刑初字第 259 号》。

③ 《福建省厦门市翔安区人民法院刑事判决书(2016)闽 0213 刑初 131 号》。

④ 《河北省馆陶县人民法院刑事判决书(2020)冀 0433 刑初 27 号》。

⑤ 《上海市浦东新区人民法院刑事判决书(2018)沪 0115 刑初 2449 号》。

⑥ 《四川省剑阁县人民法院刑事附带民事判决书(2014)剑阁刑初字第 11 号》。

均判处实刑，占 100%。

从数据上看：(1)教师体罚学生构成过失致人重伤或死亡罪或故意伤害罪的，47%不用实际服刑。[①] 其中造成死亡的 5 例。3 例犯罪主体是矫正学校教官，被认定为故意犯罪，处十年以上有期徒刑。2 例犯罪主体是中小学教师，被认定为过失犯罪，处有期徒刑一年六个月和五年。过失致人重伤或死亡罪的行为人具有“殴打”的“故意”，与故意伤害罪的“故意”如何区分存在争议。尹某案中，尹多次在教室内采取打耳光、脚踢、用扫把和跳绳打等方式体罚残障学生邹某。导致其死亡的一次殴打是尹将邹从教室最后一排踢骂到讲台，踢打过程中邹摔倒，头部撞到饮水机，颅内压增高致呼吸循环衰竭死亡。参考《刑事审判参考》第 996、1080 号案例，尹某符合经常打骂虐待的特征，暴力程度对于正常人强度不大，但对于初一且一脚残疾的学生来说，已经构成了手段毫无节制，体罚后也未送医，不能排除间接故意。[②] 公诉机关以故意伤害罪提起公诉，法院认定构成过失致人死亡罪，是选择了责任较轻的罪名。如果认定为故意伤害致死，起点刑期就是十年有期徒刑。造成重伤的 6 例，免予处罚或缓刑的 4 例。造成轻伤的 5 例，3 例免罚或适用缓刑。造成伤残的 1 例，免于处罚。由此可见，教师体罚学生，只要不导致死亡，造成伤残、轻伤或重伤，有 67%的概率不必服刑。

(2)涉及虐待被看护人罪被判处实刑的比例占 75%，这是浙江温岭虐童事件发生后社会高度关注的结果。幼儿教师属于虐待被看护人罪的适格主体基本无异议，但是中小学教师是否属于虐待被看护人罪的适格主体，出现了相反的判决：张某诉宋某案，二审法院

---

① 当然，根据《事业单位工作人员处分暂行规定》第二十二条，编制内教师被判处有期徒刑以上刑罚的，应给予开除处分。

② 《刑事审判参考》第 996、1080 号案例，参见何帆编：《刑法注释书》，中国民主法制出版社 2019 年版，第 522—523 页。

赤峰中级人民法院认为学校教师不属于“虐待被监护、看护人罪的适格主体”；申诉到内蒙古高级人民法院，被以同样理由驳回。[①] 同为小学教师的李某、李某岩两案，法院均判决构成虐待被看护人罪。在理论上，有学者基于教师的专业人员身份，主张教师(含幼儿教师)不是未成年学生的监护人、看护人，不能构成虐待被监护人、被看护人罪。[②]

(3)在猥亵罪上，看似判处实刑的比例高达100%，实则艰难无比。7例中，1例被发回重审。2例上级法院发回重审后，再次判决构成猥亵罪。1例初审判决，经过2次延期审理。只有2例强制猥亵和1例猥亵男童，司法上没有大费周章。之所以如此，是因为猥亵儿童罪很难取证。最高人民检察院第42号指导案例，也经历过发回重审、最高人民检察院抗诉，前后历时六年。[③] 上述7例涉案教师都只承认体罚，不承认猥亵，认为是体罚过度引起学生和家长不满。如朵某1承认“打得比较狠”。刘某称“体罚学生过度，用手拧学生大腿部和臀部”。夏某辩称“好打学生”，“体罚过程中有可能会碰到隐私部位”。王某称，有“进行爱抚体罚”。李某案的被害人陈述“除了几个学习好的没有被摸过，其他大多数被摸过”。这说明，教师具备较强的反侦察能力，善于运用体罚掩盖猥亵。个别教师一边体罚，一边猥亵。如朵某1让男生去隔壁做俯卧撑，在办公室猥亵女生。另外，2020年媒体报道：山西吕梁一初中校长，晚上11点打女生臀部，并强迫该女生书写其口授的性经过，被治安处罚；四川绵阳一初中校长，猥亵女生近200名，被判猥亵罪，裁判文书未发布到网上。

---

① 《内蒙古自治区高级人民法院驳回申诉通知书(2020)内刑申20号》。

② 尹力：《教师不是未成年学生的监护人和看护人》，《中国教师》2018年第10期。

③ 中国教育科学院教育法治与教育标准研究所：《中国教育法治发展报告2018》，外语教学与研究出版社2021年版，第102页。

综合上述，在立法上，法律法规赋予了教师对学生的“首次体罚免责权”和“殴打权”，对于体罚不满十四周岁的未成年人、体罚多人和多次体罚的教师缺乏加重处罚的规定，对于不制止其他教师体罚学生的学校或教育机构负责人和教师，法律责任缺失。在司法上，对于中小学教师体罚学生造成死亡的，100%认定为过失。体罚学生造成伤残、轻伤或重伤的，67%的不必服刑。中小学教师能否以虐待看护人罪求刑存在争议。构成猥亵罪的教师，100%以体罚作为抗辩理由，甚至发明了“爱抚体罚”。如果不消灭体罚，就不可能杜绝猥亵。

三、教师体罚学生适用治安处罚的法理

教师体罚学生绝大多数远远达不到追究刑事责任的程度，应当坚守刑法的“保障法”地位，穷尽民事和行政治理方式，克服“刑法依赖症”。[①] 此处重点讨论作为行政处罚之一的治安管理处罚。在中国裁判文书网“行政案件”检索“教师”“体罚”，共检索到法律文书 62 篇，其中 15 例涉及教师体罚学生家长报警后成诉的案件。

认为不适用《治安管理处罚法》的 5 例。按时间顺序，分别为张某霖案[②]、高某案[③]、韩某案[④]、方某案[⑤]、张某案[⑥]，时间跨度从 2018 年至 2020 年。5 例中，4 例被认定构成体罚，只有高某案，法院认为班主任对学生采取了不当的方式。从对象看，方某案、张某

---

① 刘艳红：《刑法不是治理社会问题的万能药》，《上海法治报》2022 年 2 月 18 日 B7 版。

② 《宁夏回族自治区西吉县人民法院行政判决书(2018)宁 0422 行初 80 号》《宁夏回族自治区固原市中级人民法院行政裁定书(2018)宁 04 行终 87 号》。

③ 《山东省淄博市张店区人民法院行政判决书(2018)鲁 0303 行初 67 号》《山东省淄博市中级人民法院行政判决书(2018)鲁 03 行终 250 号》。

④ 《贵州省遵义市播州区人民法院行政判决书(2020)黔 0321 行初 193 号》。

⑤ 《海城市人民法院行政判决书(2020)辽 0381 行初 143 号》。

⑥ 《海城市人民法院行政判决书(2020)辽 0381 行初 90 号》。

案 2 例被体罚的是幼儿。从后果看，韩某案教师鞭抽学生致轻微伤，高某案学生自杀。

认为适用《治安管理处罚法》的 10 例。按时间顺序，分别为陈某案[①]、樊某案[②]、李某案[③]、覃某案[④]、邵某案[⑤]、潘某案[⑥]、郭某案[⑦]、庄某案[⑧]、马某案[⑨]、姚某 1 案[⑩]。时间跨度从 2014 年至 2020 年。其中 2 例，即潘某案、姚某 1 案，法院认定没有殴打事实。剩余 8 例：陈某案、樊某案、邵某案 3 例体罚对象是幼儿，体罚方式包括针扎、拧踹。覃某案、李某案、郭某案 3 例为中小学生在校内被体罚，体罚方式分别为教鞭打头、打耳光、木棍抽打。另 2 例为中小学生在校外被体罚，庄某案、马某案分别发生于托管班、培训机构，体罚方式分别为强行按压、拧胳膊。从后果看，覃某案造成学生轻微伤。

从已有判决看，同样是体罚，绝大多数达不到轻微伤，时间相近，地域遍及 11 省、自治区、直辖市，既有初审判决，也有终审判决，5 例认为不适用《治安管理处罚法》，10 例认为适用《治安管理处罚法》。涉案各方争点颇多，但核心问题只有一个：《教师法》《义务教育法》《未成年人保护法》等与教育管理有关的法律与《治安管理处罚法》是否构成特别法与一般法的关系？如果构成，则排除后者的适用；反之则反之。2020 年 5 月 29 日，习近平总书记主持中央

---

① 《黑龙江省伊春市中级人民法院行政判决书(2014)伊行终字第 12 号》。

② 《陕西省咸阳市中级人民法院行政判决书(2015)咸中行终字第 00017 号》。

③ 《湖南省娄底市中级人民法院行政判决书(2015)娄中行终字第 2 号》。

④ 《贵州省正安县人民法院行政判决书(2017)黔 0324 行初 100 号》。

⑤ 《河北省盐山县人民法院行政判决书(2018)冀 0925 行初 2 号》。

⑥ 《河南省南阳市中级人民法院行政判决书(2018)豫 13 行终 342 号》。

⑦ 《福建省厦门市中级人民法院行政判决书(2019)闽 02 行终 241 号》。

⑧ 《福建省泉州市中级人民法院行政判决书(2020)闽 05 行终 284 号》。

⑨ 《安徽省合肥市瑶海区人民法院行政判决书(2020)皖 0102 行初 39 号》。

⑩ 《山东省淄博市中级人民法院行政判决书(2020)鲁 03 行终 127 号》。

政治局第二十次集体学习时，对统一法律适用工作提出明确要求。当年9月，最高人民法院发布《关于完善统一法律适用标准工作机制的意见》，要求“将统一法律适用标准作为审判管理的重点”。2021年12月1日，《最高人民法院统一法律适用工作实施办法》开始实施。教师体罚学生类案判决的冲突受到了舆论的关注，但尚无研究成果出现。

上述15例案件中，诉讼各方都不认为存在特别法与一般法的关系的有陈某案、樊某案、邵某案、李某案、马某案等5例。公安机关予以治安处罚，教师未以应适用教育相关法律为理由进行抗辩，法院认为，只要实施了殴打未成年人的行为就应适用《治安管理处罚法》，不必构成轻微伤。这和该法第四十三条的通常理解是一致的，马某案中，法院进一步指出，教师体罚学生，“行为已超出合理教育管理行为范畴”，违反了《教师法》和《未成年人保护法》，应予治安处罚。

诉讼各方中，认为存在特别法与一般法关系的主体有：张某案的一审法院、韩某案的教师和一审法院、高某案的公安机关和一二审法院、方某案的公安机关和一审法院、张某案的公安机关和一审法院、潘某案的公安机关、姚某1案的公安机关、覃某案的教师、郭某案的教师。值得注意的是韩某案，教师进一步提出应适用国务院法制办的函，法院未采纳。

诉讼各方中，认为应同时适用教育管理有关的法律和《治安处罚法》的有：韩某案受害人的代理人和公安机关、张某案的受害人家长、郭某案的一二审法院。此外，张某案、庄某案、韩某案、郭某案的教师和高某案、韩某案的一审法院均强调了教师的教育管理目的、教育惩戒的必要性和体罚的职务行为性质，强调不具有殴打的故意。

1. 强行解释为特别法与一般法的关系的法院，径行判决超越职权

与教师体罚学生的法律责任相关的教育法律法规条款包括：

《教师法》第三十七条，教师体罚学生由学校、教育机构或教育部门给予处分或解聘。《义务教育法》第五十五条，教师违反教育法、教师法规定的，依照教育法、教师法规定处罚。《教育法》第七十二条，寻衅滋事、扰乱教育教学秩序的，予以治安处罚；第八十三条，侵犯受教育者权益的应承担民事责任。《幼儿园管理条例》第二十八条，体罚或变相体罚的，由教育部门给予行政处罚或建议有关部门给予行政处分。2006 年《未成年人保护法》第六十三条第二款规定，教职工体罚或变相体罚的，由所在单位责令改正，严重的给予处分。2020 年《未成年人保护法》第一百一十九条，体罚、变相体罚的，由各职能部门责令改正，情节严重的给予处分。

《治安管理处罚法》的相关条文：第四十三条，殴打或故意伤害他人身体的，予以处罚；第九十五条第二款，治安案件调查结束后，依法不予处罚的，作出不予处罚决定。

从教育相关法律和《治安管理处罚法》的条文看，二者不存在冲突。《教师法》《未成年人保护法》《幼儿园管理条例》的相关条文均只规定了处分，《教育法》第七十二条规定的治安处罚对象通常是校外人员，第八十三条规定的是民事责任。《义务教育法》虽然出现了“处罚”字样，所指向的《教师法》和《教育法》都只规定了处分和民事责任。[①] 通说认为，当法律条文含义明确时，法官无须也无权进行解释或另寻其他可能的含义，应按照字面意思理解。[②] 教育相关法律和《治安管理处罚法》分别规定了不同的法律后果，《治安管理处罚法》第四十三条规定的适用范围未排除教师，第九十五条第二款

① 个别法院依据《国家教育委员会关于〈中华人民共和国教师法〉若干问题的实施意见》《中小学教师违反职业道德行为处理办法》受理了教育部门开除教师的诉讼，认定开除属于行政处罚。参见《辽宁省鞍山市中级人民法院行政判决书（2019）辽 03 行终 380 号》。但教育部门开除教师是否可诉，存在争议。

② 詹姆斯·安修：《美国宪法判例与解释》，黎健飞译，中国政法大学出版社 1999 年版，第 1 页。

规定“依法不予处罚的”不予处罚，但教育相关法律没有任何教师体罚学生不予治安处罚的规定。在法律条文清楚明确的情况下，强行解释为特别法与一般法的关系，有违法之嫌，也不符合一般人的正常理解。毕竟，教师因体罚学生被治安处罚的新闻屡见报端。

不仅如此，即便认为教育相关法律与《治安管理处罚法》构成特别法与一般法的关系，作为最重要援引依据的《教师法》通过于1993年，《治安管理处罚法》通过于2005年，出现了“新法优于旧法”“特别法优于一般法”这两项法律适用规则的冲突。据2000年《立法法》第八十五条、2015年《立法法》第九十四条，“法律之间对同一事项的新的一般规定与旧的特别规定不一致，不能确定如何适用时，由全国人民代表大会常务委员会裁决。”最高人民法院《关于审理行政案件适用法律规范问题的座谈会纪要》同样要求，不能确定新的一般规定是否允许旧的规定继续适用的，人民法院应当中止审理、逐级上报。韩某类案法院一方面认为存在特别法与一般法的关系，另一方面未体察新法与旧法的关系，径行判决，直接违反了《立法法》，侵犯了全国人大常委会的职权。

2. 从历史和现实看，都有予以治安处罚的明确规定

有关教师体罚学生最早的法律是1986年《义务教育法》，该法第十六条规定“禁止侮辱、殴打教师，禁止体罚学生”，违者“根据不同情况，分别给予行政处分，行政处罚”。由于制定较早，立法技术不成熟，至少存在两种理解的可能：一是公办学校教师适用处分，民办学校教师适用处罚。二是情节轻微的予以行政处分，情节严重的予以行政处罚。第一种理解具有一定的合理性，因为1993年《教师法》颁布前，公办中小学教师具有国家工作人员身份。但也存在疑难，因为情节较轻的体罚并不需要行政处罚，民办学校也会对教师进行处分。该法未明示“行政处罚”是教育行政处罚还是治安管理处罚。但该条款将殴打教师和体罚学生并列，暗含着适用治安处罚的意思。

这层意思被1992年国务院批准实施的《义务教育法实施细则》挑明，该条例第四十二条规定，“体罚学生情节严重的”，“由有关部门给予行政处分；违反《中华人民共和国治安管理处罚条例》的，由公安机关给予行政处罚；构成犯罪的，依法追究刑事责任”。《治安管理处罚法》制定于2005年，此前适用的是1986年全国人大常委会制定的《治安管理处罚条例》。该条例第二十二条规定“殴打他人，造成轻微伤害的”，处拘留、罚款或警告。《义务教育法实施细则》第四十二条说明：第一，体罚可以构成违反治安管理的“殴打”行为；第二，体罚造成轻微伤害应予治安处罚。尽管该细则于2008年废止，但至少1992—2008年，教师体罚学生，明确是可以适用治安处罚的。

2006年《未成年人保护法》第六十三条第二款规定，教职工体罚或变相体罚的，由所在单位责令改正，严重的给予处分。但该法第六十条同时规定：“违反本法规定，侵害未成年人的合法权益，其他法律、法规已规定行政处罚的，从其规定。”《义务教育法实施细则》属于行政法规，所规定的治安处罚属于行政处罚，当然应该适用。《义务教育法实施细则》虽然已于2008年失效，但教师体罚学生属于违反治安管理的“殴打”，却已是制度上的共识。对“殴打”行为应当适用《治安管理处罚法》。2020年《未成年人保护法》正文最后一条，第一百二十九条第二款，对此进行了兜底规定：“违反本法规定，构成违反治安管理行为的，依法给予治安管理处罚”。所以上述15例案件中，各方都不认为存在法律冲突的就有5例。

2005年《国务院法制办公室对〈关于对国家行政机关工作人员执行职务过程中的违法行为能否给予治安处罚的请示〉的复函》明确：“行政机关工作人员执行职务时的侵权行为，不属于治安管理处罚条例规定的违反治安管理的行为，不应当给予治安管理处罚。”教师不属于国家行政机关工作人员，此规范性文件对教师不适用。韩某案一审判决书，未采纳教师要求适用此函件的主张，论证如下：教师体罚学生属于职务行为，没有殴打、伤害的故意；《治安管理处罚法》适用于平等主体之间的关系，公安机关处罚前应查明是否属于职务行为；职务行为只有当存在特别法指引时，才可适用治安处罚；作为特别法的《教师法》《未成年人保护法》都没有明确指引，所以不适用治安处罚。

韩某案判决于 2020 年 6 月，《义务教育法实施细则》已失效。2020 年的《未成年人保护法》10 月才出台，法院不可能考虑其第一百二十九条第二款。但 2006 年《未成年人保护法》第六十条并未失效，该条指向行政处罚，当然包括治安管理处罚。据了解，韩某案二审维持原判，判决书未公开。经联系二审法院，答复是“不接受研究”，这里仍然以一审判决书为讨论对象。

3. 教育相关法律与《治安管理处罚法》不构成排斥一般法适用的特别法

前已论及，《教师法》通过于 1993 年，《治安管理处罚法》通过于 2005 年，如果认为二者存在冲突，法院不能径行判决，应上报全国人大常委会。但《义务教育法》最近一次修改是 2018 年，其第五十五条规定“学校或者教师在义务教育工作中违反教育法、教师法规定的，依照教育法、教师法的有关规定处罚”。2021 年《教育法》涉及处罚的有第七十二、七十七、七十九、八十二条，分别与寻衅滋事、冒用身份、考试作弊、证书造假有关，不涉及体罚学生的问题。《教师法》只规定了处分或解聘。如果《义务教育法》第五十五条与《治安管理处罚法》构成特别法与一般法的关系，则有排除《治安管理处罚法》适用的可能。

形成特别法与一般法的关系的前提是所涉及的法律效力相同。《义务教育法》1986 年由全国人大通过，2006 年经全国人大常委会全面修改，2015 年、2018 年经全国人大常委会两次部分修改。《治安管理处罚法》2005 年由全国人大常委会制定，2012 年经全国人大常委会部分修改。从效力上，两者没有高下之分。

如何判断是否构成特别法与一般法的关系，存在三种观点。一是适用范围说，特别法在对象、事项、地域或时间四个方面范围更窄。[①] 体罚发生于师生之间，比《治安管理处罚法》适用的对象范围更窄。但是适用范围说的“特别”与“一般”是相对而言的，可能存在交叉。[②] 二是同一法益说，要求特别法与一般法侵害了相同的法益。教师体罚学生和《治安管理处罚法》上的殴打伤害都侵犯了他人的身体权和健康权，但《义务教育法》指向的处分轻于《治安管理处罚法》上的治安处罚。当特别法的处罚轻于一般法，是坚持适用特别法还是补充适用“重法”，存在“特别法绝对优先论”与“重法补充适用论”之争。[③] 三是逻辑结构说，要求特别法与一般法具备事实构成上互相包容、法律效果上互相排斥的关系。[④] 但《义务教育法》指向的处分与《治安管理处罚法》上的处罚，前者是基于聘用关系的内部处分，后者是基于外部关系的行政处罚，在法律效果上不具有互相排斥的关系。《教育行政处罚暂行实施办法》第十、十八条分别规定了对体罚幼儿、侮辱学生的罚款、撤销教师资格的处罚，与处分并行不悖。《事业单位工作人员暂行处分规定》第二十一条规定了对各种严重违反公共秩序、社会公德行为的处分，这些行为大多同时违反《治安管理处罚法》。同一行为，分别处以行政处罚和行政处分，原则上并无不妥。

---

① 全国人大常委会法制工作委员会国家法室：《中华人民共和国立法法解读》，中国法制出版社 2015 年版，第 324 页。

② 刘志刚：《法律规范冲突的解决规则》，复旦大学出版社 2012 年版，第 113 页。

③ 王强：《法条竞合特别关系及其处理》，《法学研究》2012 年第 1 期。

④ 杨登峰：《选择适用一般法与特别法的几个问题》，《宁夏社会科学》2008 年第 3 期。

拉伦茨指出，由于适用范围更小就总可以排除一般规范适用的普遍化结论并不正确。如果竞合法条的法律后果彼此可以相容，就应当依立法者的意图来决定。只有当法律后果互相排斥时，特别法才会排斥一般法的适用。当两种法律后果相容时，是同时发生还是排除某一规范的适用，取决于两规范各自的意义、目的和价值判断，取决于主权者是否想将特定类型的案件统一规定，并终局性地适用于该类案件。[①] 上述 15 例判决涉及的各方，显然对《义务教育法》与《治安管理处罚法》是否应当同时适用产生了不同的理解。

当理论和规范的丛林遮天蔽日，让人无所适从时，应回到原点，从特别法与一般法的关系产生的本源出发，从整个国家法律体系尤其是宪法体系出发，来解释法律。通说认为，我国《宪法》第三十三条规定的“公民在法律面前一律平等”是基本权利章的总则性条款。[②] 它要求“同样情况同样对待，不同情况不同对待”，是否属于不同情况要根据事物的“本质”来判断，分析“不同之处是否构成不同对待的正当理由”。[③]

教师体罚学生与一般殴打伤害存在两方面差异：一是教师体罚学生通常具有教育上的目的，为了维护教育教学秩序，保护该学生本人或其他学生的受教育权；二是教师体罚学生属于职务行为，教师只对内承担责任，对外由学校承担责任。这是主张教师不受治安处罚的主要理由。

出于教育目的体罚学生，是主张教师应当被区别对待的最强大的理由，在中西方都有悠久的历史。西方 2000 多年的教育史就是一部在默记和惩罚之间的历史。教师们信奉的是“只有从来不曾停止刺痛身心的东西才会永远留在记忆里”“残酷和道德教育不可分割地

① 卡尔·拉伦茨：《法学方法论》，黄家镇译，商务印书馆 2020 年版，第 340—341 页。

② 管华：《高考加分政策的宪法规制》，《南京师范大学学报》2019 年第 3 期。

③ 齐佩利乌斯：《法学方法论》，金振豹译，法律出版社 2009 年版，第 21 页。

纠缠在一起"。[①] 有中华文明以来，体罚就史不绝书。《尚书·舜典》曰"朴作教刑"。郑玄认为，"朴"是一种刑具，教官可以对学生施以刑罚。[②]《礼记·学记》曰"夏楚二物，收其威也"，夏和楚都是体罚学生的用具。东汉思想家王充在《论衡·自纪篇》自述："书馆小僮百人以上，皆以过失袒谪，或以书丑得鞭。"不过出于教育目的的体罚，在我国当代法律体系中已失去存在余地。

体罚是指故意引起身体痛苦，但又不至于受伤，以达到纠正或者控制他人行为的目的的行为。[③] 以教育为目的的体罚，在宪法上的本质是通过损害公民人身自由基本权利以维护其受教育基本权利。在历史上有其合理性，但与中华人民共和国宪法和法律直接冲突。

第一，受教育的本质是自由的。受教育的过程是一种精神活动的过程，受教育基本权利的本质是思想自由和表达自由的结合，而思想是无法强制的。马克思曾批评普鲁士的教育制度是专门培养士兵的。[④] 日本强制进行的军国主义教育曾给本国人民和世界人民带来了灾难。受教育自由权是受教育基本权利的本质。[⑤]

第二，体罚违背教育的根本目的。教育成果体现为知识获得和道德养成。用鞭挞强迫学生记忆知识，具有一定效果；但道德的养

---

① 尼格尔·塔布斯：《教师的哲学》，王红艳等译，山东教育出版社 2014 年版，第 61 页。

② 李才栋、谭佛佑、张如珍等主编：《中国教育管理制度史》，江西教育出版社 1996 年版，第 131 页。

③ M. A. Straus and G. K. Kantor, "Corporal Punishment of Adolescents by Parents: A Risk Factor in the Epidemiology of Depression, Suicide, Alcohol Abuse, Child Abuse and Wife Beating," *Adolescence* 115, no. 29(1994): 543-561.

④ 《马克思恩格斯论教育》，人民教育出版社 1979 年版，第 315 页。

⑤ 管华：《再论受教育权的性质与内容》，载劳凯声主编《中国教育法制评论》(第 9 辑)，教育科学出版社 2011 年版，第 172 页。

成只能是独立个体经过内心的天人交战后的主动选择，任何强制只会制造出伪君子和真小人。十八大以来，中央强调“把立德树人作为教育的根本任务”“把立德树人的成效作为检验学校一切工作的根本标准”。[①] 体罚不仅达不到立德树人的目的，而且对学生产生负面的示范效应，使学生以为暴力是适合解决问题的手段。数据显示，山东省女子监狱的未成年女犯，因学习成绩差受歧视或犯错误被老师惩罚甚至殴打的占 21%。有男教师在办公室拧女初中生的肚子致其辍学，该女生 17 岁就因强迫他人卖淫被判有期徒刑八年。[②] 我国批准的《儿童权利公约》《经济社会文化权利公约》规定，教育的首要目的是充分发展人的个性与尊严。“作为成年人，本身知道保护性的人体行为和惩罚性的攻击之间的区别。”[③]体罚违背首要的教育目的，形成恐怖的校园气氛，不利于培养创新型人才、建设世界创新高地。

第三，《义务教育法》上的受教育义务不得强制履行。“义务教育”又称“强制教育”，但未成年学生不具备法律上的责任能力，即使违反《义务教育法》，也不必承担由此产生的负面后果。可以通过殴打或捆绑的方式强制学习吗？对于理性能力尚不成熟的未成年学生来说，这种做法是无法理解的。古代中国有孙权劝学的故事，荀子有《劝学》，张之洞有《劝学篇》，美国有“助学员”，英国有“教育福利员”，[④] 其核心是“劝”和“帮助”。和受教育自由权相比，受教育社会权是第二位的、辅助的。对于构成犯罪，因不满十六周岁不予刑事处罚的，可以收容教养，这是《刑法》规定的“强制性教育措

① 管华：《立德树人与〈教师法〉的保障》，《中国教育学刊》2020 年第 4 期。

② 任海涛主编：《为了明天——预防青少年违法犯罪理论与实践》，光明日报出版社 2015 年版，第 319、70 页。

③ 《联合国儿童权利委员会第 8 号一般性意见 儿童受保护免遭体罚和其他残忍或不人道形式惩罚的权利》。

④ 劳凯声：《教育法论》，江苏教育出版社 1993 年版，第 42 页。

施”，既无法大规模执行，也不能由中小学教师执行。

第四，体罚侵犯了学生宪法上的人身自由和人格尊严两项基本权利。我国《宪法》上的人身自由，“指公民的人身不受非法侵犯的自由”。[①] 人身不受侵犯是人身自由基本权利的核心。国家义务教育制度是为受教育社会权服务的。以维护教育教学秩序为名体罚学生，实质是为了维护受教育基本权利的辅助性内容侵犯人身自由基本权利的核心，无法通过合宪性审查。以驯兽的方式对待未成年人，直接侵犯了公民的人格尊严，明确违背人性尊严的客体公式，构成违宪。体罚的本质是肉刑，我国《刑法》《监狱法》《社区矫正法》《人民警察法》《治安管理处罚法》等，对更严重的违法和犯罪都禁止体罚，更没有理由对仅仅违反校规或者不努力学习的未成年人处以肉刑。

第五，在宪法上，与教师相比，未成年学生受特殊保护。《教育法》《教师法》规定，“全社会都应当尊重教师”。2006 年《未成年人保护法》规定对未成年人“给予特殊、优先保护”，2020 年《未成年人保护法》要求“坚持最有利于未成年人的原则”。当教师利益与未成年人利益相冲突时，何者更应被尊重？1978 年，小平同志提出“全社会都应该尊重教师”，是因为“十年浩劫”，教师作为“臭老九”被打倒，是因为小学、中学教师工资分别居全行业倒数第一和倒数第二。提高教师地位是基于“知识分子是工人阶级的一部分”这一总体论断而存在的，实质是将教师提高到作为工人阶级的政治地位，作为劳动者的社会地位。即便是将来成为“国家公职人员”的教师，也是人民的勤务员，绝没有高于人民的特权，这是习近平总书记“坚持以人民为中心发展教育”论断的题中应有之义。部分社会人士和教师，忽视历史上绝大多数不具备官员身份的教师“教馆原来是下

① 《宪法学》编写组：《宪法学(第二版)》，高等教育出版社 2020 年版，第 207 页。

流，傍人门户度春秋”的生存窘境，误把“人民教师”当成依附于科举制度的学官和“显贵”[①]，把全社会尊重教师当成了历史上的“师道尊严”——“强调对教师的绝对尊重”，[②] 这不符合历史真实，也违背我国的社会主义性质。《中小学教师实施教育惩戒规则(征求意见稿)》第一条关于制定目的，曾包括“维护师道尊严”，遭激烈反对，正式通过的《中小学教育惩戒规则(试行)》删掉了该项目。比较未成年学生与教师的宪法地位：《宪法》第四十九条明确，儿童受国家保护，禁止虐待儿童；宪法中并无关于教师的条文。尽管未成年学生应尊重教师，但教师必须服从于“最有利于未成年人的原则”，不具有体罚虐待儿童的特权。在权利序列上，儿童的受教育权、人身自由、人格尊严是基本权利。中小学教师是依附于未成年学生、作为学生学习的协助者而存在的，教师的教育教学自由是从学生的受教育基本权利派生出来的一般权利，不得侵犯基本权利。《教育法》《教师法》之所以规定全社会尊重教师，是“为了发展教育事业，提高全民族的素质，促进社会主义物质文明和精神文明建设”，不是为了“师严然后道尊，道尊然后民知敬学”。毕竟，我国2021年高等教育毛入学率已经达到了57.8%。中小学教师所传的“道”在一定程度上失去了神圣性。凡此种种，都不允许教师从学生的协助者、保护人蜕变成“高人一等”的掌权者、体罚者。事实上，大量体罚就是自我感觉过于良好的教师，为满足“高权力感”带来的尊严需求，“敌意性愤怒”发作而实施的。[③]

第六，与“行政机关工作人员”“人民警察”相比，教师体罚学生

---

① 历史上教师的特殊显贵地位，参见阎光才：《教师“身份”的制度与文化根源及当下危机》，《北京师范大学学报(社会科学版)》2006年第4期。

② 师道尊严的本义，参见沈璿：《我国教师伦理规范的制度属性及其结构》，中国社会科学出版社2015年版，第146页。

③ 吕国光：《应然与实然：体罚现象的跨学科解读》，《宁波大学学报(教育科学版)》2021年第5期。

虽然也属于职务行为，但没有需要特别对待的理由。如果要求公安机关对其他行政机关工作人员执行职务时的侵权行为予以治安处罚，公安机关势必要对其他行政机关工作人员的职务行为是否违法进行判断，这既超出了公安机关的能力，也违反了宪法关于国家机关职能分工的原则。[①] 对于人民警察而言，《人民警察法》第四十八条规定了替代性的限制人身自由的“禁闭”措施，其严厉程度与拘留接近。教师既不行使国家权力，也不受《治安管理处罚法》第一百一十六条关于警察的处分，既无法适用国务院法制办的函，也无法适用《治安管理处罚法》第一百一十六条。韩某案中，一审法院分别将教师认定为“行政机关工作人员”“人民警察”，都是错误的。韩某案一审判决书主张，职务行为需要特别指引才能予以治安处罚，没有法律依据。相反，2006 年《治安管理处罚法》与《治安管理处罚条例》相比，增加了对单位违反治安管理的处罚。如果按照该判决，各行各业的单位违反治安管理行为中的职务行为，都需要特别指引，就掏空了《治安管理处罚法》，违背了修法目的。2020 年《中华人民共和国治安管理处罚法(修订公开征求意见稿)》第十七条对法律法规没有规定单位处罚的，要求处罚组织、策划者，第五十三条规定了虐待被看护的未成年人的处罚。引入“第三方”公安机关，有利于克服教育部门或学校为了政绩或声誉、保护“内部人”，不处理或不公开处理结果的弊端。

第七，教师体罚学生僭越了现代国家对合法暴力的垄断权，国家已经建立了相对完善的制度，阻止这种僭越。卢梭有言：“强力并不构成权利，而人们只对合法的权力才有服从义务。”[②]85%的体罚发生在低幼阶段，凸显了教师体罚学生恃强凌弱的本质。一旦学生成熟到具备反抗的意识和体能，教师就常常被“反杀”，如张俊霖

---

① 张翔：《国家权力配置的功能适当原则》，《比较法研究》2018 年第 3 期。

② 卢梭：《社会契约论》，何兆武译，商务印书馆 1996 年版，第 13—14 页。

案。早在世纪之初，研究者就发现，随着个人主义和儿童至上的盛行，学校内部治理完全失控。[①] 2020 年修改的《预防未成年人犯罪法》第四十三条规定，学校无力管教的，由教育部门决定送入专门学校。该法规定，“专门教育是国民教育体系的组成部分”，要求“加强专门学校建设”“专门场所实行闭环管理，公安机关、司法行政部门负责未成年人的矫治工作”。相对地，如果教师体罚学生不予治安处罚，就更可能被追究刑事责任。《治安管理处罚法》与《刑法》条文竞合之处不少，实践部门因为担心放纵犯罪受群众责难，宁愿“就高不就低”。[②] 教师体罚学生常常诱因细微、小事大罚而造成严重后果，[③] 符合“借机寻衅”的特征，可能落入寻衅滋事罪。教师体罚学生往往持续时间长、人数次数多，极易落入虐待被看护人罪。一旦引发舆情，教师可能面临牢狱之灾。毕竟，同样属于职务犯罪的虐待被监管人员罪，只要致使被监管人自杀或殴打体罚 3 人次以上的，就构成犯罪。

总之，虽然部分教师体罚学生出于教育动机，但违背了教育的本质和根本目的，突破了不得用暴力强制适龄儿童学习的底线，侵犯了学生的人身自由和人格尊严两大基本权利，不具备法律上差别对待的正当理由。韩某类案判决混淆了教师与“行政机关工作人员”和“人民警察”的界限，误认了教师的“高权”地位，违背了“最有利于未成年人”的原则，无视国家建立专门学校亲自矫治的意图，既侵犯了全国人大常委会的职权，又违背了历史形成的制度共识和现行法的明确规定，对应当同时适用处分和治安处罚的，排除《治安

---

① 司洪昌：《嵌入村庄的学校：仁村教育的历史人类学探究》，教育科学出版社 2009 年版，第 209 页。

② 禹竹蕊：《走进实务的〈治安管理处罚法〉——制度反思与重构》，知识产权出版社 2012 年版，第 104 页。

③ 周勇等：《2011—2015 中小学生遭遇教师体罚的网络舆情事件分析》，《当代教育科学》2017 年第 10 期。

管理处罚法》的适用，属于适用法律错误。

四、《教师法(征求意见稿)》的制度设计与可能选择

《教师法(征求意见稿)》规定了公办中小学教师的“国家公职人员”身份，但并没有解决教师体罚学生所应承担的法律责任问题。因为教师的身份与其权利义务设定并无必然联系，相反，只有确定教师具体的权利义务，才能真正确定其法律地位，否则不过是空洞的宣示。[①]

部分公众以为“国家公职人员”就是“公务员”，其实不然。《教师法(征求意见稿)》第二十五条还规定了“转任公职”，即从教师中调任或录用“教育教学管理的专业技术岗位”，这里的专业技术岗才属于《公务员法》第十六条规定的公务员。不仅如此，《教师法(征求意见稿)》规定的教师的招聘、管理与公务员也截然不同：第二十四条规定，公办中小学教师招聘，由教育部门按照事业单位招聘规定组织或授权有条件的学校自主组织，不同于公务员招考；第二十六条规定，公办中小学教师采用聘用合同管理，不同于公务员“经省级以上公务员主管部门批准”才可以对专业性较强的岗位实行聘任制。

这里的“国家公职人员”也不同于“参公管理人员”，后者是根据《公务员法》第一百一十二条，在法律法规授权的具有公共管理职能的事业单位中除工勤人员以外的工作人员，经批准参照《公务员法》管理。公办中小学一般不具有公共管理职能，有关部门也不会批准普通公办中小学教师参照《公务员法》管理。

这里的“国家公职人员”还不同于《监察法》上的“公职人员”。《监察法》第十五条规定的“公职人员”包括“公办的教育单位中从事

---

① 叶阳永：《公立中小学教师人事关系法制化研究》，《北京大学教育评论》2021 年第 4 期。

管理的人员”，其范围包括管理岗六级以上职员，从事与职权相联系的管理事务的其他职员，在管理、监督国有财产等重要岗位上的工作人员以及临时从事与职权相联系的管理事务的人员。[①] 公办中小学绝大多数不从事管理的教师仍然属于专业技术人员，不属于《监察法》上的“公职人员”或监察对象。[②]

《教师法（征求意见稿）》第十三条对作为国家公职人员的教师的权利义务没有详细规定，准用“规范公职人员的相关法律规定”。由于该法案规定的国家公职人员不同于公务员、参公管理人员和《监察法》上的公职人员，并没有现成的规范可用。未来有两种可能走向：一是适用《公务员法》的规定，二是继续适用现在事业单位工作人员的规定。

1. 适用《公务员法》，需要修改多部法律，不具备可行性

适用《公务员法》，将大大提高教师的实际地位，也是广大公办中小学教师的期盼。出于对身份的珍惜，也由于公务员的监督体系更加严密、纪律更加严格，体罚学生的教师比例将减少。但是，需要修改多部法律，才能相互衔接。

需要修改《民法典》。现在公办中小学的法律性质是事业单位，是《民法典》第八十七条规定的非营利法人。一旦教师适用《公务员法》，公办中小学将成为教育行政机关的下属内部机构，独立的法律地位和法人资格将不复存在。《民法典》第一千一百九十九条、一千二百条分别规定了无民事行为能力人、限制民事行为能力人在学校（教育机构）受到人身损害，学校未尽到教育管理职责的，应承担侵权责任。《学生伤害事故处理办法》第九条第九项规定，教师体罚学生的，学校应承担相应责任。如果教师适用《公务员法》，教师履

---

① 中共中央纪律检查委员会中华人民共和国国家监察委员会法规室：《〈中华人民共和国监察法〉释义》，中国方正出版社 2018 年版，第 113 页。

② 秦前红主编：《监察法学教程》，法律出版社 2019 年版，第 218 页。

职过程中侵犯学生合法权益造成损害的，就应该适用《国家赔偿法》第三条第三、四、五项规定的行政赔偿。《民法典》关于侵权责任的规定将失去法律效力。

需要修改《国家赔偿法》。国家赔偿中的行政赔偿只适用于“行政机关及其工作人员”，如果公办中小学教师取得公务员地位，学校失去法人资格，只能由教育行政机关代表国家承担赔偿责任。我国台湾地区接受了德国、日本法律上的“公营造物”概念，公立学校作为公共设施适用国家赔偿，公立学校教师不是公务员任用条例、俸给、考绩、退休、公务员服务法上规定的公务员，是公务员保险法、刑法、国家赔偿法、贪污治罪条例上的公务员；公立学校教师执行教育事务过程中，损害学生权利的，适用国家赔偿。[①] 类似的制度安排在大陆法系较为普遍：德国公立学校是无法律能力的公共设施。[②] 德国公立学校教师是公务员法上的公务员，德国和日本都将教育行为视为行使公权力的行为，适用国家赔偿。法国自1899年开始，公立学校教师的民事责任由国家负责。理论上，国家举办义务教育学校提供教育服务，学校代表国家活动，不收学杂费，由此产生的责任应由国家承担。[③]

需要修改《监察法》《公职人员政务处分法》。现行《教育法》《教师法》规定的处分对公办中小学教师和其他各级各类教师都适用，但作为公务员的教师应适用《公务员法》第六十一至第六十五条规定的处分。一旦认定为公务员，也应适用《监察法》和《公职人员政务处分法》。但因为《监察法》第一条规定的是“对所有行使公权力的公

---

① 李惠宗：《教育行政法要义》，元照出版有限公司2004年版，第195页。

② 汉斯·J. 沃尔夫等：《行政法(第三卷)》，高家伟译，商务印书馆2007年版，第309页。

③ 罗爽：《义务教育学校教师聘任制的制度反思及其重构》，《现代教育管理》2014年第8期。

职人员的监督”，公办中小学教师的教育教学行为是否行使国家公权力的行为不无争议，需要修法予以明确。《政务处分法》是《监察法》的下位法，在处分和政务处分并行的格局下，如果《监察法》的适用范围发生变化，《政务处分法》也要随之修改。

法律的制定和修改是政治力量博弈的结果，是政治力量对比的体现。教师群体能够借《教师法》修改的契机，争取到《公务员法》上的公务员地位，推动上述法律的修改吗？与30年前相比，本次修法虽然也有保障教师权益的目的，但更重要的是“规范教师职业行为”，落实立德树人根本任务，促进教育均衡发展。通过确立公办中小学教师“国家公职人员”的身份，以推行教师轮岗、禁止有偿补课，保障教育的公益性。为了落实公办中小学教师“国家公职人员”身份，修改民事、行政、监察等多方面的法律，可能性较小。

2. 沿用事业单位人员管理的相关规定，明确体罚学生的法律责任

公办中小学教师作为特殊的“国家公职人员”与公务员相比都是由财政负担工资、政府核定编制，特殊之处在于行使的是专业权力，而非国家权力。虽然公办中小学教师可以视为“街头官僚”，一般服务对象没有其他选择，① 但在我国现行法律体系下，义务教育阶段公办中小学校教师的行为不过是国家教育给付行为的执行行为。② 国家可以通过自建学校的方式提供教育服务，也可以通过购买第三方服务的方式提供教育服务，义务教育阶段绝大多数教育教学活动本身并非国家意志的直接体现，讲授的是人类文明成果中的常识。作为国家公职人员的教师在没有法律明确规定的情况下，预计将沿用事业单位工作人员管理的相关规定。

能否如个别建议所说，干脆恢复部分体罚呢？这不仅要修改一大批法律，同时会遭到部分家长的激烈反对。随着我国中产阶层的

① 蒋晨光、褚松燕：《街头官僚研究综述》，《国外社会科学》2019年第3期。

② 管华、陈鹏：《中小学布局调整如何通过法律之门》，《教育研究》2015年第1期。

扩大，密集育儿开始流行，直升机式家长比比皆是。体罚在20世纪80年代之所以能普遍存在，是因为家长的容忍度较高。当下体罚被高度关注，是因为家长认为超过教育界限，愤而报警的越来越多。体罚变得不可容忍的实质是家长教育权觉醒，要求在教育子女上发挥更多决定性作用的结果。教师完全无法以家长授权体罚为理由，不仅越来越多的家长不接受体罚子女，而且2021年通过的《家庭教育促进法》第二十三条明确禁止父母或监护人对未成年人“实施家庭暴力”。更何况，随着高等教育的普及，中小学教师的学历和社会地位与部分家长相比，已无明显的优势，知识显贵的地位已成明日黄花，公办中小学校(教师)教育权在国家教育权和家庭教育权的两面夹击下，生存空间日益逼仄，再无回归封建社会科举制度下“师道尊严”的可能。

中外研究表明，体罚会降低学生的智商、认知能力和自控能力，加剧校园暴力，与积极后果无关，有被体罚经历的未成年人更容易出现焦虑抑郁、沉迷网络游戏，实施反社会行为和攻击行为，且随着年龄增长而趋于严重。[①] 联合国193个成员国共同签署的《改变我们的世界——2030年可持续发展议程》为人类确立了17个可持续发展目标：第一个是消灭贫困，第四个是公平优质教育，第十六个是创建和平包容的社会，其中包括制止对儿童的一切形式的暴力。我国已于2021年消灭绝对贫困，《教育部2022年工作要点》将“优质均衡”作为义务教育的发展目标。优质的教育应当是维护儿童

---

① Anja Heilmann, Anita Mehay, Richard G. Watt, et al., “Physical Punishment and Child Outcomes: A Narrative Review of Prospective Studies,” *Lancet* 10297, no. 398(Jul. 2021): 355-364. 许阳等：《父母体罚与青少年焦虑抑郁的关系：同伴侵害的中介效应与亲子关系的调节效应》，《心理发展与教育》2017年第4期；喻承甫等：《父母体罚与青少年网络游戏成瘾：一个有调节的中介模型》，《华南师范大学学报（社会科学版）》2017年第4期；喻承甫等：《父母体罚、心理需求满足与青少年攻击行为：亲子关系的调节作用》，《华南师范大学学报（社会科学版）》2018年第4期。

个性和尊严的教育，确保儿童离开学校时掌握生活必需的基本技能，不仅限于识字，还包括非暴力沟通的生活技能。这也是联合国儿童基金会教育项目组《定义教育质量》报告五个指标之一——“高质量的学习环境”中的“非暴力”要求的体现。①

2022年2月15日，习近平总书记主持中央政治局进行第三十五次集体学习强调：“维护国家法治统一是严肃的政治问题。”为了落实《宪法》中“儿童受国家保护”的特殊地位，解决《未成年人保护法》中“最有利于未成年人的原则”与《教师法》中“全社会都应当尊重教师”之间可能存在的冲突，避免教师轻微体罚得不到及时纠正而陷入虐待被看护人罪的陷阱，廓清“国家公职人员”不能适用治安处罚的疑虑，建议《教师法》修改采取与《学前教育法草案（征求意见稿）》类似的规定，即在《教师法（征求意见稿）》第五十二条“构成犯罪”前增加“构成违反治安管理行为的，由公安机关依法给予治安管理处罚”。这样就形成了一个从处分或解聘、撤销教师资格禁止从业、治安处罚到刑事犯罪的由低到高的完整法律责任体系。不过，《教师法（征求意见稿）》第五十二条违反了过错与责任相适应的原则，因为规定的处分起点就是开除。《事业单位工作人员处分暂行规定》中，处分的种类包括警告、记过、降级、撤职和开除五类。该条第五项规定的违法情形是“严重侵害学生合法权益，体罚或者变相体罚学生造成人身伤害等严重后果的”。两处“严重”缺乏标准，对于未成年学生，尤其是低幼阶段的学生，轻微体罚都有可能造成严重后果，要求造成伤害后果也与《治安管理处罚法》相冲突，应修改为“侵害学生合法权益，体罚或变相体罚学生的”。增加治安处罚的规定并不会出现大量教师被治安处罚的现象，因为2021年修改的《行政处罚法》第三十三条规定：“初次违法且危害后果轻微并及时

① 何海澜：《善待儿童：儿童最大利益原则及其在教育、家庭、刑事制度中的运用》，中国法制出版社2016年版，第263—264页。

改正的，可以不予处罚。”尽管《治安管理处罚法》与《行政处罚法》属于特别法与一般法的关系，但一般法的原则对特别法仍然适用。

1927年三湾改编，毛泽东坚决废除了旧军队流行千年的体罚制度，干部不准打骂士兵。[①] 军队尚且禁止体罚，何况学校呢？1934年，教育人民委员部颁布《小学课程教则大纲》指出：“地主资产阶级的教育大半是灌输式的，使儿童机械的记忆所教授的东西。苏维埃的教育，必须采取启发式……绝对禁止强迫威吓甚至敲打的手段。”1939年《陕甘宁边区小学规程》规定：“不得对学生施用体罚。”1942年《晋冀鲁豫边区小学暂行规程》“坚决废止体罚及一切有碍儿童身心发育之惩罚”……放下你的鞭子！任何体罚都是虐待，消灭包括体罚在内的一切校园暴力，建设儿童友好型校园，这是党领导教育事业发展的初心和使命。

总之，从2021年媒体关于教师体罚学生的报道看，体罚在全国范围内仍然广泛存在，呈现出明显的恃强凌弱、借机寻衅的特点。立法上对体罚学生的教师比对未成年人违法更加照顾，司法上对体罚学生构成犯罪的教师超过三分之二不判实刑。教育相关法律关于体罚学生的法律责任的规定与《治安管理处罚法》是否属于特别法与一般法的关系，能否同时适用，在司法上出现了分歧。但实际上，国家并无将教育相关法律终局性地适用于体罚案件的意图，对教师体罚学生适用治安处罚有法律上的明确依据。体罚违背了教育目的，侵犯了学生的人身自由、人格尊严两项基本权利，教师也不具备类似“行政机关工作人员”和“人民警察”应予区别对待的正当理由。公办中小学教师“国家公职人员”身份的确立，将进一步增加司法难度。因此，《教师法》修改应明确，体罚适用治安处罚。

---

① 徐焰：《解放军为什么能赢》，广东经济出版社2012年版，第46页。

第五章　论教师申诉制度应废止[①]

教师申诉制度是由《教师法》第三十九条明文规定的教师权益救济手段，意在解决学校以及行政部门因侵权行为或处理决定而同教师产生的行政纠纷和民事争议，是宪法中规定并保障的公民申诉权在教育法律关系中的具体体现。[②] 自《教师法》首次颁布以来已近30年，新形势对教师权益保障提出了更高要求。而教师申诉制度在制度构建上停滞不前，实质上已经成为教师权益保障路上的“绊脚石”。

学界对教师申诉制度的研究主要集中在两个领域：一是教师申诉制度目前所存在的缺陷和问题，以及导致其未能实现立法者预期目的的原因。制度构建上程序性规范缺失，与外部性救济途径关系不明且衔接不畅，实践上很难真正发挥作用，当事人往往最终仍需诉诸诉讼途径[③]，已基本成为共识。二是教师申诉制度的完善路径。一般均以行政复议制度为蓝本，从争议面向、受理条件、受理机

① 管华、余若凡：《教师申诉制度可以废止吗》，《湖南师范大学教育科学学报》2020年第4期。

② 杨颖秀主编：《教育法学》，中国人民大学出版社2019年版，第100页。

③ 湛中乐、靳澜涛：《我国教育行政争议及其解决的回顾与前瞻——以“推动教育法治进程十大行政争议案件”为例》，《华东师范大学学报(教育科学版)》2020年第38卷第2期，第1—18页。

关、处理程序、再救济、选择适用等方面展开。[①] 在逻辑上，制度存在缺陷不一定要进行完善，也可以选择废止，现有研究忽视了这一进路。

现有研究主要以教师申诉的制度完善为中心和重点，并未进一步考察教师申诉的制度属性和现有其他救济途径，及其与纠纷解决多元化之间的关系。因此，本章的基本安排是：(1)以具体法律规定缺位和其他救济途径受阻为切入点，指出教师申诉制度供给的不足与排他；(2)从教师申诉的制度属性和教师法律身份多元化的现状出发，分析教师申诉制度完善所面临的双重困境；(3)以行政复议和行政诉讼、人事争议处理制度及劳动争议处理制度为对象，分析已有的权利保障体系；(4)提出结论，即《教师法》修改应当删除第三十九条，废止教师申诉制度。

一、教师申诉制度供给的不足与排他

(一)教师申诉制度供给不足

《教师法》第三十九条中关于教师有权向教育行政部门提出申诉的规定为教师申诉制度提供了核心法律依据。1995 年国家教委发布的《关于〈中华人民共和国教师法〉若干问题的实施意见》[②](以下简称《实施意见》)中的第八部分"关于教师申诉"提供了基本的程序性规范。地方立法上，仅有《北京市教师申诉办法》及《苏州市教师申诉办法》两部地方政府规章，且上述两部规章在内容上基本只是重复了《教师法》以及《实施意见》。在规范构建上，教师申诉制度仍旧停

---

① 鱼霞、申素平、张瑞芳：《教师申诉制度研究》，《教师教育研究》2005 年第 3 期，第 57—62 页；湛中乐：《论我国高等学校教师申诉制度的完善》，载劳凯声主编《中国教育法制评论》(第 6 辑)，教育科学出版社 2008 年版，第 105—134 页；施彦军、姚植兴：《权利本位视域下高校教师申诉救济制度的法律属性、问题及对策——基于现行教育法律规范文本的分析与思考》，《教育探索》2016 年第 4 期，第 128—135 页。

② 该规范性文件现行有效。

留在较为简陋的层面。尽管现有规定已经明确教师申诉的对象和事由，但其缺乏具体制度依据和程序制度规范，导致难以实际运行和操作。[①] 目前看来，有关教师申诉的一系列实践其实于法无据，加剧了教师权益保障体系的混乱。

有学者认为，《事业单位人事管理条例》和《事业单位工作人员申诉规定》也构成教师申诉制度的规范依据，并以此分析教师申诉与其他救济途径的衔接。[②] 但事业单位工作人员申诉制度与教师申诉制度在各方面均存在明显不同，该制度只适用于公立学校编制内教师。第一，制度适用群体不同。教师申诉制度是立法者为保障教师这一专业人员群体权益而设置，而事业单位工作人员申诉则指向事业单位工作人员群体，两大申诉制度均具有较强的身份性特征。尽管在当前制度设计下，事业单位工作人员和教师这两个群体间存在较大的交叉之处，但二者不可等同。事业单位中除公立学校等教育单位外还包括科技、文化、卫生等多类事业单位，并具有复杂的管理体系。而学校等教育机构中不仅包括公立学校，还包括民办学校等民办教育机构。可见，事业单位工作人员和教师这两大群体仅是在公立学校教师这一具有代表性和规模性的群体中产生了重合。第二，规范依据不同。教师申诉制度由《教师法》明文规定，而事业单位工作人员申诉制度的规范依据来源于《事业单位人事管理条例》和《事业单位工作人员申诉规定》。第三，救济程序不同。教师申诉制度规定可直接提起申诉，事业单位工作人员申诉制度则涉及复核、申诉、再申诉三个环节。第四，受理机关和管辖不同。教师申

---

① 施彦军、姚植兴：《权利本位视域下高校教师申诉救济制度的法律属性、问题及对策——基于现行教育法律规范文本的分析与思考》，《教育探索》2016 年第 4 期，第 128—135 页。

② 解立军：《教师申诉制度的法律分析》，《中小学管理》2015 年第 9 期，第 36—38 页；解立军：《教师申诉制度与其他救济制度的关系》，《中小学管理》2015 年第 10 期，第 37—39 页。

诉制度规定，对于学校的申诉由当地教育行政主管部门受理，对于行政机关的申诉向同级或上级地方人民政府提起。而事业单位工作人员申诉制度规定，申诉前的复核由原处理单位受理，申诉则因复核决定作出单位的不同而存在差异，这又涉及事业单位的管理体系。第五，受案范围不同。教师申诉制度意在解决对教师合法权益和依《教师法》享有的权益的侵犯，而事业单位工作人员申诉制度只适用于涉及本人的人事处理决定。

(二)其他救济途径适用受阻

目前，《教师法》对于教师权益救济只做了单一性规定，对于涉及教师权益的纠纷所能采取的救济措施只明确教师申诉这一渠道。尽管在《实施意见》中规定对于有关人身权、财产权或其他属于行政复议、行政诉讼受案范围的申诉，未做处理的可以使用行政诉讼以及行政复议作为救济手段。但《实施意见》作为原国家教委发布的一份规范性文件，其效力层级较低，难以成为适用依据。并且，该条文内容只是概括地规定教师申诉后的救济途径，也不涉及三者之间的选择适用关系。实践中，问题主要聚焦于教师与学校等教育机构、教师与教育等行政部门之间产生的行政纠纷。由于作为教师权益保障特别法的《教师法》中只规定了教师申诉作为救济途径，并未规定行政诉讼、行政复议或其他救济手段，根据特别法优先于一般法的原则，相较于《行政诉讼法》和《行政复议法》中规定的行政诉讼和行政复议制度，教师申诉在救济适用上具有优先和排斥效力。在实践中，教师申诉制度很大程度上成为排斥行政复议、行政诉讼等救济制度进入的封闭性救济途径。① 而在公立学校编制内教师这一群体中，原本可适用的人事争议仲裁制度和事业单位工作人员申诉制度，由于其规范依据效力层级均低于《教师法》，因此也被教师申

---

① 朱应平：《教师权益法律救济研究》，《行政法学研究》2000年第4期，第34—39页。

诉制度所排斥。

除排斥其他救济途径在教师权益行政纠纷中的适用外，教师申诉制度还具有在实践中同信访制度难以区分的问题。这种难以区分的现状除肇因于教师申诉的规范内容缺失外，还源于教师申诉的制度属性和权利依据。教师申诉制度与信访制度拥有相同的宪法依据，即现行《宪法》第四十一条中规定的公民享有的申诉权。在司法实践认定上，教师申诉制度缺乏制度化的规范性要求，其受理部门和操作程序不明，情境性救济[①]特征明显，因此教师的申诉行为在实践中缺乏被认定为教师申诉的规范基础，导致其易被认定为信访行为。在谭大荣再审申请和谭俊松再审申请两案中，当事教师和管辖法院均径行认定其申诉行为属信访性质。[②] 此外，二者在处理机构上也易发生混同，例如，原国家教委办公厅曾发布文件要求，“各级教育主管部门可以依托信访机构”，办理有关行政申诉案件。[③]一旦申诉行为被认定为信访，则必须遵循国务院《信访条例》的有关规定，在信访程序中解决。而最高人民法院在其裁定中认为信访行为在原则上不宜被纳入行政诉讼受案范围[④]，则又阻断了教师通过行政诉讼进行再救济的途径。

总而言之，教师申诉将教师权益纠纷的救济过程限制在教师和相关行政部门之间的内部救济机制中，排斥了其他外部机制的介入以及行政和司法监督机制的再救济。

---

① 情境性救济是指相对缺乏规范，充满随意性的救济，与之相对的是规范性救济，主要以选择救济时是否以规范性、程序性和确定性为基本考虑因素作为划分标准。参见耿宝建：《行政纠纷解决的路径选择》，法律出版社 2013 年版，第 79 页。

② 最高人民法院(2018)最高法行申 1983 号行政裁定书；最高人民法院(2018)最高法行申 1986 号行政裁定书。

③ 《国家教委办公厅关于印发〈关于开展加强教育执法及监督试点工作的意见〉的通知》，教策厅〔1995〕14 号，1995 年 8 月 28 日发布。

④ 最高人民法院(2017)最高法行申 682 号行政裁定书。

二、教师申诉制度完善面临双重困境

（一）功能定位阻碍教师申诉完善

前文已述，教师申诉制度具有趋于封闭的制度属性。事实上，其所表现出的这种特征不仅来源于现行规范体系的不完善和不周延，还同时来源于教师申诉制度作为法定申诉制度所具有的功能定位。我国现有的法定申诉制度①主要包括公务员申诉、教师申诉和学生申诉。计划经济时代，教师一直被视为国家工作人员，参照公务员进行管理。在经济体制转轨过程中，教师退出国家工作人员序列，并在《教师法》中被明确为专业技术人员。公立学校接受国家财政拨款，具有公益性，属于事业单位性质，因此公立学校教师仍被视为具有准公务员或国家工作人员的性质，其与学校之间的关系多被视为内部管理关系范畴。从这个角度来说，教师申诉与公务员申诉具有更高的制度同质性。

以目前完善程度较高的公务员申诉为例，由于《行政诉讼法》和《行政复议法》在受案范围中明确排除了内部行政行为，当公务员人事行政权利受到侵害时，该群体无法通过上述途径寻求外部性救济，因此在制度构建时引入申诉作为内部救济的核心途径。② 换言之，如果相关纠纷能够适用行政诉讼与行政复议进行救济，就不能适用行政申诉。③ 这实际上表明了目前我国法定申诉制度的功能定位，即主要用来解决特别权力关系下的行政纠纷，从某种意义上说

---

① 法定申诉制度是指具有宪法之外的制定法上依据的申诉，与之相对的即为非法定申诉。参见耿宝建：《行政纠纷解决的路径选择》，法律出版社 2013 年版，第 109 页。

② 冯岚：《类型化路径下我国公务员人事行政权利司法救济的有限引入》，《学术研究》2017 年第 12 期，第 97—102、178 页。

③ 彭君、王小红：《作为基本权利的申诉权及其完善》，《法律适用》2013 年第 11 期，第 93—97 页。

其属于行政复议在内部行政管理关系中的替代制度。[①] 如果法定申诉实质上作为行政复议的替代制度而发挥功能，则应当不再允许提起行政复议。[②] 从这个角度出发，法定申诉和行政复议制度在相同权益领域内应当属于互相替代的关系。随着特别权力关系理论已成为时代之弃儿[③]，法定申诉制度在权益救济体系内发挥的作用应当被重新考虑。而在其功能定位的影响下，教师申诉制度的完善路径将与现已基本完善的行政复议制度发生重合，不仅将丧失申诉制度独有的制度优势，还因重复的制度建设而进一步影响教师权益保障体系的协调性和统一性。

应当指出的是，加强公民申诉权在具体法律关系中的落实和保障，并不意味着应当在法律层面上明确规定申诉制度。而应在保证现有权益救济系统正常、顺畅运行的前提下，充分利用申诉制度受案范围限制更小、受理机关权威性更强、权益救济成本更小、申诉处理决定执行更为迅速等优点[④]，在学校内部、事业单位内部等领域，依托效力低于法律的规范依据建立申诉制度，既提供内部救济途径，又不因适用顺序优先等因素排斥外部救济制度的介入。

(二)教师法律身份多元化趋势阻碍教师申诉完善

从计划经济体制转向市场经济体制的过程中，教育事业领域同时也在开展办学体制改革，逐渐吸纳社会资本进入办学领域。2002年《民办教育促进法》颁布后，明确了民办学校与公办学校的同等法律地位，自此，我国民办教育事业进入全面发展时期，民办学校等

---

① 耿宝建：《行政纠纷解决的路径选择》，法律出版社 2013 年版，第 109—110 页。

② 朱应平：《行政申诉制度的法理和实务研究》，政府法制研究会议论文，上海，2013 年，第 116、118—169 页。

③ 管华：《教育惩戒权的法理基础重述》，《华东师范大学学报(教育科学版)》2020 年第 3 期，第 18—26 页。

④ 李伟：《建立行政申诉制度的意义及其制度设计》，《广州大学学报(社会科学版)》2006 年第 11 期，第 25—28 页。

教育机构教师群体日益扩大，成为教师群体的重要组成部分。① 在市场经济体制下，教育事业呈现出多学段、多类别的特点，不同教育阶段的国家化程度具有显著不同。② 2011 年颁布的《中共中央 国务院关于分类推进事业单位改革的指导意见》中将承担义务教育的事业单位划入公益一类，将承担高等教育的事业单位划入公益二类。事实上也昭示了国家对于不同阶段、不同类别教师进行分类管理的趋势。

总体而言，民办学校教师与民办学校间签订劳动合同，属于民事关系，并不受特别权力关系影响，可以直接适用民事诉讼、劳动仲裁等外部性救济途径。公办学校接受国家财政拨款，承担公益事业，行使一定行政权力，其中公立中小学与公立高校在公益性程度高低和办学自主权大小方面又存在显著不同，在教师身份上应当进行分类管理。

现行《教师法》的相关规定将教师定性为专业人员，但在法律属性上教师群体已日趋多元化，公立学校与民办学校教师处于截然不同的法律关系之中。教师群体权益保障的法律适用横跨民事法、劳动法、行政法与教育法等领域，教师权益纠纷呈现出多元化趋势。一种制度、一个路径显然无法覆盖所有争议事项，反而会造成救济适用上的无端和封闭。从功能定位上讲，纠纷解决机制应当保持自身特色，不应相互混淆或同质化。③ 具有高度混淆性和同质化特征的纠纷解决机制的设置有浪费立法资源之嫌。当现有纠纷解决制度资源已臻充足时，还必然导致制度运行的冲突与不自洽。因此，在

① 刘永林：《改革开放 40 年我国民办教育法治发展：回顾与展望》，《浙江树人大学学报(人文社会科学)》2019 年第 19 卷第 5 期，第 7—13 页。

② 任海涛：《教育法学者关于〈教师法〉修改的争鸣》，《湖南师范大学教育科学学报》2019 年第 18 卷第 5 期，第 9—20 页。

③ 耿宝建：《行政纠纷解决的路径选择》，法律出版社 2013 年版，第 80 页。

教师群体处于多元法律关系中的现状下，针对整个教师群体设置统一的救济制度，其自身性质和功能自然难以分明，具体制度内容的完善也会陷入僵局。在实际管理过程中需要根据教育阶段和学校所代表的公益性质程度明确不同类别教师的不同法律身份，针对不同教师群体的不同法律身份明确相应的救济渠道，建立多元化教师权益保障体系。

三、现有其他救济途径充足

根据《教师法》第三十九条的规定，教师可针对学校、其他教育机构以及当地人民政府有关行政部门三类主体提起申诉，申诉事由包括学校或其他教育机构侵犯教师合法权益、有关行政部门侵犯教师依据《教师法》所享有的权益以及对学校或其他教育机构作出的处理不服三类。按申诉对象分类，教师申诉具体可以分为两大类：第一类是对学校等教育机构提出的申诉，第二类是对政府行政部门提出的申诉。其中，第二类申诉解决的是教师与当地政府行政部门之间的行政纠纷，从功能定位看，其与行政复议实无差别，无法提供多样化救济。[①] 第一类申诉解决的是教师与学校等其他教育机构之间的纠纷，具体事由包括两种：第一种是侵犯教师合法权益，第二种是对处理决定不服。第一种指向学校与公民之间的侵权纠纷，其中既包括人事争议，也存在民事争议。第二种指向学校在具体管理过程中和教师所产生的纠纷，定位在公立学校编制内教师时，属于人事争议，定位在民办学校和公立学校编制外教师时，属于劳动争议。在解决民事争议时，教师申诉其实是行政裁决的一种形式，而

① 湛中乐：《论我国高等学校教师申诉制度的完善》，载劳凯声主编《中国教育法制评论》(第 6 辑)，教育科学出版社 2008 年版，第 105—134 页。

解决人事争议时，教师申诉属于类似于公务员申诉的内部救济渠道。[①]

因此，教师申诉制度意在解决的教师权益纠纷既包括行政争议、人事争议，又包括民事争议。而目前对于行政争议、人事争议和民事争议，已建立完善的争议解决机制。现有救济制度主要包括行政救济制度和其他救济制度。前者包括行政复议和行政诉讼，后者包括劳动人事争议处理制度和事业单位工作人员申诉制度。

(一)行政复议和行政诉讼

行政复议是由《行政复议法》规定的行政救济措施，自1999年《行政复议法》颁布以来，已取得了相当的成果，积累了丰富的实践经验。在受案范围上，《行政复议法》第六条虽以列举形式将纳入行政复议范围的情形一一明确，但也规定其他侵犯行政相对人合法权益的具体行政行为都在行政复议受案范围之内。也就是说，行政复议理论上能够将所有由具体行政行为引发的行政纠纷纳入处理范围之内。因此，行政复议制度可以作为教师和相关行政部门之间行政纠纷的外部性救济途径。同时，对于教师权益纠纷中涉及的其他行政纠纷，行政复议制度也同样存在适用基础。在受理机关上，行政复议受理机关通常为上级主管行政机关，不同于司法部门、信访处理部门以及具体行政行为作出部门，其集专业性和中立性于一身，在教师权益纠纷这个专业性较高的领域，具有其他纠纷解决部门所不具有的优势。在立法定位上，行政复议制度已逐渐转型为行政争议解决机制，在功能定位上，已明确将其作为解决行政争议的主渠道。[②] 出于对司法成本和大学自治的考虑，行政诉讼介入高等教育

---

① 鱼霞、申素平、张瑞芳：《教师申诉制度研究》，《教师教育研究》2005年第3期，第57—62页。

② 王万华：《行政复议法的修改与完善——以"实质性解决行政争议"为视角》，《法学研究》2019年第41卷第5期，第99—117页。

行政纠纷领域存在诸多难题和障碍，行政复议制度可以作为司法介入和高校自主办学间的缓冲程序选择，为教师权益救济提供更具有可行性和操作性的选择。[①]

行政诉讼是由《行政诉讼法》规定的诉讼救济途径，作为终局救济途径，属于教育法司法实施的重要形式。自改革开放以来，教育行政诉讼的救济覆盖范围逐步扩大，教育司法已从拒斥转为逐步接纳。[②] 根据《行政复议法》第五条的规定，当事人对于行政复议处理决定不服的，可以提起行政诉讼。因此，教师和相关行政部门之间的行政纠纷在适用行政复议后如未得到解决，可以继续适用行政诉讼作为该权益纠纷的再救济途径。教育行政诉讼作为司法审判介入教育行政领域的典型体现，具有中立性和权威性的天然制度优势，有利于促进以权利为本位的教师权益保障体系形成。

(二)人事争议处理制度和劳动争议处理制度

人事争议处理制度实际已经覆盖了公立大中小学中的编制内教师，而民办学校教师可以受到劳动争议处理制度的保障。人事争议处理制度以《人事争议处理规定》为规范依据，主要包括人事争议调解和人事争议仲裁，该项制度可适用于事业单位之工作人员与其单位之间因解除人事管理、履行聘用合同所产生的争议，因此可以适用于公立学校与其编制内教师因内部管理关系而产生的人事争议。劳动争议处理制度以《劳动争议调解仲裁法》为规范依据，主要包括劳动争议调解和劳动争议仲裁，该制度适用于签订劳动合同的双方之间的争议。民办学校与其教师、公立学校与其编制外教师间均属于劳动关系，因此可以适用劳动争议处理制度加以解决。

---

① 李斯令、夏理森：《行政复议前置：高等教育行政诉讼的制度选择》，《西南政法大学学报》2012 年第 14 卷第 1 期，第 97—100 页。

② 管华：《教育法治四十年：回顾与展望》，《法学评论》2018 年第 36 卷第 4 期，第 30—39 页。

应当指出的是，2009年后，有关部门已对劳动争议处理和人事争议处理进行整合管理，实现劳动争议处理机制和人事争议处理机制的协同发展，以《劳动人事仲裁办案规则》为基本程序规则。因此，无论是公立学校教师所涉及的人事争议还是民办学校教师所涉及的劳动争议均可在同一管理体制内得到解决。目前，我国劳动人事争议处理体系已全面建立，相关程序与政策法律体系均已基本形成，具有持续制度性解决大量劳动人事争议的能力。① 此外，对于仲裁裁决不服的当事人可向人民法院提起诉讼，明确了诉讼作为人事争议仲裁和劳动争议仲裁的再救济途径，将诉讼救济与仲裁救济衔接起来。

(三)事业单位工作人员申诉制度

事业单位工作人员申诉制度以《事业单位工作人员申诉规定》为规范依据，该项制度主要用于解决事业单位工作人员与其单位之间就涉及其本人的人事处理所产生的纠纷，且只适用于涉及考核结果和处分决定的人事处理。因此，该制度可适用于公立学校与其编制内教师因内部管理关系而产生的人事争议。尽管事业单位人员申诉制度作为内部性救济途径未与其他外部性救济途径相接轨，但其本身的程序性规范同教师申诉制度相比较为完善，明确规定了复核作为申诉的前置环节，再申诉作为申诉的救济途径，已经在实质上成为教师对于符合其受理条件的人事处理进行申诉的规范依据和制度途径。并且其受案范围同人事争议处理受案范围形成了互补，共同覆盖了作为事业单位工作人员的教师同学校间因管理关系所可能发生的纠纷范围。

(四)公务员申诉制度

公务员申诉制度是法定申诉制度的重要组成部分，是公务员人

---

① 孙瑜香、李天国：《新中国成立70年我国劳动人事争议处理制度的演变、成就与经验》，《中国劳动》2019年第10期，第16—31页。

事行政权利救济的核心途径。2018 年颁布的《关于全面深化新时代教师队伍建设改革的意见》中规定："确立公办中小学教师作为国家公职人员特殊的法律地位。"已制定的省级意见中也大多明确了这一点。[①] 但国家公职人员并非法律概念，从教师职业的公共性和实现对于教师的职业保障出发，将公办中小学教师纳入公务员序列具有合理性和必要性基础。[②] 若将公办中小学教师明确为公务员，则公办中小学与其教师间的人事争议属于公务员人事争议，直接适用公务员申诉制度进行救济即可。

总之，对于教师与有关行政机关间的行政纠纷，可以适用行政复议、行政诉讼作为救济途径。对于公立学校编制内教师与学校间因内部管理关系所产生的争议可以适用人事争议处理机制作为救济途径。此外，公立学校编制内教师对于涉及本人的考核结果、处分决定不服的，可以适用事业单位工作人员申诉制度进行救济。对于民办学校和公立学校编制外教师与学校间因管理关系所产生的争议可以适用劳动争议处理机制作为救济途径。若明确公办中小学教师公务员身份，则其直接适用公务员申诉机制进行人事争议救济。

四、应废止教师申诉制度

第一，从实际效果出发，教师申诉在制度构建上尚且属于起步阶段，实效不显，其权益救济功能实质上已为人事争议处理制度和信访制度所代替。并且，其在受理机关、受理程序等重大程序性规范上的缺失使得在行政、司法实践中难以对教师申诉行为进行准确的认定，进而影响对于申诉结果的再救济。

---

① 教育部：《中共中央 国务院关于全面深化新时代教师队伍建设改革的意见》，http://www.moe.gov.cn/jyb_xwfb/xw_zt/moe_357/jyzt_2018n/2018_zt03/，2020 年 3 月 30 日访问。

② 管华：《立德树人的〈教师法〉保障》，《中国教育学刊》2020 年第 4 期，第 22—27 页。

第二，从完善进路出发，教师申诉完善必然会以行政复议的现有制度设计和改革方向为蓝本，实现作为行政复议替代制度的功能。出于节省立法资源和更好衔接行政诉讼等救济途径的考虑，在教师权益行政纠纷中直接适用行政复议显然是更为简洁和高效的选择，也呼应了行政复议制度行政争议解决主渠道的定位。

第三，从申诉权保障出发，废止在《教师法》层面上的教师申诉制度绝不代表废止所有意义上的教师申诉。申诉制度作为内部性救济制度的重要组成部分，具有其自身特殊优势，能够有效弥补其他行政纠纷解决制度所具有的缺陷。因此，废除《教师法》意义上的教师申诉制度并不意味着申诉权在教师权益保障领域的排除，而是出于协调行政复议、行政诉讼、行政申诉三类制度关系的考虑，力图构建运行顺畅的教师权益纠纷解决体系。

第四，从适应教师法律身份多元化的趋势出发，教师法律身份的多元化必然要求教师权益保障体系的同步多元化，以适应性质愈加复杂的教师权益纠纷。教师申诉制度作为教师法律身份较为统一和简单时代的产物，已难以适应和满足教师权益保障的时代需求，反而因规范体系不健全、制度属性趋于封闭而客观排斥了其他具有充足制度资源的救济途径的介入。因此，废除《教师法》意义上的教师申诉制度满足了构建多元化教师权益保障体系的需要。

目前，《教师法》修订已进入关键时刻，十三届全国人大常委会立法规划①以及教育部 2019 年工作要点②均已将其列入。综上所述，作为保护教师合法权益、确认教师法律地位核心规范的《教师法》，在修改时应当删除原第三十九条中教师可以提出申诉的内容，并明确规定“教师合法权益受到侵犯的，可以适用行政复议、行政诉讼、

---

① 《十三届全国人大常委会立法规划(共 116 件)》，《中国人大》2018 年第 18 期，第 19—20 页。

② 《教育部 2019 年工作要点》，《人民教育》2019 年第 5 期，第 19—26 页。

民事诉讼、劳动人事争议处理以及事业单位工作人员申诉和公务员申诉等制度”，以此打开原本趋于封闭的救济渠道，适应教师法律身份趋于多元的现状，充分利用资源充足的现有救济体系，在法律层面上将上述途径整合进入法定教师权益保障体系，避免制度资源的闲置和冗余，以构建多元化教师权益保障体系。

主要参考文献

陈鹏，祁占勇，2006. 教育法学的理论与实践[M]. 北京：中国社会科学出版社.

陈韶峰，2010. 受教育权纠纷及其法律救济[M]. 北京：教育科学出版社.

范履冰，2008. 受教育权法律救济制度研究[M]. 北京：法律出版社.

龚向和，2004. 受教育权论[M]. 北京：中国人民公安大学出版社.

管华，2011. 儿童权利研究——义务教育阶段儿童的权利与保障[M]. 北京：法律出版社.

劳凯声，1993. 教育法论[M]. 南京：江苏教育出版社.

劳凯声，2003. 变革社会中的教育权与受教育权：教育法学基本问题研究[M]. 北京：教育科学出版社.

劳凯声，蒋建华，2022. 教育政策与法律概论[M]. 北京：北京师范大学出版社.

秦惠民，1998. 走入教育法制的深处——论教育权的演变[M]. 北京：中国人民公安大学出版社.

秦惠民，2021. 教育法治与大学治理[M]. 北京：人民出版社.

*任海涛，2022. 教育法学导论[M]. 北京：法律出版社.

*申素平，2009. 教育法学原理、规范与应用[M]. 北京：教育科学出版社.

孙霄兵，2003. 受教育权法理学——一种历史哲学范式[M]. 北京：教育科学出版社.

孙霄兵，马雷军，2017. 教育法理学[M]. 北京：教育科学出版社.

徐兴旺，曾文革，2010. 教育法案例评析[M]. 北京：对外经济贸易大学出版社.

余雅风，姜国平，罗爽，等，2021. 教育法学研究[M]. 福州：福建教育出版社.

湛中乐，2011. 大学法治与权益保护[M]. 北京：中国法制出版社.

湛中乐，2015. 教师权利及其法律保障[M]. 北京：中国法制出版社.

张翔，2017. 基本权利的规范建构[M]. 北京：法律出版社.

Charlie Russo，2018. The Law of Public Education 10th Edition[M]. New York：Foundation Press.

注：部分习题来源于带星号的书籍。

▶习题集

《教育法学原论》配套习题集(一)

《教育法学原论》配套习题集(二)

《教育法学原论》配套习题集(三)

《教育法学原论》配套习题集(四)